本书为2020年广西哲学社会科学规划研究课题：
防控背景下广西高校大学生心理问题预防与干预研
20FKS020）与2022年广西高校大学生思想政治教育理论与实践研究科
研课题项目：高校心理健康服务"校—医—家"协同育人研究（课题编
号：2022SZ059）的研究成果。

高校心理健康教育"课程思政"建设研究

梁杰华 著

吉林大学出版社
·长春·

图书在版编目（CIP）数据

高校心理健康教育"课程思政"建设研究/梁杰华著. -- 长春：吉林大学出版社，2022.6
ISBN 978-7-5768-0558-1

Ⅰ.①高… Ⅱ.①梁… Ⅲ.①高等学校—思想政治教育—研究—中国 Ⅳ.① G641

中国版本图书馆 CIP 数据核字 (2022) 第 174573 号

书　　名	高校心理健康教育"课程思政"建设研究
	GAOXIAO XINLI JIANKANG JIAOYU "KECHENG SIZHENG" JIANSHE YANJIU
作　　者	梁杰华　著
策划编辑	殷丽爽
责任编辑	董贵山
责任校对	安　萌
装帧设计	李文文
出版发行	吉林大学出版社
社　　址	长春市人民大街 4059 号
邮政编码	130021
发行电话	0431-89580028/29/21
网　　址	http://www.jlup.com.cn
电子邮箱	jldxcbs@sina.com
印　　刷	天津和萱印刷有限公司
开　　本	787mm×1092mm　1/16
印　　张	12.5
字　　数	200 千字
版　　次	2023 年 1 月　第 1 版
印　　次	2023 年 1 月　第 1 次
书　　号	ISBN 978-7-5768-0558-1
定　　价	72.00 元

版权所有　翻印必究

作者简介

梁杰华（1981.05—）男，汉族，广西贵港人，广西科技大学讲师，管理学硕士，主要的研究方向：思想政治教育与心理学。曾挂任柳江县县长助理、泗顶镇党委副书记、泗顶镇扶贫工作队分队长、贫困村驻村第一书记。获得国家心理咨询师二级证书、三级证书，热心社会公益事业，作为志愿者于2021年、2022免费为柳州市、百色市市民提供疫情网络（线上）心理咨询服务。曾主持科研课题7项，参与科研课题10多项，公开发表论文20多篇。

前 言

　　社会转型导致社会价值观念的急剧变化。在大学生成长过程中，将面临更加复杂多样的来自社会、家庭、生活、学习、情感等各方面的压力。大学生正处在由青春期过渡到成年的成长阶段，思想情感、行为能力等各方面都还没有真正成熟。遇到困难和压力时，还不完全具备妥善释放负面情绪和处理突发事件的能力。从马加爵杀伤舍友案件，到清华大学朱令铊中毒事件，复旦大学研究生宿舍饮水机下毒事件，人际交往问题以及就业问题等引发的自杀与他杀事件，时刻提醒着我们，大学生的心理健康与思想导向关系着人才培养的质量。传统教育中内容单调，方法陈旧，形式老套等影响思想政治教育有效性和时效性。为了更好创新和发展我国有中国特色的高等教育，培养德、智、体、美、劳全面发展的优秀的新世纪建设者，应充分发挥高校心理健康教育课程思政的作用，利用心理育人机制，以培育时代新人为目标，结合大学生心理变化规律，协调控制各种教育影响因素，切实回应这一时期大学生存在的心理困惑，做好正确的价值导向，协调各种教育影响因素，提高学生的心理素质，从心理层面推动学生的全面发展。

　　本书第一章为"课程思政"的理论解读，主要从"课程思政"的缘起与发展、"课程思政"的理论基础、"课程思政"建设的原则等方面出发。本书第二章讲述了高校"课程思政"建设的问题及改进路径，主要从高校"课程思政"建设的问题、高校"课程思政"建设的改进路径等方面出发。本书第三章为高校心理健康教育"课程思政"的必要性和可行性，对于高校心理健康教育"课程思政"的必要性、高校心理健康教育"课程思政"的可行性进行了一定的分析。本书第四章为高校心理健康教育"课程思政"建设的现实境遇，主要从心理健康教育"课程思政"师资队伍薄弱、心理健康教育"课程思政"教学内容局限、心理健康教育"课程思政"教学模式固化、心理健康教育"课程思政"教学评价单一这四方面展开。本书第五章是高校心理健康教育"课程思政"建设的路径架构，从配备心理健康教育"课程思政"专业师资、丰富心理健康教育"课程思政"教学内容、创新心理健康教育"课程思政"教学模式、变革心理健康教育"课程思政"教学评价几方面展开了论述。

在撰写本书的过程中,作者得到了许多专家学者的帮助和指导,参考了大量的学术文献,在此表达真诚的感谢。本书内容系统全面,论述条理清晰、深入浅出,但由于作者水平有限,书中难免会有疏漏之处,希望广大同行及时指正。

作者

2021 年 11 月

目录

第一章 "课程思政"的理论解读 …… 1

第一节 "课程思政"的缘起与发展 …… 1

第二节 "课程思政"的理论基础 …… 29

第三节 "课程思政"建设的原则 …… 44

第二章 高校"课程思政"建设的问题及改进路径 …… 60

第一节 高校"课程思政"建设的问题 …… 60

第二节 高校"课程思政"建设的改进路径 …… 64

第三章 高校心理健康教育"课程思政"的必要性和可行性 …… 73

第一节 高校心理健康教育"课程思政"的必要性 …… 73

第二节 高校心理健康教育"课程思政"的可行性 …… 94

第四章 高校心理健康教育"课程思政"建设的现实境遇 …… 107

第一节 心理健康教育"课程思政"师资队伍薄弱 …… 107

第二节 心理健康教育"课程思政"教学内容局限 …… 108

第三节 心理健康教育"课程思政"教学模式固化 …… 113

第四节 心理健康教育"课程思政"教学评价单一 …… 115

第五章 高校心理健康教育"课程思政"建设的路径架构 ……………… 116

第一节 配备心理健康教育"课程思政"专业师资 ………………… 116

第二节 丰富心理健康教育"课程思政"教学内容 ………………… 133

第三节 创新心理健康教育"课程思政"教学模式 ………………… 160

第四节 变革心理健康教育"课程思政"教学评价 ………………… 182

参考文献 …………………………………………………………………… 188

第一章 "课程思政"的理论解读

本章节内容为"课程思政"的理论解读，分别从"课程思政"的缘起与发展、"课程思政"的理论基础、"课程思政"建设的原则三方面展开论述。

第一节 "课程思政"的缘起与发展

一、课程思政的提出

（一）课程思政的提出背景

高校课程思政的提出有其现实依据。

一是新时代高校思想政治教育发展的需要。近年来，在党中央的高度重视下，高校思政工作取得了一定成效，但同时也存在着许多需要改进和完善之处。首先，高校思想政治教育工作逐渐步入孤军作战的境地，思政教师渐渐地被视为思想政治教育的全部承担者，从而忽视了各类课程的育人责任。另外，各类课程之间分工越来越明确，不同课程之间的通融性也在不断降低，各自为营的状况致使其他课程对课程本身思政教育元素关注度不够，同时没有明确育人责任。很多学生认为只要把思想政治理论课这门必修课上完，思想政治教育就与自己就没什么关系了，因此，高校思想政治理论课虽为必修课并且学分不低，可是发挥的作用却十分有限，思政课程也逐渐面临边缘化、孤岛化的困境，陷入深深的无力感中。此外，新形势下，我国社会发展日益开放多元，高校思想政治教育也应积极顺应时代发展特点作出新的改变，而思想政治理论课教学存在着教育教学观念落后，内容抽象空洞，远离学生的学习生活，学生学得枯燥无味，教师教得疲累、无奈。如何解决思政课程育人困境，提升高校思想政治教育的整体性是当前面临的巨大课题。

二是新时代青年正确价值观的引导需求。青年大学生作为社会发展进步的后发力量尚处于价值塑造的重要时期，高校应抓住大学生的价值认识特点，有的放矢地推进课程思政建设。虽然作为青年一代，很多大学生的思想道德状况是健康乐观的，但是也存在价值取向盲目、政治信仰不坚定、忽视自己应当承担的社会责任等现象，一些大学生在成长过程中致力于实现自己利益的最大化，极度关注个人的前途和社会地位，却对自己所应承担的社会责任很少关心，很多快毕业的大学生对自己的未来没有明确的规划，对于自己、社会等很多事物都没有一个清晰的认识，对于国内外重大事件的关注不够，在政治信仰方面，大学生正处于认知能力和判断能力的提升与健全时期，容易受到一些来自网络、社会的负面因素的影响，模糊了自身的判断力，不利于形成正确的、坚定的政治信仰。这也说明我们的高校思想政治教育还存在着很大局限，学生在很多方面处于盲目状态，对自己没有规划，得过且过，好高骛远，缺乏积极进取的精神和脚踏实地的行动，对于国家大事没有一个正确的认识，这些都表明大学生的培育与党和国家对青年的期待相差甚远。青年学生的培养有利于党、国家和社会的长期发展，由此需要高校广大教育主体共同努力、协同育人，使各主体的育人力量得到充分发挥，构建高校德育的良好局面。

三是试点高校课程思政的实践和经验。高校课程思政建设实践始于上海的一些高校，例如上海中医药大学作为最早明确提出在专业课程中开展思想政治教育理念的高校之一，在《人体解剖学》课程中开展思想政治教育的实践，要求医学生向"大体老师"鞠躬以示对生命的敬意。上海大学通过策划《创新中国》课程，以科技创新为主题，以上海大学强势学科为亮点，文理工经管结合，多学科渗透，引领学生站在世界看中国，了解中国的发展需要，让学生在了解国情的同时培育创新精神和创新能力。上海师范大学人文与传播学院开启思想政治教育融进专业课程改革试点，从文学、新闻学、史学、法学等意识形态属性较强的人文社会学科入手，探索在专业课程中融入思政教育。这些高校从核心课程入手，表明了课程思政教育教学改革的决心和勇气，坚持思想和行动、实事求是和积极创新的统一，提高了课程思政的影响力和带动性，作为课程思政建设的先发力量为之后高校课程改革提供了宝贵经验，进一步激发了课程思政潜力。现在，正是有了课程思政的先期探索，才有越来越多的高校积极引进课程思政理念，因校制宜，主动投身到课程思政建设中，使高校思想政治教育焕发新的生机。

（二）课程思政的提出历程

"课程思政"的发展呈现出从经验层面的实践探索到理论探究的轨迹。"课程思政"最早是上海市在加强学校思想政治教育实践改革进程中而形成的一种工作理念。课程思政的提出始于2004年中央《关于进一步加强和改进大学生思想政治教育的意见》，明确指出高校各门课程都承担着育人功能，所有教师都具有育人职责。由此上海开始了学校思政课程改革的探索之路。上海市的学校积极响应，走出了一条从中小学学科德育课程改革到大中学德育课程一体化建设的德育改革发展道路。

2005年，各校落实"05方案"，着力提升思政课教学规范和教学质量水平；2008年，形成完整的"4+1"思政课程体系；2010年，各校参与"大中小学德育一体化"国家教育改革试点，整体设计育人内容和体制机制，奠定"课程思政"理论基础；2014年，上海市委、市政府在全国范围内率先进行"课程思政"的试点工作，启动教育综合改革，开设一系列课程，构建了思政课程、通识课程、专业课程三位一体的高校思想政治理论教育课程体系，后两者统称为"课程思政"。通过制定和落实育人制度体系，把思政教育元素有机融入整个教育体系，全面渗透到学校教育教学全过程。由此"课程思政"形成制度安排和工作体系。课程思政的初衷是在中国面临百年未有之大变局下实现全员全课程育人。所以高校课程思政的实践不是增开一门新的课程，而是将高校思想政治教育融入各类课程教学和改革的各环节、各方面，实现立德树人，润物无声。高校的课程思政就其本质而言，是思想政治教育概念的丰富与拓展，同时也是专业课教学实现内涵式提升与发展的路径选择。在操作层面要求围绕"知识传授与价值引领相结合"的课程目标，构建思想政治理论课、综合素养课程、专业课程三位一体的高校思想政治理论教育课程体系，突出显性教育和隐性教育相融通。

2016年12月，习近平总书记在全国高校思想政治工作会议上强调所有课程都有育人功能，课程思政的概念由此衍生。[①]2017年9月，《关于深化教育体制机制改革的意见》发布后，课程思政从地方实践探索转化为国家战略部署，之后全国各大高校纷纷推进"课程思政"建设。2017年底，《高校思想政治工作质量提升工程实施纲要》中提到课程等"十大育人"体系，明确指出高校要坚持育人导向，突出价值引领的基本原则。2019年10月，教育部在"教育奋进看落实"系列通气会中提出了《全面推进高校课程思政建设》的相关材料，从落实的具体要求出发明确了课程思政建设方向。2020年4月，教育部强调统筹课程思政与思政课程建设，要求强化各门类专业课程的育人作用。

通过2014年以来这一阶段的探索，"课程思政"理念逐步形成，越来越多的

---

① 引自2016年12月8日习近平在全国高校思想政治工作会议上的讲话精神

高校参与到"课程思政"建设中，始终坚持从育人这一本质出发，在探索中不断拓展和深化，努力将试点建设成功经验进一步发展落实，根据各校特色更好建设课程思政。

（三）课程思政的提出意义

"课程思政"的提出，有着重要的理论和现实意义，它不仅是教育理念的创造性发展，更是高校立德树人的保证。

首先，课程思政的提出，意味着高校育人理念的新发展。随着教育活动的深入开展，教育理念也要相应地发生变化，传统地思政教育理念已经不能很好地适应教学实践，因此，必须积极探索新的育人理念，从而推动高校思想政治教育的有效实践。目前高校思想政治教育工作过度依靠思政课程，对其他各类课程的育人功能认识不足，忽视了高校育人的整体性，针对这一突出问题，必须调动各教育主体的育人积极性，共同努力，仅仅依靠思想政治理论课往往势单力薄，难以完成育人这一根本任务，要树立协同育人的理念，重视发挥各类课程的育人功能，课程思政的提出，正是为了打破过多依赖思想政治理论课的局限，发挥课程思政的有益补充作用。高校育人理念目的就在于让所有教师都明确自己的育人职责，并把其落实到日常教学中，把课程思政做实做细。

其次，课程思政的提出，意味着学生主体作用的有效发挥。学生主体作用的有效发挥始终是学校教育的追求目标。从学生成长成才的实际出发，不断创新教育方法，紧跟时代发展，采取一些互动式、辩论式等易于学生接受的教学方法，构建平等和谐的师生关系，营造轻松愉悦的教育氛围，调动学生学习的主动性。只有师生实现平等对话、平等交流，才能激发学生的创新思维和创造活力。通过将专业课程中的德育元素归纳整理，系统挖掘，让学生在潜移默化中既丰富了自己的学识，又在无形中形成了正确的道德认识，帮助引导学生充分体会学习的重要意义，充分强化大学生的学习动力，激发上课的积极性，形成努力学习的内驱力，从而实现自身的全面发展。

第三，课程思政的提出，意味着高校意识形态工作的进一步强化。在新形势下，高校容易受到各种社会思潮、各类利益群体、复杂思想观念的影响，必须进一步强化意识形态的重要性，加强防范意识，尽力将风险降到最低。通过探索扭转高校教书与育人相分离趋势，认真思考各类专业课程育人功能的有效发挥，进而改革课程教学，提高思政课教学实效性。高校的意识形态工作关系到学生的未来。因此，高校应积极作为，勇于面对新形势出现的新挑战，将高校意识形态工作做细做好，实现学校管理和课程建设的完美结合，只有这样才能不断加强高校的意识形态建设。因此，课程思政的提出正是对加强高校意识形态建设内在要求的充分体现。

二、课程思政的内涵与基本特征

"课程思政"这一理念是2014年上海市教育委员会在进行教育综合改革试点工作中形成的，"课程思政"在上海一些高校进行试点的过程中，取得了较好的成效，之后通过不断探索，进一步明确课程思政的内涵和基本特征。

（一）课程思政的内涵

"课程思政"作为一种新兴的、综合的教育理念，近年来成为众多专家学者的研究热点，其中对于其概念的界定也是不尽相同。"课程思政"从字义上看是课程与思想政治教育的有机结合，因此，要对课程思政有一个明确的界定，必须先理清课程与思想政治教育的含义和关系，在此基础上再明确课程思政的含义。

"课程"一词最早出现在唐宋期间，其含义与寝庙、礼乐大道有关，与我们现在所说的课程的意思大不相同。后来南宋朱熹在书中提到的课程主要指学习的进度。而在西方，课程一词最早意为跑道，由此引申为学习的进程，这一点与朱熹提到的课程含义相类似。课程的含义随着时间的发展也在发生变化，但一般而言是指学生学习的学科总和及其进程。在此基础上，本文所分析的课程思政中的"课程"一词可以解释为针对高校所有课程，各教育主体根据各类课程的不同内容积极主动地开展教育教学活动的过程，既包括理论课程，又包括实践课程；既包括显性课程，又包括隐性课程。思想政治教育是人类社会特有的实践活动，伴随着历史发展的各个时期。是教育者按照一定的社会或阶级的要求，有目的、有计划、有组织地对受教育者施加系统的影响，把一定的社会思想和道德转化为个体的思想意识和道德品质的教育。归根到底，思想政治教育是为了迎合国家、社会以及个人的发展需要。

关于课程思政概念的界定。课程思政是一个政策概念，课程思政是应对人才培养新形势提出的关于课程教学的新要求、新方向，并具体化为系列新政策。对课程思政的本质内涵挖掘要做到"知其然，必知其所以然"，因此开展课程思政内涵界定就要从事物的产生源头也就是课程思政的政策来源来进行政策文本分析和政策背景分析，从而把握住内涵的准确性、方向性及时代性。

第一，课程思政政策文本分析。课程思政从字面上来看只体现"课程"即所有课程，"思政"即思想政治。对课程载体的认识相对易于形成一致理解，但在理论和实践中，对于"思政"的属性、价值和内涵的理解则各有不同。所以非常有必要将课程思政生成的直接政策文本作为理论来源，通过回归本源来分析国家政策制定的依据和意图，从而确定这一政策概念的内涵实质。

课程思政属于教学行为，高校课堂教学改革的实施目标是开展课程思政，课程思政在行为性质上属于一种"课堂教学改革"行为。因此课程思政的行为实质是有别于高校长期以来实施的"大学生思想政治教育"的，课程思政属于教书育人结为一体的教学工作范畴，是教学行为。而传统的高校学工系统、团学系统开展的大学生思想政治教育、学生教育管理等是教育行为，但不属于教学行为或教学改革行为。课程思政是使思想政治工作回归于课堂教学中，思想政治理论课也是以课堂为主要载体，课程思政就是课堂教学中开展思想政治工作的教学行为，落脚点在于"教学"。

第二，课程思政政策社会背景分析。课程思政作为我国高等教育改革和发展的一项具体政策，必然有着其独特的社会需求背景和人才培养的时代特征。因此，对于理论研究来说，课程思政内涵在建构过程中一方面要依据政策文本，另一方面也应避免"本本主义"，根据新时期发展趋势和社会特点，通过政策需求和政策产生时的形势研判来把握住其本质内涵，做到深入、科学和全面。

首先，立德树人之"德"是指对党的政治认同。课程思政教学改革主要是服务于高等教育立德树人这一根本任务，通过政策文本来分析得出立德树人所树立的"人"是社会主义建设者和接班人。而"接班人"在新的历史时期所应秉持的"德"的属性则需要通过对课程思政提出的特定社会背景和时代背景来分析和把握。一直以来，中国共产党始终强调教育应树立"大德"的问题。1938 年的抗日军政大学，当时毛泽东提出了"学员首先要学一个政治方向"，围绕着当时的社会形势提出了革命和建设的"大德"要求，也就是人才培养的政治方向问题。当前也不例外，在国际竞争愈发激烈、全球范围内的人才流动呈扩大趋势的今天，仅依靠"公德"和"私德"教育难以在国与国之间的人才竞争中争取到、挽留住有用人才，这也是新时期高等教育"为谁培养人"这一命题的症结所在。更为甚者，国内外一些势力在"公德"和"私德"领域，贩卖兜售资本主义的"公德"和"私德"，并借此恶毒攻击社会主义道路、制度。因此，高等教育立德树人根本任务首先抓牢"大德"的基础方向和关键地位，立志于培养政治理想坚定、拥护社会主义道路和中国共产党的方针政策的建设者和接班人。

课程思政作为这一任务的直接教学承载，教师在课堂教学中与相应知识点所结合的"德"应体现"大德"的首位度，坚持将"大德"作为"公德"和"私德"的统师，明确课程思政教学的道德教育呈现应是拥护社会主义道路、支持社会主义建设的政治方向。

其次，课程思政的核心任务是培养大学生成为党执政的坚定支持者。我国是中国共产党领导的社会主义国家，必须重视培养社会主义的建设者和接班人，重视培养立志于投身建设社会主义事业的有用之才，实现培养社会主义建设者和接班人根本任务的第一要求就是拥护中国共产党的领导。社会的团结稳定需要一个强有力的政党对社会进行有效整合，是历史也是人民群众选择了中国共产党，党的执政地位具有天然的合法性和时代的必要性。因此，课程思政所坚持的核心价值就是培养和巩固大学生群体的政治认同尤其是政党认同，使大学生群体成为党执政的坚定支持者。

结合课程思政的政策来源依据与政策社会需求、时代背景，我们应运用马克思主义理论和方法，紧扣普通高等院校立德树人根本任务，紧密结合立德树人思想所包含的政治方向与社会主义事业接班人的培养目标，在确立这一根本性的、方向性的重要前提后，再来得出课程思政在新时期的特定、本质内涵。课程思政不是课程与思想政治教育的简单拼凑，而是通过推进全课程育人建设进一步落实立德树人教育目标，充分尊重各类课程学科特性和教学规律，推进课程教育教学改革，提高学生的综合素质，增强高校思想政治教育成效，努力实现培养德智体美劳全面发展的人的根本目标。

所谓课程思政主要是指专业课程教师在教学过程中，以"立德树人"作为课程教育工作的基本任务，建立起全覆盖、全过程、全方位育人格局的模式，将专业基础课程、专业必修课程与实践教学活动内容与思政课程中的理论知识进行有效融合，形成协同育人效应的综合性教育理念。

具体展开则体现在如下两个方面，其一，从课程内容来看，要充分结合各类专业课程和思政课程的知识内容及附带的教育教学资源，并进行深入挖掘，加强课程内容丰富化、通俗化、可视化的建设；其二，从建设主体来看，主要是高校一线教师，他们处于高校课程思政建设的"前沿阵地"，需要帮助其转变思想观念，牢牢树立课程思政建设的信念，加强教师德育思政方面的教育培训，提升其政治素养，培养教学能力，加强不同专业课程之间的协同效应。

面对普通高等院校全员全过程全方位育人战略要求的提出和实行思政教育过程中面临的现实性难题，"课程思政"作为新的思政教育理念成为普通高等院校教师和学者关注和研究的重点。

上述两种对"课程思政"的定义都有一定的道理，但是都有点倾向于宏观层面，基于此，本文所研究的"课程思政"是指在高校中，所有的课程，特别是专业课程和通识课程，都要以立德树人为宗旨，深入挖掘课程中的思想政治教育资源，通过融入、挖掘、提炼、拓展等多种途径，令所有课程都发挥思想政治教育作用，从而达到潜移默化的思想政治教育效果。

（二）课程思政的基本特征

课程思政建设具有创新性、全员性和引领性的基本特征，对于这些基本特征的把握能够帮助我们更好地明确什么是课程思政，从而有效推进高校课程思政建设。

1.课程思政具有创新性

课程思政是应新时代所呈现的新特点所积极探索的创新性发展，改变了原有的以知识传授为主导的教学，在专业知识传授的基础上强调价值观输出的重要性，将各类课程内含的显性和隐性的思政元素与课堂教学活动有机结合，最后真正进入学生头脑和内心。通过教育实践形成教育新理念，进而弥补专业课程在育人环节的不足。探索课程思政的创新性发展要牢牢把握不同学校的突出特点，形成各自的正确经验，积极破解思政课程与其他课程的壁垒，帮助并引导学生选择正确的成长方向，提升学生的辨别能力，推动学生整体水平的提高。近年来，许多高校紧密结合地方特点，因校制宜，坚持教材创造、制度创新，探索出一条极具自身特色的课程思政建设之路。

2.课程思政具有隐蔽性

"课程思政"作为我国高等院校实现立德树人根本任务的新理念，并不是直接公开地对新时代大学生进行施教，而是采取隐蔽的方式，在暗默中将政治引导、思想引领、道德熏陶、心理健康教育及劳动教育等方面的内容渗透到教育教学活动中，传授给大学生，影响大学生，"寓教于无声无息之中。"[①]"课程思政"所强调的是将价值观引导隐蔽在教育教学活动中，在教育教学活动开展的过程中不构成形式上、"感觉上"的价值观引导，而是构成事实上的价值观引导，即隐去的是价值观引导的"形"，让价值观引导在施教过程中不被大学生所直接感受到。所以，"课程思政"是"隐形"之教，它所追求的价值观引导是隐蔽而不是粘附于教育教学活动中，具有隐蔽性。

---

① 白显良.隐性思想政治教育基本理论研究 [M]. 北京：人民出版社，2013.

"课程思政"的隐蔽性主要表现在两个方面。一方面，施教过程的隐蔽性。专业课教师进行"课程思政"建设，是将政治引导、思想引领、道德熏陶、心理健康教育、劳动教育等方面的内容渗透于专业知识之中，使大学生在学习专业知识的过程中接受价值观教育。专业课教师所开展的"课程思政"施教过程也是其所"隐""寓"其中的价值观引导过程，大学生所直接关注的是专业知识的学习活动，而没有直接体验到价值观引导活动，甚至没有感觉到价值观引导的存在，因此，其施教过程是隐蔽的。比如，医学类的教师如果要在一堂急救的课堂教学中对大学生进行价值观引导，往往是通过急救对于挽救生命的重大意义来向大学生传递医务工作者们敬畏生命、救死扶伤、舍己救人的精神，虽然专业课教师具有明确的价值观引导动机，但却没有外在的表露出来，因此，这种施教过程与思想政治理论课程具有明确的施教动机但过程不同。在思想政治理论课程中，思想政治理论课教师对大学生开展的施教活动是以思想政治教育本身的内容为基点展开的，而医学课堂中的价值观教育活动是隐蔽在医学教学中的。值得注意的是，这种隐蔽性必然要求专业课教师并不是将价值观引导标签式地贴到专业知识中，而是要实现价值观引导与专业知识教育的合二为一，达到价值观教育与专业知识教育形式与内容上一体化。那种将思想政治教育的目的、意图、内容等简单地负载于专业知识中，不在深层次的融合上下功夫，并不是真正意义上的"课程思政"。

另一方面，受教结果的隐蔽性。"苏霍姆林斯基曾经讲：孩子们愈少感到落在他们身上的教育设想，任何一种教育现象的教育效果就愈大，一旦他明白了你专门找他谈话是为了教育他——他的心灵，形象地说，便会扣上所有的纽扣，整个封闭起来。"[①] "课程思政"改革要求专业课教师将思想政治教育元素熔铸在专业课程的专业知识中，对于大学生而言，在整个施教过程中，他们的整个思想是向专业课教师的施教开放的，不存在主观的"封闭"和"逆反"倾向，所以，其教育效果是突出的。但是，由于专业课教师进行价值观引导的施教过程也是专业知识的传授过程，大学生所直接关注的焦点在专业知识上，而不是其背后蕴含的思想政治教育资源。因此，所取得的价值观教育的效果会被专业知识的传授所暂时遮蔽，一般不会即时即刻地显露出来，所以，从这一意义上来看，"课程思政"有异于思想政治理论课程，教育效果具有滞后性。总而言之，我国高等院校专业课教师对大学生进行价值观引导的方式是隐蔽的，因此，我国高等院校"课程思政"具有隐蔽性。

---

① 白显良. 隐性思想政治教育基本理论研究 [M]. 北京：人民出版社，2013.

3.课程思政具有全员性

全员育人是新的发展时期对高校育人工作提出的新的发展要求。课程思政建设通过试点高校和试点课程进一步推广到所有高校和所有课程，最终还要落脚在高校各教育主体和全体学生共同努力，形成课程思政建设的良好氛围，只有将课程思政建设成果落实到全体学生身上，才能保障课程思政能够切实落地并长期发展。高校只有将各教育主体的主动性充分调动起来，才能促进全员思想政治教育良好氛围的形成。

4.课程思政具有浸润性

中国高等院校"课程思政"具有浸润性。所谓浸润性，是指每个专业、各类学科以及课程积极挖掘其潜在的思想政治教育资源，并通过课堂教学展现出来，将这种思想政治教育元素浸润到课堂教学的全过程中，实质上是一种隐性思想政治教育方法，是与理论灌输法的显著区别。首先，这种浸润性表现为形式上的"寓他性"。思想政治理论课与其他课程的一个显著不同就是自身的特殊性质，就是要将思想政治理论传授给受教育者，显而易见，是一种显性思想政治教育。但是，"课程思政"则不同，它是要求专业课教师在讲授相关学科知识理论时渗透价值观引导，换句话说，将价值观引导寓于每个专业、各类学科以及课程之中是显在的，但其本身的存在方式是内隐的，是一种隐性思想政治教育，但是二者的存在是同一的。也就是说，在"课程思政"的实践存在中，"课程思政"表现的外在形式是单一的，但其内在的目的、意图以及内容是多维的。值得注意的是，"课程思政"不是静态的，而是动态的。其次，这种浸润性重点强调的是内容上的融合性。"课程思政"是在不破坏原有的思想政治理论课的前提下，专业课教师积极开发各自所属专业、学科以及所在课程中的思想政治教育元素，将价值观引导体现在课堂教学的全过程以及各个环节之中，突出的是融合中的浸润。把握这种浸润性，要注意把握浸润之魂。本文所述的浸润是将价值观引导潜移默化到每个专业、各类学科以及课程的每一个环节之中，而不是整个儿地将价值观教育置放在每个专业、各类学科以及课程的某个环节。这一点体现的是浸润的精髓与灵魂，也就是说，开展"课程思政"建设，关键是要具有隐性育人的意识，要在课堂教学中植入隐性教育之魂，实现价值观引导与其他课程的融合，从而达到思想政治教育与其他课程形式与内容的一体化。那种将思想政治教育的任务、目的以及内容等简单地负载于每个专业、各类学科以及其他课程之中，而不在深层次的价值观教育融合上下功夫，并不构成真正意义上的"课程思政"，因为"课程思政"

的浸润性不是在每个专业、各类学科以及所有课程的教学中附着一个"看不见、摸不着"的幽灵，也不是简简单单地对每个专业、各类学科以及其他课程提出价值观引导要求或者在其基础上进行思想政治教育价值赋值。从某种意义上讲，思想政治教育是"灵魂"，"课程思政"是"肉身"，"灵魂"与"肉身"在隐性思想政治教育中是高度合一的。

浸润性对于中国高等院校"课程思政"建设的顺利进行具有十分重要的意义。首先，坚持浸润性，有利于打通"思政课程"和"课程思政"的协同育人链接。一般来说，思想政治教育主要包括显性思想政治教育和隐性思想政治教育两种形式，在我国高等院校，"思政课程"是显性思想政治教育的方式之一，而"课程思政"实质上是一种隐性思想政治教育方式，从"思政课程"到"课程思政"，教育形式由直接教导到潜移默化，有利于丰富和完善思想政治教育方式，打通"思政课程"和"课程思政"的协同育人链接，形成"思政课程"与"课程思政"通力合作的局面，从而保障"课程思政"建设的顺利进行。其次，坚持浸润性，有利于凸显主体性与主导性相结合的教育理念。中国高等院校"课程思政"建设是在充分尊重新时代大学生自主性的基础上，从他们的实际需求出发来设计教育教学内容，但是有一点是不容忽视的，教师在教育教学过程中仍占据主体性与主导性。一方面，"课程思政"的顺利开展有利于充分发挥教师的主体性作用。在"课程思政"建设过程中，教师作为兼具能动性与创造性的主体，主要表现为对"课程思政"建设过程组织实施的主体性、对受教育者施教的主体性、对自身发展的主体性等方面。因此，"课程思政"建设有利于推动高等院校教师形成完善的知识结构、正确的思想观念，从而在知识量的储备和思想观念的先进性上优于新时代大学生。另一方面，"课程思政"的顺利开展有利于继续深化教师的主导性作用。虽然"课程思政"强调需尊重新时代大学生的主动性与自主性，但是，作为教育内容的实施者和教育活动的发起人，教师应深化自身的主导性作用。教师的主导性主要表现为其在整个教育教学过程中的有意识性，"课程思政"建设有利于促使他们结合教育任务、目标的需要和新时代大学生思想发生的新变化，及时引导和调控活动的进程和发展方向，根据新时代下的新情况采取不同的应对办法，从而彰显自身的主导性。

5.课程思政具有引领性

教育作为一项育人的活动，其主要责任就在于教会学生做人，而绝不仅仅是专业知识的简单传授，是要在培养学生知识和能力的同时有效融入某种精神与某种价值，通过与学生的良好互动，实现对学生的价值引领。课程思政的根本目的在于实现学生知识、能力和价值三个维度的教学目标，尤其是明确价值维度教育目标的重要意义。新时代推进高校课程思政建设，是将教育的育人责任进一步突显，突出了课程思政的价值引领性特点。

6.课程思政具有依附性

我国高等院校专业课教师不能孤立地对新时代大学生进行价值观引导，而是要依附一定的载体，通过这个载体将专业知识蕴含的思想政治教育元素不知不觉地融进新时代大学生的心灵，并对其产生影响和发挥作用。这一载体就是专业课程，所以，依附性是我国高等院校"课程思政"的特点之一。专业课教师只有全面、正确地把握依附性这一特点，才能增强新时代大学生价值观教育的实效性，提升价值观教育的渗透力、感召力、说服力和吸引力。因此，专业课教师需对自身所授的课程进行精心设计，精心组织教育教学活动，使新时代大学生"身体力行，积极参与，从中陶冶情操、树立信念、培养意志。"[①]

我国高等院校"课程思政"之所以具有依附性，是因为：其一，"课程思政"建设要求专业课教师依附一定的课程向新时代大学生传递专业知识蕴含的思想政治教育元素，而这种课程能够为专业课教师所操控；其二，专业课程是将专业课教师与新时代大学生联系起来的形式和手段，双方需依附于这种形式和手段发生双向互动。"课程思政"的本质在于育人，围绕这一本质，专业课程教学致力于实现知识传授与价值引领的同频共振，使新时代大学生在学习专业知识的同时，受到价值观的熏陶，进而成为合格的社会主义建设者和接班人。由此可见，专业课程承载了丰富的思想政治教育资源。以课堂教学为主要表现形式的专业课程也能为经过专门培养的高等院校专业课教师所掌握和运用。新时代下，专业课教师是对大学生进行价值观教育的新力量，大学生价值观教育的客体是大学生。在我国高等院校"课程思政"建设的过程中，专业课教师与大学生之间正是依附专业课程教学这种有效形式发生着多维互动，产生着积极的教育效果，以达到大学生价值观教育的目的。总而言之，专业课教师需依附专业课程来对大学生进行价值观引导，所以，我国高等院校"课程思政"具有依附性。

三、课程思政根本任务

课程思政的根本任务是立德树人。在传统语汇中，"立德"和"树人"是分

---

① 吴海文.无意识教育与高校思想政治教育创新[J].社会科学家，2010（12）：119-121.

称的，各有其意。"立德树人"成为一个重要"论域"，则以 2007 年 8 月 31 日胡锦涛同志在全国优秀教师代表座谈会上的讲话为标志。党的十八大将"立德树人"正式确立为教育的根本任务。

党的十九大又作出了"中国特色社会主义进入新时代"的重大判断，这一重大判断赋予高校思想政治工作的理论遵循、目标任务、内容形式新的时代内涵，为推动高校思想政治工作创新发展、科学发展提供了时代坐标和科学依据。以立德树人的目标引导课程思政育人共同体，统一思想认识，形成育人意识，达成价值认同。以协同的体制机制构建课程思政育人共同体，坚持党的领导，形成各部门齐抓共管的育人格局。以系统的制度体系固化课程思政育人共同体，通过建立健全责任制度，把各项任务落实到个人，形成严格的责任链条；激励全体教职工积极主动承担育人职责；完善各项保障制度，以推动课程思政工作深远持久地进行，强化课程思政育人工作效应和意识，保障课程思政工作行稳致远。

四、课程思政建设的必要性

课程思政建设有其实施的内在必然性，高校教育应努力将课程思政贯穿始终，充分发挥各类课程的育人功能和教师的育人职责，从育人目标和具体成效上探讨其建设的必要性。

（一）实现立德树人根本目标

教育的根本就在于培育学生成长成才。高校大学生思想状况正处于逐渐成熟的时期，但也存在着很多不稳定、矛盾的因素。随着社会实践活动的增多，世界观、人生观、价值观虽已基本形成，但很多学生由于认识局限，对一些复杂陌生的信息缺乏辨别能力，对事物的理解分析不够，缺少正确观点的指引，非常容易受到错误思潮的影响甚至陷入诈骗陷阱，阻碍学生的健康发展。在高校，不时听到个别学生或是过度消费，陷入高额利息的校园网贷中，或是经不住金钱诱惑，掉入以高薪工作为诱饵的骗局中，更有甚者误入传销组织无法自拔，种种情况都是学生必须高度注意的，需避免此类事件发生。为更好应对此类风险，高校应加强课程思政建设，引导学生树立正确价值观念，培养学生的责任意识，积极学习，脚踏实地，实现量变到质变的转化。

（二）促进大学生全面发展

应时代的发展要求，人才培养的要求也越来越高，知识广泛、专业技能熟练、综合素质高成为衡量人才的标尺,同时也是教育的理想追求。高校积极履行人才培养的职责,必须始终服务于青年学生全面健康发展。高校课程思政通过各类课程与思政课程协同育人,目的在于使学生个性特征得到彰显,充分发挥大学生的自身优势,提高大学生应对社会挑战的能力,双管齐下提升大学生的综合素质和能力,增强大学生的综合竞争力。帮助学生努力形成深厚的知识基础,并伴以优良的道德素质以及健康的心理素质,有效应对社会的考验,使学生更好地融入社会,实现自己的价值。在课程思政的实施下,专业教师对学生的主体性认识更加深刻,更加尊重学生的差异性和特殊性。用思想政治教育的智慧关怀学生,增进与学生的交流,成为学生的良师益友,促进教育事业的发展和社会的进步,这正好反映了新时代背景下实现大学生全面发展的内在需要。

(三) 构建三全育人格局

高校的思想政治工作要立足育人目标,努力把育人理念、价值塑造贯彻到所有课程中去,坚持知识传授与价值引领相结合的原则,努力构建协同育人机制。课程思政特别强调各类课程以及各教育教学主体都要承担起育人责任,帮助和指导学生在学习专业课程的同时受到思想政治教育的熏陶,实现德育与智育相统一,这与"三全育人"理念高度符合,并且统一于人才培养体系之中。因此,高校应重视课程思政建设,从制定培养方案、设定课程标准、落实主体责任等方面为课程思政提供政策支撑,使学生在课堂中不仅能掌握专业知识与技能,还能养成良好的道德行为习惯。课程思政建设要求所有教育主体特别是教师都担负起育人职责,共同构建课程门门有思政,教师人人讲育人的良好局面,扭转仅仅依靠思想政治理论课进行思想政治教育的局面,将育人目标贯穿大学生学习生活全过程,从而带动"三全育人"格局的形成。

四、课程思政的研究和实践

一方面,《高等学校课程思政建设指导纲要》(下文简称《指导纲要》) 对课程思政融入课堂教学提出了明确而具体的要求;另一方面,学界对课程思政的理论研究和各高校对课程思政的实践摸索还处于一个相对初步的阶段,相对于《指导纲要》的要求还有一定的距离。

(一) 课程思政理论研究发展

课程思政建设在理论上的研究主要集中在以下几个方面。

1.关于课程思政的基本内涵

有学者围绕"课程思政"的本质对其内涵进行阐释,强调"课程思政"是高校思想政治教育教学改革的内在要求,其核心在于挖掘不同学科和专业课程的思想政治教育资源,建立有机统一的课程体系,形成全学科、全方位、全功效的思想政治教育课程体系。有学者结合育人目标和课程建设的内在要求来解析"课程思政"的基本内涵,认为"课程是泛化的概念,即学校育人的所有教学科目和教育活动,都渗透和贯穿着思政教育,其特点是以课程为载体,思政教育是灵魂,课程的育人功能和价值取向鲜明,而传统的课程边际淡化"。有学者从理念上分析,将课程思政归结为以培养"整全的人"为旨归,立足于人的思想道德养成的系统性特征,从一开始就将教书和育人视为一体,赋予课程以整体育人的功能,使专业教育和中国特色社会主义大学的价值取向有机结合起来,真正地体现了马克思主义关于人的全面发展的理念,实现了高校人才培养理念的顶层设计。无论学者们从哪个角度对课程思政进行界定,课程思政都包含以下 5 个方面的内容:(1)课程思政的目的。课程思政的目的是实现德育的目标,是在教会学生专业知识的同时培养学生的素质和能力,并最终使其成长为国家发展需要的合格人才。(2)课程思政的范围。《指导纲要》已经明确指出,课程思政要在所有高校、所有专业开展。课程思政是思政课程相对应的概念,也即课程思政针对的课程范围是除思想政治理论课之外的所有课程。(3)课程思政中的"思政"的内涵。弄清"思政"二字的含义是为了解决我们到底融入的是什么。对此学者们的观点并不一致,有的认为传递的是价值;有的认为塑造的是思想意识;有的认为倡导的是道德规范;有的认为是对人生的理解和政治的观念。对于这个问题,《指导纲要》已经有了明确的指示,课程思政不仅要围绕政治认同、家国情怀、宪法法治意识;还包括文化素养、道德修养、心理健康、职业伦理和职业道德等多方面的内容。同时,《指导纲要》还针对不同的专业特点,做了进一步的、分门别类的指导。例如,人文专业的核心在于结合专业知识教育,引导学生深刻理解社会主义核心价值观,弘扬中华优秀传统文化;经济、法学等社会科学专业要帮助学生了解相关专业和行业领域的国家战略法律法规,引导学生深入实地地进行社会实践、关注现实问题、提高学生的职业素养等。以上可以看出,"思政"的内涵非常广泛,不仅包含宏观上的政治认同和家国情怀,还包括微观上的职业素养、道德伦理以及心理健康。(4)融入的对象。学者们较为一致地认为,课程思政需要融入课堂教学的全过程,不仅包括课程目标、教学大纲、教材等,还应当贯穿课堂教学的各个环节,如教学研讨、课堂讲授、实践教学和作业论文等。(5)融入的手段。

通过重新设计教学环节，营造教育氛围，以间接内隐的方式实现课程思政的目标是多数学者的主要观点，此外还需要注重教学方法的选择、教学手段的应用以及教学载体的考量。在教学之外的支撑环节，有学者主张从管理运行和评价等多方面统筹教学资源，从而为课程思政提供多方面的条件保障。

2.关于课程思政的价值和本质

有的学者从宏观角度切入，阐述了课程思政和新时代中国特色社会主义现代化强国的战略需要之间的关系，强调课程思政是坚持社会主义办学方向的重要举措。有的学者从较为中观的层面切入，指出课程思政是思想政治教育内在的本质要求，是实现高等教育内涵式发展、高等学校教育理念变革的内在需求。还有的学者从微观的角度切入，指明课程思政在引导学生树立独立人格、提升道德品质以及培育公共精神方面发挥着重要的作用。以上研究表明，课程思政建设具有多维度、多层次的价值和意义，无论是一线的教育工作者，还是从事教育管理的工作人员都要对课程思政的价值和意义有深刻的理解。

3.关于课程思政与思政课程的关系

学者们总体上认为课程思政与思政课程是同向同行的，课程思政与思政课程的核心都是育人，二者都是高校思想政治工作的内在要求，但也同时认为二者又有不同的侧重。有的学者提出，思政课程是思想政治理论教育的课程体系，而课程思政则是教学体系，"课程思政"与"思政课程"的关系也可以理解为教学体系与课程体系的关系；有的学者则认为思政课程是课程思政的理论基础，课程思政是思政课程的具体实践。在这方面，上海高校更是率先提出了"三位一体"的理念，按照思想政治理论课、综合素养课及专业课三类课程的功能定位，从内容建设、教学方法、师资团队乃至互联网手段及载体运用等方面推进改革，通过多维专业以及名人效应等方式吸引学生广泛参与，实现全课程育人。

从总体上来看，关于课程思政的理论研究偏宏观、偏政策解读、偏理论性，对于具体的微观实践操作指导性不强，尽管学界也意识到课程建设是课程思政的关键环节，如张鲲指出应加强"课程思政"课程设计[①]；何红娟指出课程开发是课程思政建设的必要前提[②]；沙军指出应探索将现有课程思政成果形成一种模式，从而能够在全国范围内复制和推广[③]；钱欣指出应系统梳理与总结上海"课程思政"

---

① 张鲲.高校"课程思政"的时代命题与建设路向[J].北方民族大学学报（哲学社会科学版），2019（02）：162-166.
② 何红娟."思政课程"到"课程思政"发展的内在逻辑及建构策略[J].思想政治教育研究，2017，33（05）：60-64.
③ 沙军."课程思政"的版本升级与系统化思考[J].毛泽东邓小平理论研究，2018（10）：81-85+108.

的实践经验，形成对"课程思政"新理念的一般性认识并加以推广[①]；成桂英指出要找准"思政内容"与专业知识的契合点，通过系统性的课程设计，以无缝对接和有机互融的方式，建立生成性的内在契合关系，做到"基因式"融合[②]。但对于如何开发课程、如何做到"基因式"的融合、如何形成可以在全国范围内复制和推广的模式则是目前学界的研究盲区。

（二）课程思政实践探索发展

第一，上海高校的探索。上海高校的《大国系列》思政课选修课程是上海课程思政教育改革的代表性成果，上海各高校立足于本校的办学特色和优势，围绕社会主义核心价值观聚集校内校外名师大家开设了《大国系列》的通识课程，如复旦大学"治国理政"、华东师范大学"中国智慧"、华东理工大学"绿色中国"、华东政法大学"法治中国"、上海海事大学"大国航路"等。上海高校的课程思政实践是基于如下的理念建设的：按照思想政治理论课、综合素养课及专业课三类课程的功能定位，从内容建设、教学方法、师资团队等方面推进改革。其中，思想政治理论课着重加强核心价值观的培养和确立；综合素养课则重在通识教育中根植理想信念；专业课程则重在知识传授中强调价值观的同频共振。但值得一提的是，目前上海高校的《大国系列》属于综合素养课这一类型，上海高校在专业课的思政建设方面还没有取得突破性进展。

第二，其他实践探索。除了，上海高校的实践探索之外，其他各高校分别在不同专业、不同课程内进行了一定的摸索。如大学外语教学中课程思政的实践探索；音乐教育专业推进课程思政建设的实践探索；机械制图与课程思政的实践探索……总体来说，上海高校的课程思政建设具有一定的实践价值，但我们仍需注意到目前上海高校的课程思政建设仅是围绕综合素养课程进行的，课程思政的主战场也就是专业课的课程思政在上海高校的探索模式中并没有过多地涉及。从方式上讲，上海高校的课程思政探索采用的手段是开设大国系列课程，这属于显性和展示型方式，而非课程思政强调的隐性的融入课堂教学的方式。因此，尽管上海高校的实践探索取得了较好的思政效果，但不属于《指导纲要》要求的融入式课程思政和隐性教学模式的范畴。而且，上海高校课程思政内容集中在《大国系列》这种涉及国情教育的通识内容，层面很高、较为宏观，主要是开阔学生视野（学生日常涉及很少，头脑中没有预先的观念），可以通过展示的方式推进而且也

---

① 钱欣，曾宁.高校推进"课程思政"研究述评[J].思想理论教育导刊，2019（06）：155-157.
② 成桂英.推动"课程思政"教学改革的三个着力点[J].思想理论教育导刊，2018（09）：67-70.

会取得不错的效果。但是专业课涉及的课程思政内容通常是很微观、层面较低、贴近生活和工作的内容（学生头脑中的观念很可能已经形成），不太容易通过展示的方式来进行推进或者思政效果并不好。推进课程思政建设的时候，我们需要甄别我们传递的思政内容而选取不同的方式。上海高校之外的关于课程思政的探索集中在不同学科、不同课程上，这些探索为我们了解一线教师在推进课程思政的过程中的所思所想、具体思路、具体操作提供了非常宝贵的经验。但不能否认的是这些探索目前仍没有形成一套教育学意义上的可以被复制、迁移和全国推广的教学模式，仍然停留在经验型、感受型和初级的摸索阶段。

关于课程思政的宏观研究，主要聚焦课程思政的内涵、价值、意义、体系结构等方面研究。所谓课程思政，就是将思想政治教育融入课程之中，充分发挥课程的育人功能，与思政课程形成一种协同育人格局的综合教育理念。它指向一种新的思想政治工作理念、一种全新的课程观，对高校坚持社会主义办学方向，贯彻和落实立德树人根本任务具有重大的推动作用。育人是课程思政的价值本源，责任在于价值引领。课程思政必须与思政课程同向同行，形成协同效应。

对于课程思政微观层面研究，主要包括课程思政的生成机理、内在逻辑、实施路径等内容。对于课程思政的内在结构，有学者指出要建立思想政治教育与专业课程之间的"生成性"关系。也有学者从课程论的视角指出，课程思政的知识内容应重视"时代性知识"。对于课程思政的实施路径，有学者提出课程建设、教材建设、教学研讨、师资互通、教学评价"五个一平台"实施路径。对于"课程思政"绩效考核，关注点应包括目标的适当、明确，思政元素的充分挖掘，"思政"与"专业"的有机融合，具有较高的达成度等方面。也有学者从具体的专业课程特点切入研究，探讨理工科课程思政特有的生成机理和逻辑结构。

综上所述，课程思政研究从最初的经验总结走向了全方位的学术探索，使课程思政具有了学术气质，并形成基本的课程思政理论体系，为高校进一步加强思想政治教育提供了理论支撑，发挥了实践导向性的作用。同时，由于课程思政理论研究处于起步阶段，还存在不足：课程思政的理论研究是基于实践而来的，而课程思政的实践产生是由政策导向的，因此，现有研究大多是在加强思想政治教育的大框架下从课程观角度进行展开，无论是内涵界定还是内在机理构建抑或是实施路径，都偏重外在要求，塑造并固化了课程思政"由外而内"的外融性的内涵和生成机理。

五、"课程思政"建设的主要内容

"课程思政",顾名思义,就是通过课程开展思政,课程是指除"思政课程"以外的其他各门各类课程,而思政的范围则比较广泛。教育部印发的《高等学校课程思政建设指导纲要》详细阐述了建设的内容,在对其进行归纳总结的基础上。课程思政自提出之日起发展至今,无论是在理论方面,还是实践方面都取得了较大的成效,这也为我国"课程思政"建设发展创造了良好的环境,也不断丰富了"课程思政"建设的主要内容。

(一)政治引导

所谓政治引导,就是引导社会成员正确认识以国家问题为核心的政治关系和政治问题,所以,对大学生进行政治引导,就是教育引导他们以马克思主义为根本立场去观察、分析政治问题和处理政治关系,从而保障我国的意识形态安全。政治引导是大学生思想政治教育的核心内容。"课程思政"改革是新时代下我国高等院校育人工作的新尝试,通过归纳和总结,本文认为政治理论、政治认同及家国情怀构成了我国高等院校"课程思政"建设的政治引导方面的内容。

1.政治理论教育

习近平新时代中国特色社会思想是马克思主义中国化的最新理论成果,它是对新时代坚持和发展什么样的中国特色社会主义、怎样坚持和发展中国特色社会主义的科学回答。习近平新时代中国特色社会思想对新时代中国特色社会主义事业在实践、创造、经验等方面的革新进行了系统的理论表达,是马克思主义与发展的中国不断结合的结果。因此,引导大学生将习近平新时代中国特色社会主义思想入脑入心,对马克思主义进行科学的认知和把握,是新时代我国高等院校育人工作的重要任务之一。

新时代下,对大学生进行政治理论教育主要是对其进行世情、国情、党情、民情教育,习近平新时代中国特色社会思想是对当今世情、国情、党情、民情的深刻揭示,课堂是高等院校进行立德树人的主渠道,《高等学校课程思政建设指导纲要》指出:"推进习近平新时代中国特色社会主义思想进教材进课堂进头脑。"由此可见,其他各门各类课程都要将习近平新时代中国特色社会主义思想作为一项重要的思想政治教育元素来抓,使其与专业教材的知识内容相结合,找到二者的联结点,有机融入,从而增强新时代大学生对党的创新理论的认同,实现将习近平新时代中国特色社会主义思想润物细无声地进入到大学生的头脑中、心灵中,为其以后"服务社会、实现个人全面发展打下坚实的思想基础。"

2.政治认同教育

国家意识形态是在社会意识形态中处于引领和主导地位的意识形态，是社会意识形态的主流和核心。认同具有多种表现形式，政治认同是其中的一种特殊表现形式。政治认同是指社会成员在政治生活实践中逐渐形成的对已有政治体系的归属感和行为上的支持、服从。作为国家、民族发展的后备军，新时代大学生的政治素质强不强、政治信念坚不坚定对于我国意识形态建设具有重要意义。高校大学生的政治认同程度，直接反映出国家政治体系的发展水平。因此，做好高校政治认同教育显得异常重要。

一方面，新时代下，国际国内形势发生了前所未有的变化，全球范围内的思想文化激荡不仅为彼此之间相互借鉴优秀文明成果提供了可能，还将我国暴露在"和平演变"战略的颠覆之下。在这一背景下，蕴含西方价值观念的意识形态以多种表现形式蜂拥而入，引起了大学生思想观念的深刻变化。比如，历史虚无主义、新自由主义、民主社会主义、后现代主义、实用主义和文化保守主义等社会思潮对部分大学生的影响比较大，在一定程度上对马克思主义意识形态在我国意识形态领域的指导地位造成了威胁，削弱、动摇和蚕食着大学生的思想观念，影响其政治判断，进而对国家意识形态安全造成威胁。

另一方面，改革开放已有三十余载，我国取得了令世界称叹的成绩，综合实力稳步提升，国际影响力大幅度提升，人民生活发生了实质性的变化，人们对中华民族满怀自信心和自豪感。但是，在社会发展过程中也存在一些亟待解决的问题，一方面表明我国仍需在社会建设方面加大努力，另一方面也对党和政府的服务能力和水平提出了更高要求。如果不能及时有效地疏导和化解这些思想冲突和社会问题，将会对马克思主义意识形态造成消解，不利于其导引和保证功能的发挥，会使大学生质疑党和政府的服务宗旨和服务能力，从而减弱其对中国特色社会主义的道路、理论、制度自信，危及党的执政基础。

新时代下，对大学生进行政治认同教育主要是引导大学生认同中国特色社会主义和中国梦，一直以来，这一教育内容由思想政治理论课独自完成，但是，产生的实际效果与大家的期望值产生一定的落差。所以，党和国家更加意识到了对大学生进行中国特色社会主义和中国梦教育的重要性，将中国特色社会主义和中国梦作为"课程思政"的一项重要内容来推进，其他各类课程也要在知识传授和培养能力的过程中渗透中国特色社会主义和中国梦要素，承担对大学生进行中国特色社会主义和中国梦教育的重任。这样一来，中国特色社会主义和中国梦成为其他各类课程的一项重要的思想政治教育资源，不仅使其他各类课程明确了政治性导向，而且为我国高等院校夯实社会主义方向提供了有力保证。

3. 家国情怀教育

不同学者对于家国情怀有不同的阐释。徐文秀认为家国情怀是个人对自己国家和人民所表现出来的大爱，即对国家表现出高度的归属感、认同感和使命感。还有学者指出家国情怀渊源于"家国一体"等思想。例如舒敏华在《'家国同构'观念的形成、实质及其影响》中认为家国一体是中国古代特定历史条件下的产物，她认为家国同构的观念最早可以追溯至西周宗法制形成伊始，并认为"家国同构"观念的本质内涵即忠孝合一，而家国同构这一思想观对传统政治和现今社会都产生了重大影响。

对新时代大学生进行家国情怀教育就是对其进行爱国主义教育，所谓爱国主义教育，就是对人们施加教育，使人们的爱国主义情感得到升华，成为一种自觉遵守的政治原则和道德规范。大学生思想政治教育工作是高等院校常抓不懈的经常性工作，爱国主义教育在大学生思想政治教育中占据重要地位，是思想政治教育的灵魂所在。所以，要把加强青少年的爱国主义教育摆在更加突出的位置，把爱我中华的种子埋入每个孩子的心灵深处。新时代下，大学生爱国主义教育具有丰富的内涵。其一，2015年12月30日，习近平总书记在十八届中共中央政治局第二十九次集体学习时强调，实现中华民族伟大复兴的中国梦，是当代中国爱国主义的鲜明主题。也就是说，中国梦与新时代爱国主义具有内在的一致性，因此，高等院校所要培养的人才离不开爱国主义教育。其二，《新时代爱国主义教育实施纲要》指出："爱国主义的本质就是坚持爱国、爱党、爱社会主义高度统一。"爱国、爱党、爱社会主义不是孤立存在的个体，而是构成一个相互依靠、相互支撑的整体，因此，新时代爱国主义教育必须将爱国、爱党、爱社会主义教育统一起来。其三，爱国主义教育必须以维护祖国统一和民族团结为着力点。新时代大学生应高举"祖国统一、民族团结"的伟大旗帜，树立民族共同体意识，与其他各民族人民一道共建美好中国。其四，爱国主义并不是闭关自守，而是要正确地看待爱国主义与对外开放的关系，在坚守民族性的同时，面向世界，以推动世界和平发展为最高追求。

目前，部分大学生没有将国家利益放在心上，易受外来反动势力的蛊惑，通过网络等途径泄漏涉及国家安全的信息，"勿以恶小而为之"，这种行为无形中对国家安全造成了极大的损害。还有某些大学生对我国的发展目标、步骤及未来漠不关心，历史使命感和社会责任感不强。极少数大学生没有意识到各民族平等、团结和共同繁荣的重要价值，对其他民族存在歧视现象，主要表现为在校园内对少数民族学生存在偏见等不友好行为。新时代的大学生自我意识更加强烈，他们渴望自由、不愿受拘束，当他们当中的一些人放眼看世界的时候，将我国文化与外来文化进行对比，可怕的是，他们竟大肆追捧外来文化，对我国的优秀文化嗤之以鼻，丧失了民族信仰，家国情怀不断消退。这些问题为高等院校思想政治教育敲响了警钟，我国高等院校"课程思政"建设要求其他各类课程也要在知识传授和能力学习的过程中渗透家国情怀要素，所有课程都要结合自身的课程特点对大学生进行爱国主义教育，这样一来，使爱国主义教育成为所有课程的共识，共同为培养大学生的家国情怀贡献力量，成为新时代大学生爱国主义教育的新途径。

（二）思想引领

思想引领是大学生思想政治教育的重要内容之一。从一定意义来看，个体的行为是在一定思想的指导下发生的，因此，大学生思想观念的正确与否，直接影响其行为的性质。长期以来，思想政治理论课及其教师主要承担了对大学生进行思想引领的任务，效果不是十分理想。新时代下，"课程思政"改革是对大学生进行思想引领的有力举措，它要求专业课教师将社会主义核心价值观、中华优秀传统文化及宪法法治等要素寓于知识传授和能力培养之中，使学生在获得专业知识和提升专业技能的基础上，在思想上秉持社会主义核心价值观的价值追求，受到中华优秀传统文化的熏陶，树立宪法法治意识，从而提升隐形思想教育的实效性。

1.社会主义核心价值观教育

强化价值观教育是推动社会发展进步与个人成长成才的需要。由于价值观对于个体的健康成长具有重要的指导作用，所以，新时代大学生的价值观是否正确直接影响其个性和良好德行的形成。但是，目前大学生价值观教育的效果不是令人十分满意，思想政治理论课的价值观教育与专业课的价值观教育出现了断层，因而，"课程思政"改革要求各门各类专业课程也要渗透价值观教育，将价值观教育寓于知识传授和能力培养之中，使教育对象在接受专业知识教育的同时，接受价值观的熏陶，凸显了立德树人根本任务。

在这里，本书所理解的价值观教育是以人文主义为价值取向，引导新时代大学生正确认识个人价值与社会价值的关系，用正确的价值标准来看待自己的生命、生活、人生及社会的发展变化，正确看待社会的作用和认识人生的意义，尊重生命的存在和价值，塑造高尚的灵魂，形成坚定的信仰，养成关爱情怀和人文精神，做现代文明的建设者和接班人。新时代下，高等院校教师对大学生开展价值观教育，主要是用社会主义核心价值观引导他们成长成才，把社会主义核心价值观教育渗透到其他各类课程中，是促进新时代大学生健康成长的必然要求。改革开放三十多年，我国在经济领域取得重大进步的同时，文化领域出现了价值观多元化和多样化的趋势。市场经济体制下，东西方文化相互激荡、碰撞，新时代大学生不可避免地会产生价值困惑，在多样化的价值观中迷失自我。因此，把社会主义核心价值观渗透到其他各类课程中，不间断地对新时代大学生进行科学价值观教育，引导他们进行正确的价值选择，帮助他们解决个人价值与社会价值的冲突，提升他们的全面素质，增强他们对社会的认同感势在必行。将社会主义核心价值观的价值追求潜隐于高等院校所有课程中，解决部分大学生在价值上存在的困惑，是实现价值观教育最优化的必然选择。

高校思想政治理论课教学是进行思想政治教育的主渠道，是加强马克思主义意识形态领域的指导地位，维护高校意识形态安全的主要渠道。思想政治理论课教学与其他的专业课不同，更侧重于对大学生进行思想价值的引导。在信息化时代，大学生的生活充满着各种各样的诱惑，且自身对不良思想的辨别意识较弱，容易被其影响，出现自我怀疑与自我迷失等现象。在思想政治理论课教学中，促进大学生坚定马克思主义信仰，能引导大学生辨别各种错误思潮，从而抵制错误思潮。促进大学生思想道德素质的提升，帮助他们更健康地成长。在思想政治理论课教学过程中主要的任务是促进大学生运用马克思主义理论来武装自己的大脑，提高应对不良思想的免疫力，运用马克思主义的立场、观点以及方法解决现实中的问题，从理论上升到实践，并在实践中自觉地践行。除此之外，通过对大学生进行马克思主义教育引导大学生培养科学的"三观"，培养大学生成为德智体美劳全面发展的社会主义建设者和接班人。

毫无疑问，思想政治理论课程是大学生接受社会主义核心价值观教育的主要阵地，而其他各门各类课程也是大学生接受社会主义核心价值观教育的重要场域，只是以往被忽视了而已。在专业知识传授过程中，专业课教师要将社会主义核心价值观与教学的重难点结合起来，在此基础上引导教育对象科学理性地分析当今社会出现的热点问题，对社会出现的复杂情况与多种文化思潮采取客观评价的态度，帮助新时代大学生从正确价值观的视角认识多种多样的社会意识及现象，弘扬文化领域的主旋律。因此，专业课程要凸显"价值向度"，专业课教师应优化课程设置、完善教学设计，力争打造一批综合性、学科交叉的新型课程群，找准本专业、本学科知识与社会主义核心价值观的联结点，引导大学生正确认识个人价值与社会价值的关系，从而在价值引领方面实现与"思政课程"的同向同行。

2.中华优秀传统文化教育

在我国高等院校"课程思政"建设中，对新时代大学生进行中华优秀传统文化教育，就是大力弘扬以爱国主义为核心的民族精神和以改革创新为核心的时代精神。一个国家的精神与其自身的物质生活条件息息相关，是在物质生活条件基础上发展起来的创造性意识活动的结晶，其形成经历了漫长的过程，它是中华民族在历史发展的长河中，在革命、建设和改革中所形成的具有中国本土特色、带有鲜明时代特征的稳定的精神品格。每一历史时代的经济生产以及必然由此产生的社会结构，是该时代政治的和精神的历史的基础。民族精神和时代精神是人们精神世界的航向标。新时代大学生是中国梦的实践者和见证者，弘扬、培育民族精神和时代精神是其必修课之一。课堂教学是大学生接受民族精神和时代精神教育的主渠道，如何将讲仁爱、重民本、守诚信、崇正义、尚和合、求大同的思想精华和时代价值融入其他各门各类课程的专业知识教学中，对于促进高等院校育人工作的深入发展以及中国精神的弘扬和培育具有重要意义。在高等院校"课程思政"建设中，专业课教师将讲仁爱、重民本、守诚信等元素渗透到专业知识和能力培养之中，有利于增强新时代大学生的民族认同感；将崇正义、尚和合、求大同等元素渗透到专业知识和能力培养之中，有利于激发新时代大学生的开拓进取精神。

3.宪法法治意识教育

法治宣传教育是实行依法治国必不可少的环节，是长期性、基础性的工作，法治宣传能够增强人民群众的法律意识，使人民群众依靠法律手段解决问题、维护自身合法权益，法治宣传有利于构建和谐社会，推进社会主义民主法治建设。法治宣传教育是促进经济发展的内在要求。习近平总书记强调贯彻新发展理念，实现经济从高速增长转向高质量发展，需要以法治为引领。任何活动都需要依法开展、依法办事，中国特色社会主义进入新时期，各种矛盾日益凸显，社会中充满着错综复杂的利益关系，我们需要运用法律保障人民群众的合法利益、促进经济稳定发展。法治宣传是构建社会主义和谐社会的重要保障。法治宣传教育是向民众宣传法律，加强民众对法律的认识与认可，增强法律的权威性，有利于法治建设。法治宣传教育是营造法治社会的重要手段，是构建和谐社会的重要保障。

法治宣传教育是实行依法治国方略的基础性工作。依法治国是坚持和发展中国特色社会主义的本质要求，是实现国家治理体系和治理能力现代化的必然要求。法治宣传是实现依法治国的基础性工作，中国人民群众法律意识淡薄，有时对法律的效力产生怀疑，所以法治宣传工作已刻不容缓。加强法治宣传，提高人民的法律意识，严格要求各部门依法办事，使人民群众自发地学习法律知识，让人民信法、懂法、用法，促进依法治国方略顺利实施。

党的十八大以后，我国开始进入新时代，全面依法治国是新时代中国特色社会主义的基本方略之一。法治意识是人们对法律的认可、崇尚与遵从，是关于法治的思想、知识和态度。我国高等院校"课程思政"建设要求专业课教师挖掘专业知识所蕴含的宪法法治元素，通过知识传授和能力培养，引导新时代大学生树立宪法法治意识。专业课教师透过专业知识内隐的宪法法治元素对大学生的宪法法治意识进行培养，就是要让大学生知晓社会主义法治国家建设的新理念；明确宪法是治国安邦的总章程，是人民权利的保证书；厘清权利与义务的关系，养成依法办事、依法行使权利、依法履行义务的习惯，使其成为课程教学价值表达的一部分，进而引导他们形成法治思维、树立法治意识。在我国高等院校"课程思政"建设中，专业课教师在知识传授和能力培养的过程中培养大学生的宪法法治意识，能够使他们意识到法存在于人们的日常生活中，生活处处有法，在遇到困难时，及时运用法律手段来维护自身的合法权益。同时，还能引导大学生心中有法，心中有国，做知识、做学问的目的是为国家、为人类谋福利，而不是滥用科研成果，为所欲为，甚至危害人民的生命财产安全。

（三）道德熏陶

道德是以善恶来评价、依靠社会舆论和内心信念来实现的调整人们之间以及个人与社会之间关系的行为规范及其相应的心理意识和行为活动的总和。社会主义办学方向是我国高等教育的根本方向，所以，我国高等院校所培养的人是否具有较高的道德水平，直接关系到新时代中国特色社会主义伟大事业的成败和中华民族复兴目标的实现。赫尔巴特主张道德教育与知识教育是不可分割的，二者需要实现一体化。新时代下，"课程思政"改革促进了专业课教师将社会公德、职业道德、个人品德等元素渗透到专业课程中，从而实现对大学生的道德熏陶。

1. 社会公德教育

社会公德是人们在社会交往和公共生活中应该遵守的行为准则，是维护社会成员之间最基本的社会关系秩序，也是大学生要遵守和践行的最基本的道德要求。

社会公德主要调节三个向度的关系，分别是人与人、人与社会、人与自然关系，因此，扬善和惩恶是社会公德的两大功能。一方面，肯定、激励和弘扬一切对社会和个人生存、发展和完善起助推作用的思想和行为；另一方面，否定、驳斥和约束一切对社会和个人生存、发展和完善起阻碍作用的思想和行为。社会公德不仅是衡量一个社会文明程度的标尺，而且标志着一个国家综合素质的高低。作为未来社会建设的主力军，新时代大学生承载着民族复兴和国家繁荣的使命，其社会公德素质的高低不仅关乎个人的成长进步，而且直接影响国家的发展进步。因此，大学生的社会公德教育是我国高等院校育人工作的重要组成部分。

促进学生的全面发展是我国高等院校实施素质教育的目标，具体而言，就是不仅要教会学生如何行事，更要教会学生如何做人，要成为德才兼备的时代新人。德才兼备又是我国高等院校"课程思政"建设的目标，所以，专业课教师在授课过程中将社会公德元素寓于知识传授和能力培养之中，有其必然性。专业课教师采掘专业知识背后蕴含的社会公德元素，对于促进大学生个体的健康成长以及社会的精神文明建设具有重要意义。一方面，社会公德是新时代大学生思想道德素质的外在表现，并且愈来愈成为考量其综合素质的一项重要指标。将社会公德的基本要求渗透在专业课程中，能够为新时代大学生形成崇高的价值观起到积极的推动作用。另一方面，精神文明是评价一个国家软实力的重要指标，而社会公德又是社会主义精神文明建设的题中之义，对新时代大学生进行社会公德教育，不仅有利于为国家未来建设培养具有良好德性的社会公民，而且能够借助一批又一批具有良好德性的社会公民来提升国家的软实力。由此可见，专业课教师通过勘探专业课程潜隐的社会公德元素对新时代大学生进行社会公德教育是十分必要的。

2.职业道德教育

职业道德是从业者在职业活动中应具有的道德观念、道德情操和道德品质及应遵循的道德行为规范的总称。新时代下，我国高等教育愈来愈呈现出大众化趋势，离开校园、走向社会的大学毕业生逐年增加。从整体上看，大学毕业生的职业道德状况是良好的，但也暴露出一些不足，比如：职业理想缺失，择业观念扭曲；虚构求职信息，诚信意识缺失；在功利化职业价值取向的笼罩下，专业、特长与工作性质不挂钩；奋斗精神匮乏，责任感弱化；以自我为中心，以自私为半径，背离集体，缺少服务和奉献意识。虽然这些现象不是普遍性的存在，但也在一定程度上对大学毕业生的形象造成不好的影响，所以，我国高等院校应高度重视这一问题，以人才培养质量为核心，加紧对新时代大学生进行职业道德教育。

长期以来，在我国高等院校，大学生的职业道德教育只是通过某一课程或某些课程有所体现，并没有通过所有课程普遍性地开展起来，部分专业课程存在只重视本专业知识和技能的学习，而忽视职业道德养成的现象。课堂是对大学生进行职业道德教育最正规的载体，所以，我国高等院校"课程思政"建设要求其他课程挖掘潜在的思想政治教育元素，除了发挥知识传授的功能外，还要发挥育人功能，将职业道德的核心内涵渗透在知识传授和能力培养之中。专业课教师须教育引导学生深刻理解并自觉实践各行业的职业精神和职业规范，增强职业责任感，培养遵纪守法、爱岗敬业、无私奉献、诚实守信、公道办事、开拓创新的职业品格和行为习惯，从而实现职业道德教育的全课程化。

3.个人品德教育

道德观体现了一个人的道德意识和水平，马克思主义道德观主要表现为一个人在处理个人与社会集体关系，个人与他人之间的关系所遵守的准则。人的道德观核心是个人行为在个人利益中所占比重的大小。个人所处的环境不同、社会阶级不同则会形成不同的道德观。高校课程思政教育工作中的思想道德修养教育也应围绕习近平新时代道德观展开。习近平的道德观继承了马克思主义全心全意为人民服务的基本立场，始终辩证唯物地看待问题，同时在马克思主义道德观上进行了丰富和发展，又蕴含了优秀的中华传统文化的思想。习近平新时代道德观要求大学生树立讲文明、讲诚信、知行合一的道德观，艰苦奋斗、无私奉献、为人民服务的道德观。大学生的价值取向决定了未来社会的价值取向，因此立德树人的根本任务是大学生的价值塑造。大学是价值观形成和确立的时期，这一时期的价值观塑造对高校教书育人和社会发展都非常重要。一个民族、国家没有共同的核心价值观，就会行无依归、无法前进。价值塑造要进行信仰塑造、生命塑造和新人塑造，既要培养有信仰、有精神追求的人，又要培养具有追求生命超越、实现自我价值的人，还要培养担当民族复兴大任的时代新人。

个人品德是指一定社会生产关系或阶级所要求的特定社会规范、道德原则在个人的思想和行为中的体现，是一个人在道德行为过程中所表现出来的比较稳定的心理特征和一贯的道德特点倾向。《新时代公民道德建设实施纲要》将个人品德作为公民道德建设新的着力点，因此，个体品德建设是公民道德建设的应有之义。作为社会群体中的佼佼者，大学生的个人品德如何，将对未来社会的发展质量及党和人民事业的兴衰成败产生重要影响。人才培养是一个不间断过程，只有环环相扣，才能确保人才培养的质量。其中，我国高等院校是关键一环，所以，如何提升大学生的个人品德，使其成长为德才兼备的新型人才是新时代我国高等院校面临的主要任务之一。

我国高等院校普遍存在重专业知识教育，不重个人品德教育的倾向，虽然素质教育理念已提出多年，但是，并不是所有高等院校都将其有效落实到教育教学实践中，部分高等院校没有摆脱传统思想的痼疾，从而导致德育工作陷入瓶颈。观念是行动的先导，所以，我国高等院校首先应该转变重专业知识教育，不重个人品德教育的倾向，深刻分析知识教育与品德教育脱节的危害性，进而以立德树人为抓手推进知行合一教育，将大学生个人品德建设摆在突出位置。"课程思政"教育理念的提出使我国高等院校意识到通过挖掘专业课程的德育元素对大学生进行个人品德教育的重要性。专业课教师深挖自身所授课程的德育素材，将个人品德教育寓于专业知识和能力培养之中，立足于与个人品德相关的社会热点、难点、疑点问题，精化、深化个人品德培养目标，从而实现个人品德教育"沁人心脾""润物无声"，极大地增强了大学生德育的实效性。

此外，劳动教育和心理健康教育也是我国高等院校"课程思政"建设的重点内容。劳动教育在新时代教育发展道路上具有奠基作用，高校在完成立德树人这一根本任务的进程中，必须把加强大学生劳动教育作为一项基础性、重要性的任务。培养德智体美劳全面发展的新型人才是新时代下我国高等院校的人才培养目标，所以，加强大学生的劳动教育是我国高等教育的价值旨归之一。我国高等院校"课程思政"改革要求专业课教师将劳动教育元素寓于专业课程之中，使之与知识传授和能力培养有机融入起来，使新时代大学生在学习专业知识和提升专业能力的同时，正确认知劳动的价值，养成热爱劳动、尊重劳动者、珍惜劳动成果的情感态度，树立诚实劳动的良好品德，在生活中乐于劳动、勤于劳动、创造劳动。这样一来，我国高等院校立德树人根本任务的完成指日可待。随着时代的发展变化，心理健康愈益成为推动大学生健康成长的重要因素。大多数行为不够理智、不够完美的大学生，往往不是思想品德有问题，而是心理健康有问题，从而对个人、家庭乃至社会造成不必要的损失。所以，作为人才培养的摇篮，我国高等院校理应承担起对大学生进行心理健康教育的重任。心理健康教育是思想政治教育的重要内容之一，而"课程思政"建设的重点在"思政"，不能脱离课程来谈思政，所以，在课堂教学中，专业课教师将心理健康元素寓于知识传授和能力培养之中，通过课程这一载体对大学生进行心理健康教育势在必行。

第二节 "课程思政"的理论基础

一、马克思关于人的全面发展思想

人的全面发展是高等教育的目的和追求，很多学者对此有非常深刻的论述。马克思从分析现实的人和现实的生产关系入手，指出人的全面发展的条件、手段和途径。人的全面发展有其基本内涵。它包含人的体力、智力及思想道德等方面的全面发展；包含人在社会众多领域的才能及其创造；也包含在既定的历史条件下，人的个性的自由发展和如愿从事各种社会活动。[①] 扬·阿姆斯·夸美纽斯（Johann Amos Comenius）在其名著《大教学论》一书中，提出泛智教育的理想，希望所有的人都受到完善的教育，使之得到多方面的发展，成为和谐发展的人。[②] 法国启蒙思想家卢梭认为教育的目的和本质就是促进人的自然天性，即自由理性和善良的全面发展。[③] 瑞士教育家裴斯泰洛齐（Johan Heinrich Pestalozzi）倡导教育应以善良意志、理性、自由及人的一切潜在能力的和谐发展为宗旨。[④]

人的全面发展一直是中国教育方针的理论基石。进入新世纪以后，党和国家重新审视人类自身发展的环境和条件，对人的全面发展原理中国化问题进行了深刻地反思。人的全面发展首先是指人的完整发展，即人的各种最基本或最基础的素质必须得到完整的发展，人们通常所说的人的全面发展，是把人的基本素质分解为诸多要素，即培养受教育者在德、智、体、美、劳等方面获得完整发展。

人的本质不是单个人所固有的抽象物，在其现实性上，它是一切社会关系的总和。一般来讲，人的成长大多是建立在现实社会关系前提下产生的，思想政治教育实践开展期间，教育者主要能够协调引导受教育群体的行为及观念，同时创设一种积极的育人环境，确保人的本质调整能够与社会生产方式变革相符，能够符合社会进步发展趋势。相应地，思想政治教育工作开展期间，高校需要将其与社会实际联系起来，避免出现与社会发展相脱节的现象，从现实层面加强对受教育者的教育工作，需要我们从社会关系层面对人的价值及需求进行深入理解。早在《德意志意识形态》书中，便已经出现了"个人全面发展"的表述。结合个人

---

① 中共中央马克思恩格斯列宁斯大林著. 马克思恩格斯文集 第1卷 马克思恩格斯文集 1843-1848年 [M]. 北京：人民出版社.2009.
② （捷）夸美纽斯著；傅任敢译. 大教学论 [M]. 北京：人民教育出版社.1984.
③ （法）卢梭著李平沤译. 爱弥儿论教育上卷 [M]. 人民教育出版社.1985.
④ （瑞）裴斯泰洛齐著；夏之莲译.《裴斯泰洛齐教育论著选》[M]. 人民教育出版社.2001.

全面发展理论，其中强调，人的发展并非表现为智力发展层面，还涉及体力、品德、社会关系等各个方面的综合发展。

某种层面上，高校思想政治教育工作开展中，人的全面发展为其提供了很强的指导效果：其形成的人的发展观，为我们了解掌握事物发展规律提供了理论参考，并且其展示的人的全面发展的必要性也为促进思想政治教育复杂性提供了理论参考。所以，对大学生群体开展思想政治教育期间，我们需要坚持有关科学理论，分析掌握不同社会关系与人的关系，从物质层面分析影响人们思想产生的影响因素。在教育活动期间，当信息量较大时，便能够更好地对受教育群体提升思想政治品德水平起到帮助与引导作用，最大限度激发人的身心潜能，充分彰显个性，并且在思想政治教育工作开展期间将协同育人理念引入其中，确保育人目标能够顺利正常推进。

马克思主义强调从现实世界前提下来认识并分析事物，做好对事物的系统全面分析。其中，马克思主义强调，人的发展与社会发展具有同步性，在旧时代物质匮乏的制约性影响下，不利于提升人的全面发展水平。相应地，在工业技术发展进程中，在促进人的全面发展层面也有了更高的要求，也给带动人的全面发展带来物质前提。在《德意志意识形态》《资本论》等作品中，马克思特别对自由全面发展理论进行系统全面的介绍。人类社会发展进程中，马克思分别从人的依赖社会、物质的依赖社会、人的全面发展社会三个不同角度对社会进行划分。其中，人的全面发展社会，也就是畅想的共产主义社会。回归到教育领域，也存在相似之处，教育和人的全面发展存在类似的地方。我国教育未来发展中，教育全面发展将是一种主流趋势。人的全面发展观将会给教育发展提供引导作用。具体来讲，主要表现为下列几个层面。

（1）全面发展观能够带动教育协调发展。教育发展中引入人的全面发展观后，能够协调处理好教育内容及教育资源。现在，受到就业等诸多因素的限制，高校教育内容普遍集中在技能学术层面，而普遍对学生德育教育的关注度不足。在功利思想作用下，针对多元化教育内容的接受认知情况，学生对应的主观表现也存在较大差异。所以，高校教育中引入全面发展观，则能够将这一问题程度控制到最低。

（2）全面发展观能够对教育观念做好更新。在高校教育中引入人的全面发展观，能够更新教育观念。在之前社会发展期间，人们的教育观念落后保守。人的全面发展观中，尊重学生的主体地位，这样能够统筹考虑学生思维变化的同时，也能够与时代发展实际相符合。

（3）全面发展观能够优化教育模式。目前，部分地区高校在授课模式上，依然以传统的满堂灌模式为主，不利于提升课堂教学效果。全面发展观能够最大程度增加学生学习热情，并且能够充分发挥学生的主体作用。所以，随着全面发展观的实施，能够创新优化教育模式，提升学生课堂学习效率。

思想政治教育实践工作开展期间，不管是从教育内容上，还是从教育方式上，教育者均不能够与社会脱节。相应地，教育者也会随着社会发展出现改变。某种层面上，高校推进思想政治教育旨在能够培养更多专业人才。所以，如何开展人才培养成为教育工作主要关注的问题。学校在推进思想政治教育开展中，应该把促进学生全面发展放在首位，结合社会发展实际来做好人才培养，提升学生的全面发展水平。

课程思政的理念是基于丰富的理论基础的。其中马克思关于人全面发展的观点是最为关键的部分之一。马克思明确指出未来的理想社会是"以每一个个人的全面而自由的发展为基本原则的社会形式"。[①] 人的全面发展是一种实践性的行为，不仅体现了人作为个体的能力，还包括了其社会关系和个性等，更是一个长期变化的过程，它无法与社会生产力的发展相脱离，也无法与教育和学习相脱离。具有深刻内涵的人的全面发展思想是马克思主义中的重要核心之一。全面达成个人需要的发展，主要包括其社会关系、能力和素质及个性的发展。人正是在正确的教育体系的培育下，个人的素质与能力才能全面的发展。

思想政治教育的意义正是在于帮助大学生正确地实现全面发展的要求，如何培养大学生的正确价值观正是思政教育的基本取向和目的。同时，思想政治教育也能有效促进大学生全面的发展进程。其中，最为基本的观念根据即是马克思关于人的全面发展思想，作为发挥统领作用的指导思想，是建立在大学生的方方面面的进步促成中来改良并完善已有的思想教育的。在具体的工作进程里，既要关注学生的能力与素质，也不能忽略学生的社会关系，并从学生的个性出发，踏上全面发展的道路。

高校的"课程思政"正是通过教育和学习的方式将人的全面发展向前推进。高校的"课程思政"建设是与时代的发展相一致，适应社会的发展趋势而提出的。高校建设"课程思政"，把思政教育元素融会具体课程的教学活动中，这个过程中，使学生在知识学习的过程中兼具道德水平的提升，从而促进学生的全面发展，为实现人类自身的自由和解放做准备。"课程思政"教育理念的目的是为国家培养出进行社会主义建设的人才，培养出德智体美劳各个方面都得到发展的社会主义

---

① 马克思恩格斯文集. 第 5 卷 [M]. 北京：人民出版社，2009.

人才,"课程思政"的教育任务紧紧围绕对学生的立德树人教育而进行。高校进行"课程思政"建设与马克思主义人的全面发展思想是一致的,并且人的全面发展思想是"课程思政"建设的理论基础和价值引领。高校"课程思政"的建设是马克思主义有关人的全面发展思想在我国运用的新实践,是具有中国特点的高校教育新理念,同时也为共产主义的实现起到了促进作用。

二、认知主义学习理论

认知主义学习理论源自于格式塔学派的认知主义学习论,20世纪50年代中期后,认知主义学习理论发展到鼎盛时期。认知主义理论推动了教育心理学的发展,主要有以下几点理论贡献:第一,强调学生在学习中的主体性;第二,强调学生的认知、理解和独立思考等意识活动的重要性;第三,强调学生在学习活动中所已有的知识和认知水平;第四,强调内在动力与学习活动本身带来的内在强化作用;第五,强调人的学习具有创造性。因此,学生在学习过程中不是处于被动、消极的,而是主动、积极的状态。教师在教学过程中要调动学生的主动性和积极性,激发学生的学习动机,培养学生的创新和探索精神,从而使知识内化为学习者内部的认知结构。课程思政是隐形教育方式,对学生的思想、政治、道德以及价值观等方面进行潜移默化地影响,这就要求教师在进行课程思政实践过程中,对教育对象有全面的了解,据此来确定所采用的教学手段和教学方式。同时,在教学过程中不是让学生被动接受知识,而是激发学生学习兴趣,自己主动地去探究和内化。

三、有效教学理论

有效教学理论是通过研究教学中的现象问题,揭示出教学一般规律后,将规律运用于解决教学实际问题的理论方法,其关键在于研究"如何教"这一问题。有效教学理论的主要代表人物是美国的布鲁姆(BenjaminS.Bloom),其中,布鲁姆的"教育目标分类学""教学评价理论"和"掌握学习"教学策略是他有效教学理论的主要内容。有效教学理论不仅仅强调教学效果,更是强调以最少的时间和精力,实现教学目标和学生全面发展。随着我国高等教育的不断改革,有效教学理论更是对教育理念起着积极的推动作用,它既满足教师以实现学生全面发展为目标的要求,又适应时代的变化,是有利于教师教学效率的提高以及学生综合素养的提升。高校课程思政的实现,主要体现在课堂教学过程中,因此教师的

"教"起着至关重要的作用。高校教师在开展课程思政教学过程中，要遵循有效学习理论规律：第一，鼓励学生有效学习。学生有效学习是有效教学的内在动力，而有效教学目标就是让学生能够获得有效学习，因此有效教学不仅有利于提高教师教学的效率，同时也有助于学生各方面的学习。第二，以学生为最终目标。有效教学理论注重"以学生为中心"，在教学过程中主要是从学生的实际需求出发来进行教学活动的设计，并在教学过程中激发学生学习兴趣，而不是让学生被动地去接受。第三，关注"人"的发展。高校在重视学生理论知识学习、能力培养的同时，更加注重人文精神的培养，这也是当下每个教师在育人过程所应该重视的。因此，高校教师将各类课程与思想政治教育内容相结合时，坚持有效教学理论的运用，能够提高学生学习有效性以及教学的工作效率。

四、潜在课程理论

美国学者杰克逊率先提出了潜在课程理论，显性课程是潜在课程的对立面。国内外学者均从不同视角对潜在课程理论进行了诠释，比如，柯尔伯格强调潜在课程对于个体道德养成的重要意义；林江青主张潜在课程是潜隐在正式课程以外的课程。因此，潜隐性是潜在课程的首要特点。潜在课程以间接的、内隐的、不明确的方式，在潜移默化中，使学生不知不觉地受到教育。虽然潜在课程以潜在的形式存在着，但其形成的教育效果却是长期的、渐进的。潜在课程的这一特性与本书所述的高等院校"课程思政"的概念殊途同归，进行"课程思政"建设的课程就是除了思想政治理论课程之外的其他各类课程。中国高等院校"课程思政"建设就是要挖掘非思想政治理论课程中的思想政治教育元素，实现寓价值观教育于思想政治理论课之外的课程中。运用潜在课程对新时代大学生进行价值观教育有异于运用思想政治理论课程的价值观教育，思想政治理论课程是一门直接对大学生进行价值观教育的正式课程，而"课程思政"建设是挖掘专业课程中的思想政治教育资源，将这种思想政治教育元素有机地融入知识传授和能力培养之中，达到价值观教育润物细无声的效果。我国高等院校"课程思政"改革的目的在于激发除思想政治理论课程之外的其他课程的育人功能，使潜在课程与思想政治理论课程一道，为实现高等院校立德树人的根本任务贡献一己之力。由此可见，潜在课程理论为我国高等院校"课程思政"建设提供了一定的理论指导。

五、建构主义理论

关于儿童心理发展的教育理论，诞生了大量的学说，其中建构主义理论是相对复杂的、针对儿童认知发展的成熟体系，这甚至可以说是教育心理学中的一种改革性的诞生。

（一）建构主义学习观

在传统的观点里面，认知的发展是来源于线性的知识的进出。通过学习，知识被注入人的大脑中，再通过一定的条件进行存储，进而在面对认知事物时再提取至外部进行反映。而在建构主义学习观里，学习来源于观念的矛盾性和冲突性，后涉入的知识当碰撞到已有的观念时，在思想层面上发生转化和重构，并互相作用。人们在学习时除了从教师的教导中获得知识，更需要自身利用其背景，在资源调用的基础上，自我建立起知识的价值。在其中学习者是主动性的，而非被动的。所以在实际的教学活动中，心理健康教育专业教师应该充分利用这种理念，在设计课程思政相关课程时注意把握学生的认知水平，有针对性地启发学生主动认知的过程，以辅助性地引导使得学生主动建立旧知识和新涉入内容的联系性，促发互动和同化作用，自发地建构起自己对于课程思政的知识网络。

（二）建构主义教学观

在建构主义教学观里，教师作为主导者，不只是努力地向学生传播知识，更大的作用在于引导和非直接的传授，能够促进学生调用已有的知识体系中的架构，对自己的认知进行进一步的拓展，从而建立起新的知识体系，构建知识网络。通过适当的教学行为和引导活动培育学生主动建构的能力和借鉴思考的能力。结合这一观点，在专业课程思政的实际教学中，更应该注重学生本身的内在知识体系特点和认知过程，把外部的因素和知识的传授及自身内心的发展结合起来。加大情景化教学、实践教学，把我国文化及价值观都融入课程思政的教学活动中，使学生能够更贴合实际，感同身受地进行知识的学习并最终达成课程思政的目标，解决现实世界的真实问题。

六、课程文化发展理论

各门课程是我国高等院校实施"课程思政"建设的基础和前提。各门各类课程都具有一定的文化内涵，实现课程文化的科学发展是课程的应有之义。在斯宾塞（Spencer）看来，课程就是"教学内容的系统组织，"[①]"课程文化是课程在实践展开和功能实现过程中的文化集合，"[②]是由诸多要素构成的有机系统，比如课程发展中的相关制度、规范和内在精神等。对于课程而言，若要实现发展，离不开物质、文化和精神等要素的投入。其中，物质投入是课程发展的前提条件，文化和精神投入是课程发展的内在灵魂。换句话说，课程文化的发展程度在一定意义上决定了课程建设的质量和水平。英国的丹尼·斯劳顿（Denis Lawton）于1983年提出了"文化分析"理论，他认为："由于学校时间和资源的有限性，我们必须认真规划课程，以确保对文化的适当选择，"[③]从而将良性的文化选择作为课程发展的重要基础。法国的皮埃尔·布迪厄（Pierre Bourdieu）则从社会学的视角将课程定义为一种"文化资本"，这种文化资本会促进经济资本和文化资本的发展。[④]

总而言之，对于课程文化发展问题，西方体制认为课程文化是以个体价值为核心展开的，整体趋势偏重个体价值取向；我国将集体价值作为课程文化发展的根本取向，强调集体价值是课程文化发展的出发点和归宿。课程文化建设在课程发展中的重要性以及我国的国情，决定了高等院校在课程建设和教学实践中，必须把彰显社会主义核心价值观摆在突出位置，这既是我国高等院校课程文化发展的内在要求，也是高等院校教师的职责和使命。因此，我国高等院校"课程思政"建设为课程文化的发展开辟了新渠道，中国特色课程文化体系的有效建构离不开高等院校"课程思政"建设的贯彻实施。在我国高等院校，"课程思政"理念与课程文化建设具有异曲同工之处，所以，课程文化发展理论是"课程思政"建设的依托。

七、卡尔·罗杰斯的心理治疗理论

心理治疗又称"罗杰斯治疗"，是美国心理学家卡尔·罗杰斯创建的一种心理治疗方式，被公认为人本主义疗法的代表。罗杰斯认为，人的本性是善良的，且具有自我实现的巨大发展潜力。他开创的这种新型心理治疗方法，根据其所具有的特征，又被称为"非指导性疗法""当事人中心"疗法和"以人为中心"疗法。他开发出新的方法，主张心理治疗师真诚关怀当事人，启发当事人的自我潜能，以此促进他们增强自信，健康成长。罗杰斯指出，教育要培养完整的人，即躯体、

[①] 江红来. 课程文化定义的探讨[J]. 辽宁教育研究, 2006（9）: 66-68.
[②] 胡洪彬. 课程思政: 从理论基础到制度构建[J]. 重庆高教研究, 2019（1）: 112-120.
[③] 高有华. 国际课程专家的课程视野[M]. 合肥: 安徽师范大学出版社, 2012.
[④] （法）皮埃尔·布迪厄（Pierre Bourdieu），（美）华康德（Loic Wacquant）著; 李猛, 李康译. 实践与反思 反思社会学导引[M]. 北京: 中央编译出版社. 1998.

心智、情感、精神、心灵力量融会一体的人，主张教育就是要顺应人的天性，使人的善性得到充分自由的发展。罗杰斯认为，个人迫切想要实现自我，是推动个体人格向前发展的强大动力，而"以人为中心"的治疗则从实践上证明了人格趋向于完善的可能。教师的作用不仅是教给学生知识，而是让学生知道如何学习，所以老师应当促进学生的学习生活，方便学生的学习生活。

随着全球经济一体化的逐步深入，西方人文主义思潮的涌入，我国在教育方式上越来越显示出其弊端，长久以来的灌输为主的"填鸭式"教学已难以满足时代变化。我国教育的"物化"现状转变为"人本化"的教育成为当务之急，罗杰斯倡导教育应发挥人的潜能，促进个性发展，以学生为中心，营造良好的情感环境。因此，罗杰斯的心理治疗理论，对我国高校心理健康教育工作有重要启示：首先，要学会构建学生的主体性人格。心理治疗强调以人为主体，人本化教育应将塑造和发展学生的主体性人格，作为教育的终极目标。因为，主体性人格是使得人们能够在具体道德价值冲突的情境中，自主地进行道德分析并最终做出正确判断的重要思维工具。作为教育工作者，更应该积极构建学生的自律性和独立人格，真正发挥出教育的力量。其次，要着重关注学生的实际生活。科技现代化带来的利好在一定程度上会影响受教育者的心理发展。此时，心理的引导就显得尤为重要，而健康心理的引导归根结底还要依托于生活的实践。无论多么抽象的心理健康教育学习理论，都需要尽可能还原于它所代表的现实生活，使其与受教育者的生活紧密相连。最后，要倡导在教育工作中体现人文关怀。要顾及每个人的尊严，从个人的兴趣爱好、价值取向出发，即在实际的教育工作中，教育工作的过程和方法要根据学生的实际需求制定，从而激发学生心理状态建构的主动性、积极性，让更多的学生参与到教育过程中。

八、罗伯特·科尔斯的德商理论

二十世纪二三十年代，西方展开了有关道德心理的研究，到八十年代末国际卫生组织在提出21世纪健康新概念的时候，又提出了"道德健康"。1996年，哈佛大学教授罗伯特·科尔斯在前人研究的基础上，第一次在《孩童的道德智商》中明确提出了"德商"概念，并通过一系列的故事阐述了"德商"在孩子成长和德性养成中扮演着至关重要的角色。他认为，德商比情感和智力更加值得关注，如果对孩子放弃德商的教育和培养，那么这个孩子将来很难成为一个"善良的人"。德商简称 MQ（Moral Intelligence Quotient），即道德智力商数。学界对此并没有过多着墨，在罗伯特·科尔斯的基础上，相关学者对此引起重视，并提出关于德商的新概念。国际知名教育学博士米歇尔·博芭把德商的内容概括为七个方面的美德，即同情、良心、自控、尊重、善良、宽容、公正。[①]在我国，有关德商的理论主要有两种取向，一种是把德商等同于德性，认为德商是指一个人的道德水平或道德人格品质；还有一种是心理学取向，认为德商体现着一个人的道德心理健康的发展状况，并从明辨是非、道德水平的能力等角度提出德商的内涵。学者耿步健将两者结合，认为德商是指一个人由其自身的道德认知、道德情感、道德理想、道德意志等所决定的道德素养的状况和水平。如果用公式来表示"德商"，那么这个公式就是：德商＝个人道德素养／普遍公认的德性。[②]通过这一解释，我们可以知道，德商与德性是呈正相关关系，个人的道德素养和道德行为与社会公认的德性相吻合程度越高，那么"德商"越高，德性水平越高；相吻合程度低，那么"德商"越低，德性水平也就越低。由此可以看出，国内外有关"德商"的理论研究及所形成的理论成果可以为我国高校心理健康教育提供方法论启示和理论上的借鉴。

道德的培养需要对教育对象进行社会主流道德观的教育，只有经过系统化的理论学习，才能进一步强化道德认知、孕育道德情感、提升道德素养、规范道德行为，引导大学生的道德心理不断朝着良性方向发展。此外，还要注重实践的学习和经验的总结。正如习近平总书记曾指出："道不可坐论，德不能空谈。"[③]

道德只有通过有效的实践才能使人们将其内化于心，外化于行。对于高校而言，当代大学生道德方面的培育是思想政治教育课程的一个重要模块。道德不仅仅影响着教育对象对于课程内容的理解和自身价值观的塑造，而且很大程度上左右着个人在今后社会环境中的适应能力。而德商理论为大学生道德心理及心理健康教育在思想政治教育中的导向性地位提供了更加充分的理论依据。

九、以人为本的素质教育理念

关于素质教育的基本内涵问题，尽管众说纷纭，但健康的心理素质是其重要组成部分是毋庸置疑的。素质教育是以教育对象及社会长远利益为着眼点，以提高综合素质，促进全面发展为根本宗旨，以促使教育对象生动、活泼、自觉地发展为基本特征的教育。素质教育强调以人为本，把受教育者的现实需要和未来发展放在首位，十分重视潜能的开发和价值的实现，致力于培养教育对象自尊、自

---

① 博芭.如何培养孩子的德商：教孩子正确行事的七大美德[M].北京：中国发展出版社，2002.
② 耿步健.论加强大学生德商的培养[J]学术论坛，2005（09）：172.
③ 习近平在北京大学师生座谈会上的讲话.[EB/OL]新华网，2014-05-06.

信、自爱、自立、自强意识，不断提高他们生存发展能力。高校心理育人贯彻落实了以人为本的素质教育理念，以大学生的成长成才为出发点，着眼于社会长远发展需要，以大学生心理素质的提高、心理品质的优化为重点，不断挖掘大学生内在的心理潜能，促进大学生个性发展和人格完善。在素质教育影响下，心理育人的工作重点从心理疾病的预防矫治，逐渐向潜能开发、个性心理品质塑造等发展性目标转移，扭转了大学生对传统心理健康教育的消极认知和抵触情绪，增加了他们接受心理健康教育的积极性、主动性、自觉性。

十、习近平新时代青年教育思想理念

在我国党的十八大召开以来，习近平总书记先后多次发表关于青年和青年工作的一系列重要讲话及论述，并且根据党治国理政新思维分析当今青年和青年发展，这些论述及分析结合青年工作的伟大实践汇聚形成习近平新时代青年思想理念，形成了这一系统、极具逻辑结构的思想体系。

习近平在其关于新时代下的青年教育思想理念中，把自己的逻辑出发点牢固树立在广大青年的历史地位和时代使命中，根据新时代下的具体实践活动客观公正地分析当今青年和青年工作，并在分析的基础上提出相对目标：在青年成长和发展的全过程当中，要贯穿实现"两个一百年"奋斗目标，并且在对社会主义科学理论的了解与认同之上，建立了起广大中国青年的理想与信念，这些理想与信念的形成与建立基于我们对历史规律的一种正确了解与认识，基于我们对当前我国的基本国情的了解与把握上，以此将自己理想与信念的基础与根基牢牢地筑好，从而能够引导新经济时代下的中国青年们进一步树立起自己的正确三观，建设更加繁荣昌盛的祖国。习近平总书记在分析当今青年特点与成长规律的基础之上，揭示出现今社会对青年人的培养路径及要求，并在结合价值观的基础上，分析其内在逻辑与生成规律并形成系统逻辑；同时加强对青年人基层导向的培养，注重对青年人在理论教育与实践教育方面的有机结合，强调教育在教会理论知识的同时要增强个人才干，为新时代下的广大青年树立积极向上的成长发展目标。

十一、中国特色社会主义教育理论

中国特色社会主义教育理论是经过长期的研究总结和不断发展而逐步形成的，是将我国马克思主义的高等教育基本理论，同当代中国具有特色的科学社会主义的高等教育基本理论和教学实践有机地紧密结合在一起，而逐步发展起来形成的伟大教育成果，是将马克思主义教育理论与中国特色社会主义教育实践相结合而形成的伟大成果，是在毛泽东教育思想总结的基础上对其发扬，是科学的对中国教育现代化建设的经验进行总结，在中国当代教育科学中处于核心地位。该理论结合我国实际情况推动我国教育事业的快速发展，促进了中国特色社会主义现代化教育这一伟大事业的发展、形成和完善。

在我国召开党的十八大会议以来，以习近平总书记为核心的党中央站在历史和时代的高度上，根据我国现今实际情况，从建设和发展具有中国特色的社会主义教育工作总体上的角度出发，提出发展教育工作的新理念、新思路。契合当今时代所需求的教育地位和功能，并根据我国自古以来始终重视教育的传统，将教育摆在优先发展的战略位置上面，明确了建设现代高等教育的主导作用和重要性质，体现出党对教育的重视，提升了当今我国教育的地位；关于当前我国现代教育发展的方向，党中央明确给予指示："发展具有中国特色、世界水平的现代教育"，系统地分析和总结了教育发展的普遍性和特殊化相结合的基本规律，运用辩证统一的视角看待中国教育问题；在新经济时代的我国优秀人才教育培养目标上，秉持立德树人的育人中心思想，在教育教学中契合我国教育本质，从而将关于人的全面发展的内涵进一步扩充；在教师观上，明晰教师任务及职责划分，肯定教师教学成果，增强教师对教育教学工作的归属感和幸福感；在公平观中，在社会中倡导教育公平，优化社会公平风气，拓展教育工作对于公平的意义，明确新时代中我国关于教育事业发展的重心、价值观和追求；针对当前现代教育事业发展的核心动力问题，坚持改革创新才是推动教育发展的第一动力，为我国教育改革指明目标、任务及要求；在当前我国教育的不断发展创新问题上，加强教育信息化的逐步推进，准确判断现代教育的基本含义、特征及规律，明确推进信息化与教育深度融合的任务及要求；在教育的国际视野上，大力号召教育的对外开放程度，使我国教育与开放中的各国文化进行具有创新性的交流，在交流中进行文化碰撞、融合，尽可能地丰富中外教育在交流方面的内涵，阐明其规律。[①] 这些重要的思想丰富和发展了明显具有社会主义特色现代化的教育理论，为当今时代以及我国的高等教育教学制度结构改革与社会科学持续发展理论体系机制建设发展指明了正确的科学发展总体道路和前进方向，具有重要的科学理论思想现实意义和深远的特色社会主义历史实践意义。

---

① 俞家庆. 中国特色社会主义教育理论研究 M 北京：中国人民大学出版 2008：146.

十二、系统论与协同学理论

（一）系统论

"二战"结束后，科技水平迅猛发展，以现代科学为前提，贝塔朗菲创造性地提出一般系统论的观点。系统论阐述了不同事物间存在着的系统性特点，随后发展进程中，该理论凭借在实用性、科学性方面的优势而不断发展。系统论指出，任何事物，不管其所属领域，还是规模范围等，特定背景下，均能够理解为一个系统。此外，业已形成的事物均是以系统方式存在着的。其中，从外部角度，系统论主要分析介绍不同系统间的关联；从内部角度，系统论主要对内部结构及其发展规律等情况进行介绍，大多表现为功能性阐述角度。与此同时，作为一种新型科学，系统论要求我们首先需要从整体角度来对待事物，随后从宏观角度明确系统组织结构要素联系，在此基础上，分别从功能、结构等不同角度对其本质进行阐述。针对系统论理论，贝塔朗菲进行了如下阐述："一般系统模式的系统论，适用于本系统的原则和规律的大方向，而不管其具体细节，如系统组成要素的种类或组成结构内部关系等。这门新学科被我们称之为普遍系统论。"[①] 系统论主张要求我们统筹协调好整体与部分、整体与外界环境等方面的联系。整体性、动态性、结构性是系统论的主要特点。

系统的整体性。整体性，表现为系统存在形式是在不同要素形成的同时集体发挥影响。整体性除了能够满足不同要素累积的同时，还应该达到要素间的影响。其中，整体性的特点主要表现为其具有单一要素不存在的系统。

系统的动态性。动态性，表现为在系统及其周边环境彼此关系上发挥作用，系统之间均是彼此关联而存在的，不管是在系统内部，还是在系统外界环境，信息交换始终存在。一般情况下，动态性呈现出一种从低级状态朝着高级水平发展的趋势。

系统的结构性。结构性，表现为系统内不同组成要素间的层次与等级。不同组成要素的彼此影响形成的协同效应在很大层面上将对系统功能起到决定性影响。各个层级和要素间彼此影响又各自独立，主要能够从其中特殊规律、共同规律中能够表现出来。高校思想政治教育协同育人机制涵盖诸多不同要素，彼此之间存在相互联系、相互制约的关系。实际来讲，从系统论层面，协同育人机制发展中，我们能够从本质上明确其发展规律及发展本质，有助于对整体与不同要素

---

① 中国社会科学院情报研究所. 国外社会科学 [M]. 北京：商务印书馆，1978.

间的联系进行协调处理。

（二）协同学

在二十世纪七十年代，哈肯率先在研究中提出了协同学理论。具体来讲，"协同导致有序"是协同学发展中的和谐理念。经过这些年的发展，协同学发展理论日益完善，表现为研究整体系统在某一机制条件引领下，借助不同子系统存在的协同作用，从宏观层面令无序在历经多次形态转变基础上，能够达到一种有序状态，从而能够形成系统整体。在这些年向前发展进程中，协同学理论体系日益优化，该理论在现代科学理论发展前提下，在各个学科领域寻找彼此相通的规律，进而能够探索一种从无序状态能够朝着有序状态转变发展的一种协同法则。与此同时，协同学分析对象也是远离平衡态的一种开放系统，不过其还特别强调系统从无序状态朝着有序状态转变的主要影响因素与系统是否处于平衡状态无关，而和系统内不同子系统协同作用存在关联。也就是说，并非属于一种非平衡态开放系统，也属于平衡态开放系统，某种情形下，均能够表现为宏观有序结构。在分析宇宙学领域问题时，哈肯也将该理论引入其中。哈肯强调："有序结构也可呈现在宇宙系统之中，运用协同学的理论可以说明其原理。因此我们可以得知，在宇宙系统，抑或宏观和微观系统，当这个系统处于开放状态时，这种有序结构就会以非平衡的状态在固定的条件下显现。这些内容都可以成为系统学的研究对象。"[1] 协同学的根本理念即把事物从无序变成有序的过程，强调各个子系统的协同作用，从宏观角度使其联合，发挥出最大的集体效应。

近年来，协同学已广泛运用到社会科学的各个方面，发展势头呈现蓬勃生机。关于协同学应用于思想政治教育领域，郑永廷教授早在1996年就从德育发展的趋势上提出了"德育同其他相关领域整合发展"的观点。[2] 把协同学运用到高校教育当中去，是高校思想政治教育传统模式的突破和革新，对做好高校思想政治教育工作起着积极作用。按照一般系统论的创立者贝塔朗菲的观点，"系统是由要素组成的集，并且各个组成部分（要素）和总体（集）处于一定的相互关系并与环境发生关系"。系统作为一个综合体，含有两个及以上要素，同时各种要素参照某一方式产生关联与影响。系统表现为不同要素结合一定层次及结构形成的，拥有特定功能；任何事物均应该在系统下而存在。

具体来讲，"协同导致有序"是协同学发展中的和谐理念。作为一门新兴学

---

[1] 冯契. 哲学大辞典：修订本 [M]. 上海：上海辞书出版社，2001.
[2] 郑永廷. 论高校德育发展趋势 [J]. 中山大学学报（社会科学版），1996（01）：57-64.

科，协同学重点探索分析了不同系统从无序状态朝着有序状态转变的相似性。同时，协同学重点分析了不同子系统的联合作用，在熟知明确不同子系统规律基础上，深入了解各个系统存在的彼此关联，在此基础上能够从宏观层面来构建不同系统的整体功能和系统结构。此外，协同学理论还专门对系统目的性、平稳性相关机制进行明确。协同学向前发展的动力源泉主要是明确各个事物的协同原理。这些年发展中，在社会学科等不同学科发展中，协同学方式有着非常广泛的应用。大学思想政治教育作为一个复杂系统，由诸多不同要素构成，并且不同元素之间彼此关联、彼此影响。做好对大学生思想政治教育协同育人机制的深入探索，要求我们对协同学、系统论进行认真研究前提下，运用普遍联系与全面发展的分析思路，从宏观层面来分析研究机制内部不同子系统中存在着的协同关系，这样有助于从根本上转变子系统在发展中存在着的无序状态，同时能够从整体角度呈现相应的功能及结构，最大程度规避不同子系统间出现彼此脱离的情况，全面提升思想政治教育效果质量水平。

十三、列宁关于课程教育的论述

列宁关于课程教育的相关论述颇多，主要体现在两个大的方面。一是列宁认为教育与政治存在着互相依存，不可分割的关系，学校对学生的教育往往与统治阶级的政治有着直接的关系，教育与政治的联系是必然的，是不以社会制度和意识形态的不同而改变的，无论什么时候，教育与政治都是不可分割的。二是强调课程的思想政治方向是由讲课人员所把握的。方向一旦确定，就确定了努力的目标，在课程教育中需要有正确的思想政治方向做指引，否则一旦方向错了，也就不能保证学校所培养的学生是为祖国与社会的发展所服务，所做的努力都是徒劳无功，甚至还会造成较大损失。列宁还指出在哲学等社会科学课程上也要坚持学校的性质和方向，而不允许讲课人员成为"在哲学上对马克思主义进行批评的'批评家'，宣传自己特殊的哲学观点。"[1] 在这一方面充分体现了课程教育要以马克思主义为指导，列宁强调了教育者在课堂教学中坚持正确思想政治方向的重要性，对于我们今天推进"课程思政"建设具有一定的指导意义，为全员育人奠定了深厚的理论基础。

---

[1] 列宁著；华东师范大学《列宁教育文集》编辑组编.列宁教育文集上[M].北京：人民教育出版社.1984.

十四、习近平新时代中国特色社会主义教育思想

2018 年，习近平总书记强调，要全面贯彻党的教育方针，坚持马克思主义指导地位、中国特色社会主义教育发展道路、坚持社会主义办学方向。[①] 习近平总书记针对新时代教育发展的指示是开展"课程思政"建设的指南，要遵循中国特色社会主义文化思想，与教学的现实需要相结合，学习"挖掘、融入、教育者先受教育"的方法论。自改革开放以来，我国社会在各个方面快速腾飞，经济发展的水平决定着对青年素质水平的要求。而当代青年最主要的组成人员便是高校大学生，因此在思想政治上的培养与发展是社会各界，特别是教育领域对大学学生的关注点。思政培养离不开国家社会主义文化强国的建设，为了建设这一目标，离不开准确的思想指导，马列主义是我们应该坚持的基础，以习近平总书记新时代中国特色社会主义思想引领思政教育的前进方向，发挥着社会主义先进文化的世界性和发展性，在基于中国精神内核上引导出强而有力的价值普适性。这要求我们能够把习近平总书记新时代中国特色社会主义思想的特点融会为凝聚力与精神内涵。在学科方面，心理健康教育专业在其中作为典型，离不开国家政治导向，这也代表着"课程思政"在心理健康教育专业的开展是具有极大的必要性的。对于思政教育开展，教师需要关注正确的价值导向和合理的方法路径，把习近平总书记新时代中国特色社会主义思想作为指南，建设为心理健康思政教育的坚实导航。

通过论述心理健康教育专业开展思政教育的重要性，可以看出"课程思政"在专业建设里的严格要求。因此要打好良好的"课程思政"基础，便需要建构起极为有利的理论基石。对于心理健康教育专业来说，开展课程思政的核心便是习近平新时代中国特色社会主义教育思想，作为根基引领思政教育的建设。至于具体实践的推进方式，根据学科的特点可利用与加工的元素多种多样，这是因为心理健康教育是一门具有时代特点的综合性学科，其涉及的交叉领域多样宽泛，具有极强的丰富性。在心理健康教育专业的具体教学里，教师需要有效地把核心指导思想进行解构与融入，并在具体问题中具体剖析。心理健康教育专业课教师需要把时代性特点展现于专业教学里，同时营造出更为宽广和延伸性强的课堂空间，以便于课程思政在多个维度的深入与展开，只有这样才能体现出心理健康教育专业在思政教育中的特有优势。通过正确的实践方式，"课程思政"能够对心理健

---

① 习近平. 坚持中国特色社会主义教育发展道路 培养德智体美劳全面发展的社会主义建设者和接班人[J]. 儿童发展研究，2018（3）：1-4.

康教育专业人才的培养带来极具作用的正面影响，培养出专业技能扎实、道德树立牢固的人才，这些实践的方式相信也能够有效启发教育者在心理健康教育相关专业里开展课程思政的具体途径。

第三节 "课程思政"建设的原则

2019年3月18日，习近平总书记在学校思想政治理论课教师座谈会上指出："思想政治理论课是落实立德树人根本任务的关键课程。"[①] 但是，办好思想政治理论课并非只有显性教育这样一种方式，还需要采取隐性教育的方式，挖掘其他课程中的思想政治教育资源，即"课程思政"，从而达到立德树人随风潜入夜，润物细无声的效果。观察或者处理问题所依据的准则或标准，即原则。本书认为，我国高等院校"课程思政"建设应坚持党委领导原则、协同共建原则及贴近实际原则等三大原则。

一、党委领导原则

毛泽东曾指出："政治路线确定之后，干部就是决定的因素。"[②] 我国高等院校进行"课程思政"建设不是空穴来风，这一教育理念是新时代党和国家对我国高等教育提出的要求，因此，需要学校干部贯彻落实下去。宣传和执行中国共产党的决议是高等院校党委的职责所在，"课程思政"这一教育理念集中彰显了党中央的意见，所以，高等院校党委必须要发挥自身的带动作用，促进"课程思政"改革在高等院校的贯彻落实与逐步推进。

中国共产党是我国高等院校建设和发展的领导力量，我国高等院校能否坚持中国共产党的领导直接关系到其教育目标是否与国家要求保持同步，是否为国家发展服务。坚持党委领导原则是我国高等院校进行"课程思政"建设的根本原则，校党委的力量是重中之重。立德树人是我国高等院校的根本任务，人才培养的方向与基本要求不是随心所欲规划出来的，是以国家的发展要求为基石，与国家要求的目标相一致的，而要实现国家要求的目标，就必须坚持校党委的科学、有效领导，通过这一领导力量，深刻地探讨人才培养的基本要求和人才发展的内在规

---

① 习近平.用新时代中国特色社会主义思想铸魂育人 贯彻党的教育方针落实立德树人根本任务[N].人民日报，2019-3-19.
② 毛泽东著.毛泽东选集第2卷[M].北京：人民出版社.1991.

律，研究出适应新时代加强育人工作的有效措施，为保证育人工作"不脱轨"提供方向指引。"课程思政"的本质在于育人，也就是说，坚持党委领导原则，能够对高等院校"课程思政"建设的落实和推进起到积极的作用，只有坚持党委的领导，才能使高等院校的发展建设不偏离党的领导路线。由于自身的特殊性质，党委领导能够使"课程思政"有目的、有计划、有秩序地推进，与党中央对高等院校的发展目标保持高度的一致，高等院校党委需扮演好"带头人"的角色，重视"课程思政"建设，主动承担起贯彻落实"课程思政"教育理念的重任，以实际行动推动"课程思政"改革的顺利进行。

高等院校党委应时刻牢记自身的领导核心地位，树立"课程思政"意识，明确通过专业课程推进育人工作的理念，贯彻落实党中央的政策，引领各个学院开创"课程思政"课程，要求专业课程在进行"课程思政"的过程中不离马克思主义的方向，不失立德树人的目标，与各院系的领导和教师们一道推进"课程思政"建设。除此之外，坚持党委领导原则，在高等院校党委内部，还要成立专门的"课程思政"建设领导小组，选调专门的校党委人员带动"课程思政"建设。专门人员的直接负责制能够在确保"课程思政"改革高效实施和推进方面起到积极效果。同时，高等院校党委之间还要定期或者不定期地开展交流与合作，通过这一形式互通有无，取长补短，既借鉴"课程思政"建设的有益经验，又探讨"课程建设"亟待解决的问题，只有这样，高等院校党委才能以新理念、新思维、新方法引领"课程思政"建设，为"课程思政"建设提供有益指导。

二、协同共建原则

在我国高等院校"课程思政"建设中，协同共建原则是指专业课教师与思想政治理论课教师共同进行"课程思政"建设。无论是思想政治理论课教师，还是专业课教师，其一言一行都会对大学生产生影响。专业课教师是高等院校"课程思政"建设的实施者，在对大学生进行知识传授和能力培养的同时也承担着教育大学生如何做人，做一个什么样的人的职责。与思想政治理论课教师相比，专业课教师与大学生接触的时间比较长，所以，他们更应该明确自身在我国高等院校"课程思政"建设中的主力军地位，要"以身作则"。但是，在实际的教育教学过程中，由于部分专业课教师育人观念错位，只教给学生知识，没有引导学生在大是大非面前怎么做。所以，专业课教师需要思想政治理论课教师的协助，思想政治理论课教师也无需推脱，二者共同为"课程思政"建设出力。

思想政治理论课教师需协助专业课教师强化立德树人意识。所有教师都负有育人职责。高等院校"课程思政"建设能否有效地开展起来,专业课教师是关键。专业课教师只有意识到立德树人的重要性,才能将"课程思政"理念落到实处。在"课程思政"建设过程中,专业课教师不仅要对大学生进行专业知识传授和能力培养,还要恪守育人的职责。在教育教学过程中,专业课教师在对大学生进行理论讲授外,还要注重与大学生的交流和沟通,这就对专业课教师规范自身的言行、加强自身的道德修养提出了高要求。思想政治理论课教师需要协助专业课教师用真理和人格的力量去感染大学生。真理的力量就是专业课教师要深入地学习和掌握马克思主义,了解中国共产党制定的相关理论,具有家国情怀,保持高度的政治敏感性,将时政热点问题与专业知识有机结合起来,体现社会进步的发展趋势;人格的力量就是专业课教师要进行人格修养的锻造,将提升道德修养作为崇高追求,不仅要研究专业知识,还要不断思考如何提升自身的道德修养,以较高的道德标准来要求自己。由于部分专业课教师的马克思主义理论底蕴不深厚,道德境界不高,所以,专业课教师在学习马克思主义理论及提升道德修养的过程中,思想政治理论课教师需发挥辅助作用,引导专业课教师学会用唯物辩证法、历史唯物主义等观点观察、分析和处理现实生活中的问题,对社会发展存在的问题保持理性、清醒的认知,固守马克思主义意识形态的底线,重视马克思主义对我国发展进步的指导意义,这样一来,专业课教师的人格修养才能上升一个高度,才能意识到立德树人的重要性。

课程是各门科学知识的整合,是推动学科和专业协同发展的重要支撑。推动"思政课程"与"课程思政"协同发展,关键在于将思想政治教育德育元素渗透到知识、方法和实践活动中,引导学生将所学的知识转化为觉悟和品格,成为自身精神系统的有机组成部分,成为个体认识世界和改造世界的能力和素质。实现这种转变,要坚持以下三方面的原则。

(一)协同共建基本原则

1.坚持显性教育与隐性教育相结合

坚持显性教育与隐性教育相结合,一方面,应针对不同课程内容特点和目标要求,对学生进行旗帜鲜明的思想政治教育,提高政治修养和政治觉悟,遇到现实政治思想教育中学生普遍存在的难点疑点时,要敢于发声,在课堂、媒体、网络等平台扩大宣传影响,起到惊涛拍岸的声势;另一方面,要从专业课程中提炼德育元素,融入教学中,利用滴水穿石的态度对学生进行思想政治教育熏陶,达到润物无声的效果。"思政课程"作为显性教育课程,是新时代高校思想政治教育的主渠道，要旗帜鲜明地把马克思主义基本原理教育同习近平新时代中国特色社会主义思想紧密结合起来，把学生思想品德教育同中国优秀传统文化、红色革命文化和社会主义先进文化紧密结合起来，从而实现高校立德树人的根本宗旨和教育目标。"课程思政"作为一种隐性教育，根据课程教学内容和特点，将古今中外名人故事事件、国际新闻动态事件以及社会主义核心价值观与所传授教学内容有机结合，潜移默化地影响学生的思想观念和价值趋向。隐性教育与显性教育有机结合，要通过"课程思政"教学方法的改革创新来实现，并且在创新中不断加强。在"课程思政"教学过程中，首先，要发挥"思政课程"的核心地位，实现对高校各门学科建设和学科教学的方向引领，体现马克思主义理论对其他课程教学的政治指导功能。其次，其他课程作为隐性教育，要在"守好一段渠，种好责任田"的同时与思想政治课同向而行，发挥协同效应。再次，专业课教师结合所教课程的不同特点和不同教育对象，通过生动形象、贴近现实的案例，在实践活动层面上加强师生互动，从而真正达到对学生知识传授和品德形塑的有机统一。

2.坚持知识传授和价值引领相结合

开展"课程思政"，不是单纯地传授理论知识，也不是开设新专业、新课程，并不要求每节课都必须进行系统化、显性化的思想政治教育，而是要遵循各门学科各个专业的知识体系和内容特点，深入挖掘所蕴含的德育元素，并有机嵌入、融入思想政治教育过程中。各学科都是人类知识的长期积淀和经验总结，都包含对事物本身内在规律的整体认知和深刻把握。所以，掌握任何一门学科，都需要系统把握课程的知识结构和逻辑框架，不能零碎地、散乱地学习知识，这就需要对各科知识元素和具体内容进行价值整合，统筹谋划，实现知识体系和价值构建的有机统一。对于从事课程思政的教师来说，在传授科学知识的同时，还要注重专业知识与人、社会和生活多向度的联系，建立相互交融的关系网络。比如讲授在某专业领域取得的巨大成就时，要引导学生树立探索科学、追求真理的勇气，弘扬一心为国、不怕牺牲的精神，培养学生敢于批判、勇于创新、追求真知的志趣，传承科学家的默默无闻、甘于奉献的高尚品格。

充分发挥社会主义核心价值观在"课程思政"教学中的引领作用。中国特色社会主义高等教育要求以德为统领，强化对价值观、世界观和人生观的塑造，加强对传统优秀文化、审美情趣、职业素养、道德品格等方面的培养，为学生的健康成长打下坚实的价值底色。在课程教学中，将社会主义意识形态主导性的教育与"课程思政"教学方式的生动性、灵活性结合起来。既要增强马克思主义意识形态在课程教学过程中的主导作用，又要根据不同类型的课程、知识结构和教学内容有所侧重，有所取舍，实现主导性和多样性的统一。

总之，知识传授和价值引领的统一，要求在"课程思政"教学中重视人、环境、教育各因素的相互影响，实现三者的协同配合、同向发展；还要根据学生知识结构、年龄阶段、认知特点，结合不同学科、不同领域进行合理分配，处理好基本理论课、通识课和专业课程的关系，厘清所蕴含的共性元素，起到思想政治方向的引领作用。做好同心圆，拧成一条线，将课内与课外连接起来，把专业课蕴含的德育知识与个人发展内部贯穿起来，打通校内外网络平台沟通联系的"硬阻塞"，发挥高校思想政治在整个知识传授过程的价值引领功能。

3.坚持统一要求和方法创新相结合

"课程思政"更加注重思想政治教学内容的整体规划、政策激励的引导、教学资源的供给，遵循"课程思政"教学的内在规律。同时，还根据学校特点、专业类型、课程内容等，鼓励"课程思政"教师对实践教学模式进行调整和创新。首先，善于把握思想政治教育的工作规律。"课程思政"作为高校思想政治教育工作的一项重要工作，首先，要根据思政教育工作的性质和特点，确定"课程思政"教学的工作方式和方法。其次，把握教师主导与学生主体的相互关系。"课程思政"教学除传授知识和培养业务技能之外，还要通过寓情于理、情理交融的方式，帮助学生形成良好的思想品德，树立正确价值观念，凝聚思想认同，增强道路自信、制度自信、理论自信、文化自信。再次，要把握教书育人的教育规律。教书与育人密不可分，教书是育人的基础，知识传授需要价值引领，育人是教书的目的，二者密不可分。所以，教书育人要充分考虑到学生的认知结构、思想特点、现实需求，将价值观念、思想理论、精神气质变得更加接地气，更富有亲和力、感染力，让僵硬的抽象思想政治理论变得平易近人、真切感人。最后，把握学生自身成长规律。学生在成长过程中具有明显的阶段性特征，体现了不同个性的发展需要。在"课程思政"教学过程中，从供给侧角度精准分析和了解学生所需的精神文化产品需求状况，根据不同专业、不同课程、不同学段的学生情况，加强马克思主义世界观、人生观和价值观的教育，为学生健康成长提供精准的政治导航。

（二）协同共建原则的实现路径

"课程思政"涉及各个学科、各个专业，是一项复杂的系统工程。它不仅涉及专业学科的建设、内容体系的构建，还涉及课程建设、制度方案等相关内容的整体安排。所以，要从顶层设计、体制机制、教学方式和评价体系等方面，加快"思政课程"与"课程思政"的协同发展。

1.构建部门联动、政策协同的制度体系

加强"课程思政"教学体系建设，着眼于学校的长远发展目标，将"课程思政"目标与"双一流"学科建设相结合，从本科教学质量评估、"双万计划"等方面制订"课程思政"教学的发展规划；着眼于全课程的育人体系，完善专业人才培养方案，从培养目标、能力要求、知识任务等方面细化"课程思政"的教学质量标准，制定具体"课程思政"的教学指南；着眼评价指标体系建设，根据不同类型高校、专业特点，制定专业"课程思政"工作评价标准、教学评级指标体系、教学质量评价指标。通过构建以思政必修课为核心，以通识课和公共课为支撑，以各专业课为拓展的课程思政体系，最终实现全员、全过程、全方位育人。从当前思想政治教学目标看，高校思政课主要以马克思主义理论公共课为基础，加强对社会主义核心价值观的教育，为中国特色社会主义制度和现代化建设服务，为坚定中国特色社会主义的道路自信、制度自信、理论自信、文化自信服务，为培养合格的社会主义建设者和接班人服务。"课程思政"教学过程中，要充分发挥思政课程的主导作用，以社会主义核心价值观为引领，对课程内容、教学方法、师资力量、交流平台等方面进行全方位改革，将政治理论知识与时政热点紧密结合。善于从专业视角对学生感兴趣的话题深入剖析，增强课堂的吸引力和趣味性，从而增强学生对国家和社会的责任感和使命感。充分发挥通识课在高校思想政治教育中的支撑作用，高校要根据自身办学特色、基础条件、资源优势等，开设通识教育课程，在课程内容、教学方法、师资力量等方面构建科学完整、系统有序的"课程思政"教学体系。充分利用专业课在思想政治教育过程中的拓展作用，利用哲学社会科学课程培养学生的哲学思维、科学思维等，并且注重对自然科学课程类型的学生的职业道德素养、科学精神、社会责任等方面的培养。

2.推动实施"课程思政"建设项目工程

加大对专业课程德育元素的资源挖掘。习近平总书记指出，各类课程都具有育人功能。"课程思政"要善于挖掘各专业课程中的德育元素，并贯穿于教学过程中，与专业课程教学紧密地结合在一起，便于学生更好地领会接受。

（1）善于从知名人物及其事件中挖掘其内在的深刻含义，提炼精神文化，把握精神实质，让学生从名人事迹中获取内在力量，学习名人立志成才、报效国家的高尚情怀，激发从事本专业工作的精神动力，鼓励学生刻苦学习，专心从事科研，勇于攀登科学高峰的精神，为学生最终选择专业、选择工作打下坚实的基础。

（2）善于从学校学科发展特色和背景中挖掘所蕴含的思政元素，真正形成具有特色个性化的课程体系。对于不同专业课教师，要从专业的学科知识体系中明确德育的主要内容和价值方向，利用不同的教学方式和教学手段实现专业知识与育人目标的有机统一。

（3）加大"课程思政"教材内容编写和修订。在"课程思政"教学过程中，所涉及学科划分复杂、内容广泛，需要对思政课与"课程思政"相关问题系统梳理、深入研究，并把研究成果转为"课程思政"的教学内容，解决学生内心的"政治困惑"和思想疑点。要对专业课程教材和思政课教材进行适度的修改，根据内容特点和目标要求增添一些德育元素，增强课程思政教学的趣味性和生动性。

（4）创新"课程思政"教学形式，充分利用现代传媒和网络信息网络技术优势，通过微博、QQ、微信等社交软件，加大"课程思政"宣传力度，让广大高校师生在思想认同、目标一致、步调协同等要求下形成"课程思政"的教学格局。

（5）要加大对示范项目的建设力度。选择一批学院、一些课程、一批教师进行示范项目建设，可以在校党委和二级学院党组织的指导和监督下，总结提炼可供复制、推广的经验做法，并将其逐步展开。高校各职能部门也要树立立德树人的教育理念，充分发挥党员教师的先锋模范带头作用。

3.实现思政课与"课程思政"的良性互动

在"课程思政"教育活动中，需要科学定位思想政治理论课教师与其他专业课程教师之间的关系。在整个思想政治教育体系中，要建立专业课程与思想政治理论课之间的良性互动机制。在课程资源开发方面，要从"课程思政"的整体规划与设计、思政教育内容的深度开发、专业课程思政教材修改完善、思想政治教育实践平台与基地建设等方面，推进思想政治教育课程理论体系的重构和创新。在教学互动中，建立思政课教师与专业课教师的互动合作模式。加强"课程思政"教学活动设计、教学资源整合，完善思想政治理论课教学体系。由于"课程思政"内容性质和目标要求决定教学方法特殊性，这不仅要聚焦专业方向，发挥价值引领作用，而且要加强学科互动，资源整合，提高思想政治教育的实效性。加强思政课专职教师与专业课教师的交流与合作。一方面，思政课专职教师要坚定政治方向，按照立德树人的根本任务和要求，创新工作方法，优化思政课教学资源，以发挥思政教育主力军的作用，引领专业课教师做好思政教育工作；另一方面，思政课专职教师不能闭门造车，要不断更新教学理念，不断改进与优化教学方式，提升职业素养和专业水平，以带头人的示范力量帮助专业课教师做好思想政治教育工作，在理论修养、政治素养、思维方法等方面做好在学校教师队伍中的引领作用。针对在教学中遇到的重点、难点，相互探讨、相互切磋，并制定相应对策，共同促进"课程思政"教育质量和教育水平的提升。

4.建立党委统一领导、党政部门协同配合的领导机制和工作机制

高校"课程思政"要做好顶层设计，统筹谋划课程建设整体思路，探索课程思政教学的常态化运行机制，根据不同学科、不同专业建立行之有效的领导机制、管理机制、评价机制。在领导机制方面，要发挥校领导的主体责任作用，校领导需深入到教学一线亲自指导，关注思政课，走进课堂，了解当前高校学生思想政治课的情况。在管理机制方面，应加强学校领导、宣传部、教务处等职能部门的相互配合，强化对课程培养方案、教材建设、师资队伍建设等的密切配合，深入了解各学科内部建设情况，形成"课程思政"教育的合力。在监督评价方面，职能部门要修订完善相关管理文件，在制度层面，根据常态化、科学化要求，制订"课程思政"建设相关方案。教务处、人事处、科研处、各学院要把"课程思政"建设成效和工作业绩纳入教师党支部考核指标体系。在高校教师职称聘任、职务晋升和评优表彰中，明确"课程思政"的相关要求。在监督评价机制方面，要坚持立德树人的教育理念，将"课程思政"的教学质量和学生成长目标作为评价标准，建立完善的监督体制。在激励机制方面，完善资助奖励"课程思政"建设的各种激励办法和奖励措施，对"课程思政"教学有突出贡献的专家学者给予适当的奖励，在物质保障和制度保障的基础上，提升各专业教师的积极性、主动性和创造性。

三、贴近实际原则

在我国高等院校"课程思政"建设中，存在部分大学生对专业知识所蕴含的思政元素"不买单"的现象，没有看到知识在导引社会发展、促进个人成长等方面的价值。大学生是有意识、有情感、有个性的社会人，他们不会盲目、被动、机械地接受专业课教师施加的作用和影响，具有强烈的主体性意识。每个大学生都是一个独立的物质实体，在教育教学活动中，他们通常会对专业课教师提出的观点和见解产生独特的认知，但这种认知具有先进和落后之分，也就是说，大学生的认知有时会超越时代的认识与实践局限，超越专业课教师的认识；有时又会

落后于时代发展的诉求,产生阻碍社会发展的认知。课堂只是大学生学习生活的场域之一,并不能涵盖大学生学习生活的全部内容,尤其是有些大学生本来对思想政治理论课教师讲授的思想政治理论课内容不是很感兴趣,加之专业课教师又在专业知识中渗透思想政治教育元素,难免会出现厌学的情绪,所以,除了在课堂内感受大学生的学习特点、思维方式外,专业课教师还要与大学生保持紧密联系,多多关注他们的课外生活情况,当发现他们的思想与行为产生错误的倾向时,发挥自身的主导作用,有计划、有目的地对其进行调整和控制,建立良好的师生关系,做学生成长成才的引路人。

所以,我国高等院校"课程思政"建设应坚持贴近实际原则,就是专业课教师不能将思政元素直接贴在专业知识上,而要以大学生的实际需求为出发点,以大学生的个性诉求为依据,所选取的思政元素不能超出大学生的认知范围,需挖掘大学生有能力接受的、与其实际生活联系紧密的思政元素。专业课教师从专业知识背后勘探出来的思政元素,可以与国家发展状况联系起来,以新时代民族复兴的使命为切入点,引导大学生认清所学知识是为推动社会主义建设服务的,为中国梦的实现奉献新生力量,比如,在举国上下全力抗击新冠肺炎疫情期间,医学类的教师不仅要向学生讲解医疗卫生技术对挽救人民生命所发挥的积极作用,还要向学生传递白衣天使不惜一切代价、为国为民奋战的精神;专业课教师也可以运用榜样示范法,向大学生介绍学科建设以及实际生活中典型代表人物的先进事迹,用他们的人格魅力激发大学生透过专业知识接受价值观教育的动力。这一原则的有效贯彻离不开专业课教师扎实的专业知识基础,理论对于实践具有指导作用,专业课教师的专业知识越扎实,专业理论与生活实践联系得越紧密。因此,专业课教师可以求助教研室其他老师的力量,与其共同挖掘专业知识内在的思政资源。由于骨干教师的专业理论基础比较过硬,社会阅历多,教学经验丰富,将专业理论知识与学生的学习实际结合得比较好,所以,骨干教师要主动发挥带头人的作用,积极组织"课程思政"经验交流分享会,既促进了教师之间的合作,又增强了团队的力量。

四、立德树人原则

立德树人突出强调"德"的要求。何为"德"?要义之一就是将社会主义核心价值观的理念和内容贯穿于教学活动的始终。"培养什么人、怎样培养人、为谁培养人",这是高校在人才培养中必须首先回答好的问题。心理健康课程也不例外,更应坚持以德为先的培养思路,立德树人应成为法学课程思政首要坚持的原则。

五、统筹和支撑相统一原则

解决好"培养什么人、怎样培养人、为谁培养人"的问题是关乎我国高等教育成败的根本问题。我国高等院校"课程思政"建设是为中国共产党治国理政保证人才质量、为社会主义现代化建设输送可靠人才、为中华民族伟大复兴提供新生力量的重要举措。因此，我国高等院校"课程思政"建设的目标在于为加强党的建设、促进中国特色社会主义发展及实现民族复兴使命锻造合格的建设者和接班人。我国高等院校"课程思政"建设是为实现"怎样培养人"的问题而做出的崭新尝试，在这之前，没有现成的、先进的成功经验可以借鉴，因此，迫切需要党和国家的力量。"课程思政"这一教育理念从使用到建设，有力地彰显了党和国家的统筹布局和实践指导能力，因此，统筹与支撑相统一是解决部分高等院校不重视"课程思政"建设的有效方法。

从统筹性维度上看，一是统筹高等院校"课程思政"的高势位建设，领导全国各地各高等院校以"两个大局"的整体视界、"后继有人"的发展需求、"民族复兴"的宏伟蓝图为着力点明晰其建设价值，将"课程思政"建设置身于中国共产党治国理政和国家前程命运的位阶上，避免出现站位失误、政策失位、施策失准等情况，着力提升"课程思政"建设的温度、高度和深度。二是统筹高等院校"课程思政"建设的思想共鸣。领导全国各地各高等院校从灵魂旨归、价值定位、内在机理、运行机制、体系格局等层面激发"课程思政"建设思想共鸣，明确"课程思政"不是增开一门新课程，而是一种教育理念；不是通过专业课程在对大学生进行专业知识和能力培养之外进行职业伦理教育，而是通过专业课程教会大学生如何"成人"；不是将专业课程上成思政课程，而是推动专业课程内涵式发展；不是思想政治理论课程的错位延伸，而是建构高等院校"大思政"育人格局，以此来厘清错误认知，回应思想难题，指明育人方向。三是统筹高等院校"课程思政"建设的基本思路。领导全国各地各高等院校理顺国家政策一般性与地方执行特殊性；育人目标的共同性与专业课程的差异性；教师教学规范性与大学生需求复杂性的关系，科学、深入、系统地解读国家政策，分析其核心要义，明确育人方向和目标，发挥自身专业课程的特色和育人资源特性，有针对性、计划性、目的性、灵活地进行"课程思政"建设。

从支撑性维度上看，一是完善高等院校"课程思政"建设的组织支撑。高等院校"课程思政"建设是一项系统的育人工程，从教育部到各地方、各高等院校都是这项育人工程的要素，都身兼推进"课程思政"建设的职责，因此，需要加强教育部的政策导引功能，各地方的监管督促功能，各高等院校的具体实施功能，从而建立完善的上下融通、权责清晰、协同联动、有效落实的组织领导体系。二是夯实完善高等院校"课程思政"建设的科研支撑。国家应为"课程思政"建设提供资金支持，设置专项基金，全国各地各高等院校也要响应国家的号召，配套"课程思政"改革课题经费，鼓励各门各类课程的专业课教师依托地方实际、学校特色、学科特质、课程特征等情况进行"课程思政"建设，从而勘探出各地方、各高等院校独具特色的思想政治教育资源，为各学科、各专业、各课程增添思想政治教育特色，为"课程思政"教学实践提供营养，厚植"课程思政"的教学资源。

总之，统筹的目的在于导引"课程思政"建设，支撑的目的在于规范"课程思政"建设，坚持统筹和支撑相统一的方法，沿着正确的轨道进行，不迷失方向，汇集多方面力量和资源，形成齐抓共管体系，有利于推动"课程思政"建设的稳步前进。

六、课程育人原则

课程思政的重要载体要有全方位的课程育人体系，在课程中体现出思政性和思考性。课程思政的育人体系是全方位的，不仅局限于课程设置的思政性，还要在科研成果上体现出思政性，当然还应在教学实践等方面体现出思政性内容，最终要形成"课程承载思政""思政寓于课程"的新思政格局。

七、自察和培训相统一

专业课教师是中国高等院校"课程思政"建设的直接参与者，实施自察和培训相统一的方法是推进高等院校"课程思政"建设的必然要求。在"课程思政"建设中，专业课教师决定着教学内容、教学进程和教学方式。但是，在"课程思政"的建设过程中，由于部分专业课教师的育人能力欠缺，从而出现了重"教"不重"育"的现象。所以，出于在对大学生进行知识传授和能力培养过程中实现价值观教育的目的，专业课教师既要进行自我省察，增强自身的教学技能，还要积极参与相关部门组织的培训，树立"课程思政"意识。

首先，增强教学技能。我国的学校教育在教学过程和程序上，沿袭的是赫尔巴特五段教学法。所以，教师的教学工作主要包括："备课、讲课、作业、辅导、考评"等五个基本环节。所以，与之相适应，备课、上课、课外作业的布置与反馈、课外辅导、学业成绩的检查与评定是教师应具备的常规教学能力。

备课能力。备课过程是教师对学生开展教育教学活动的准备过程。在这一过程中，教师以学科课程标准为依据，以课程特点为依托，依据学生的具体实际情况，选择最合适的表达方法和顺序，为增强学生学习的有效性提供保证。备课是整个教育教学过程的起始环节，是教师讲好课、学生上好课的先决条件。因此，出于提升"课程思政"教学的目的性、针对性和计划性，充分发挥自身主导作用，提升自身专业素养和思想政治素质的目的，高等院校专业课教师必须提升自身的备课能力。

上课能力。上课是教师对学生开展教育教学活动的中心环节，最直接、鲜明地体现了教师教和学生学的统一，是提升教学质量的关键一环。专业课教师要明确专业知识渗透价值观引导的教学目标。一是以课程标准、教材和学生实际为标准，全面、具体地把握本门课所要达到的价值观教育目标；二是具有强烈的价值观教育目标达成意识，并将这一目标贯穿到教育教学全过程中。

课外作业的布置与反馈能力。课外作业的目的在于加强学生对所学内容的理解和巩固，掌握一定的技能技巧，培养独立思考的能力和思维。专业课教师挖掘专业知识中思想政治教育元素的目的不仅在于使学生内化于心，还在于外化于行。所以，专业课教师在讲授完理论知识后，需拓展学生的学习空间，以价值观教育目标为导向，要求学生们参加带有思想政治教育性质的实践活动，并及时反馈心得体会。这是专业课教师促进"课程思政"建设的必备能力之一。

课外辅导能力。课外辅导是贯彻因材施教原则的重要举措，是在课堂教学规定的时间外对学生进行辅导。"课程思政"建设是一个长期的系统工程，需要专业课教师利用课内与课外两个渠道对大学生进行价值观引导。除了在课堂内，专业课教师还需在课外关注大学生学生的实际状况，对于他们在思想和行为上出现的问题，采取启发式的教学方法调动其主动性和积极性，引导学生自觉树立提升思想政治素质的意识。

学业成绩的检查与评定能力。学业成绩的检查与评定是考查学生学习状况和教师教学效果、调控教学进程的重要手段。在"课程思政"改革背景下，教师需将学生的思想政治素质情况作为学业成绩的一项重要部分，提高学业成绩的检查与评定能力。专业课教师要以客观实际情况为准，不偏不倚，采用灵活多样的方法，既要全面，又要突出重点，对学生的学习情况和思想政治情况做出有效、可靠的考查与评定。

其次，增加"课程思政"的培训项目。对专业课教师增加"课程思政"培训的目的在于解决他们在理论知识和教育理念上存在的问题,通过有计划、有目的的集中培训,使专业课教师在"课程思政"建设中存在的问题得以有效解决,很好地适应"课程思政"改革的要求。因此,各地区、各高等院校应大力增加对专业课教师的"课程思政"培训项目,帮助他们树立"课程思政"意识,使其转变传统专业课程教学思维定式,明晰教师的传道授业解惑天职与价值引领、知识传授、能力培养相对应,为其开展课程思政建设提供潜在意识和思想支撑。同时,"课程思政"培训项目离不开思想政治理论课教师的踊跃参与。一方面,增加"课程思政"的理论培训。大多数专业课教师思想政治理论水平的不足会在很大程度上影响"课程思政"的效果,所以,思想政治理论课教师需积极发挥自身的优势,协助专业课教师提升思想政治理论水平,坚定正确的政治站位,明晰课程思政建设的目标指向,找准与专业课程相关的前沿热点问题,挖掘和融入思想政治教育元素,在专业课程的知识教育中融入价值观教育。另一方面,增加"课程思政"的实践培训。"课程思政"建设不是书斋里的学问,其具有强烈的实践指向性。所以,高等院校不应仅仅在教室里对专业课教师进行"课程思政"培训,还应将"课程思政"培训搬到教室外,使专业课教师在实践中感受科学价值观的魅力。比如,革命根据地、博物馆、档案馆、红色纪念馆、红色旅游基地等都蕴含着丰富的思想政治教育资源,在实地考察过程中,思想政治理论课教师可以发挥自身的优势,做专业课教师的讲解员,向他们讲述老一辈革命英雄为祖国做出的贡献,使他们感到老一辈革命英雄身上所体现出的家国情怀、政治信仰、价值取向等内容,进而将其作为生动的案例用于课堂教学中,提升"课程思政"的育人效果。

总之,实施自查与培训相统一的方法是解决"课程思政"建设中专业课教师育人能力欠缺的必要条件。我国高等院校"课程思政"建设是将价值观引导融入知识传授中,是实现价值性与知识性同步驱动的有力举措。这一目的能否实现是以专业课教师是否具备育人能力为前提的,其育人能力的强弱是决定其育人作用发挥程度的重要因素。因此,专业课教师要自觉提升自身的育人能力,学校多组织一些"课程思政"培训活动,将自查与培训相统一的方法落到实处。

八、导向性原则

推进课程思政建设是新时代思政课改革创新的重要举措。课程思政视域下要求教师用好课堂教学这一渠道,在非政治课的课堂教学中落实立德树人,与思想政治理论课同向而行,教师需要明确政治立场,坚定政治方向,按照国家要求的育人方向培养新时代背景下的大学生。在课程思政视域下立足学科视野进行教学设计时，教师的导向性必须要正确，通过教学的设计使课堂成为弘扬主旋律的主阵地，从而引导学生在获得知识的同时得到思想价值观上的精神教育。

九、自然性原则

教师在专业课程教学中践行课程思政理念的前提是在教学设计中融入课程思政元素。在实际教学中只要方法正确，便能够使其与课程思政元素较好的衔接起来。选择课程思政素材时，应注重贴近生活、贴近学生，注重启发学生，使学生能动、自觉地学习接受。所以，教师在教学设计时需要遵循自然性原则，即需要处理好如何自然地将课程思政元素融入教学设计当中这一问题，从而使教师在润物细无声中践行课程思政育人理念。

十、过程性原则

课程思政是新时代全民思想政治建设的有力举措，其最终目的是为了培养学生成为符合新时代要求的全面发展的人，尤其是要促进学生思想上的发展。这意味着不是简单通过几节课的教学就可以实现目的的，学生发展是一个长期的过程，所以教师需要秉持过程性这一原则，将课程思政理念长期落实在教学设计及实践当中，这也是国家教育文件政策所要求的。大学阶段是由未成年人步入成年人的重要转折阶段，在这一关键过程中教师的引导会对其发展起着相当重要的作用。所以，教师需要在教学设计时充分考虑此阶段学生发展的特殊性，在大学阶段的教学设计中融入课程思政元素，践行课程思政理念。

十一、情感性原则

课程思政视域下进行教学设计简单地融入课程思政元素是远远不够的，教师要营造良好的促进学生学习的教育氛围，注重人文精神的熏陶，对待学生真诚真实。根据人本主义学习理论，在互动过程中，师生之间必然会有情感交流，良好的师生关系、和谐的课堂氛围是推进教师在课堂中践行课程思政理念的外部条件。所以，教师在教学设计时应当充分考虑情感这一要素的设计，从而使得课程思政的实践更加有效果。

十二、融合和联动相统一

对于我国高等学校而言,课堂教学是全面推进"课程思政"建设的主渠道。"课程思政"建设要全面着眼于高校课程体系和课程结构,新时代下,课堂教学不再拘泥于传统意义上的形式,而是集理论、实践、网络等课堂教学于一体,虽然三种形式各自具有独特之处,但是在进行"课程思政"的建设过程中,有一点是共同的,即都要实现专业课程内容与思想政治教育资源的有机融合,以及专业课教师、专业课使用的教材、教师撰写的教案、教育内容、教育方法、教学话语、教学载体、教学资源等要素的联动,因此,融合与联动相统一成为解决部分大学生认清知识传授与价值引领关系的有效方法。从元素融合的角度看,思想政治教育与专业课程的优势不同,前者的知识内容比较完备,价值体系相对完备;后者在专业边界和学科特性上独树一帜,在全面推进"课程思政"建设的过程中,如果抛弃专业课程的独特性,将思想政治教育元素强行植入、生拉硬拽,就会造成二者的机械连接;如果在勘探专业知识所蕴含的思想政治教育资源时,脱离思想政治教育的系统性,就会导致眼花缭乱、杂乱无章,只有抓住思想政治教育的主导性、系统性,重视专业课程的主动性和独特性,将思想政治教育与专业课程兼顾起来,才能实现二者的无缝链接和有机融合。对于思想政治教育而言,要从立德树人的高位阶出发,将自身的价值旨归与核心要义融入专业课程体系,实现对专业课程的价值导引,尤其是要以马克思主义中国化的最新理论成果统领专业课程教学的政治站位和价值导向;对于专业课程而言,要以自身的根本特质为坐标,以思想政治教育系统中与自身相切合、相搭配的知识内容和价值取向为参照系,深度勘探自身潜隐的育人元素和资源,注重融入的深度,明确实施"课程思政"改革的关键点,从而增强思想政治教育与专业课程的向心力和凝聚力,实现有机融合。从要素联动的角度看,专业课程的范围比较广,涉及高等院校的各门各类课程,每类课程在教师、教材、教案、内容、方法、话语、载体、资源等方面特点鲜明,并在此基础上形成区别于其他课程的独特魅力。系统与联动意识是专业课程进行"课程思政"建设的必备意识,不仅要凸显自身在教育教学元素上的优势,并使其得到行之有效的发挥,还要增进思想政治教育在队伍建设、方法选择、话语运用、资源共享等方面的特质做到二者互通有无,优势互补。此外,还要以思想政治教育的价值导向为目标遵循,实现自身教育教学要素鲜明特点的系统联动和整合重组,将丰富多彩的教学呈现转化为"课程思政"的育人优势。正如习近平总书记所说,要想做好思想政治工作,应该要使其像盐一样,但只是吃盐是不够的,要"将盐溶解到各种食物中自然而然吸收。"[1]大学生不是"僵死的人",而是活生生的、具有主观能动性的个体,因此,出于解决部分大学生对专业课程中思想政治教育元素"不买单"的现象,必须实施融入与联动相统一的方法,让专业课程在融入和联动上下功夫,使思想政治教育元素像盐一样溶解在专业知识中,如血液一样侵入到人的骨髓之中,进而提升"课程思政"的育人效果。

---

[1] 习近平.把思想政治工作贯穿教育教学全过程开创我国高等教育事业发展新局面[N].人民日报,2016-12-9.

第二章 高校"课程思政"建设的问题及改进路径

本章节内容为高校"课程思政"建设的问题及改进路径，主要论述了高校"课程思政"建设的问题、高校"课程思政"建设的改进路径两方面。

第一节 高校"课程思政"建设的问题

课程思政建设是一项复杂的工程，需要多措并举，齐头并进，但其中最核心的环节是课堂融入，即课程思政如何融入课堂的实际教学中。只有明确课程思政融入教学的原理、环节、步骤、操作等基本问题，我们才能够围绕其设计管理机制、评估机制、激励机制，进而能更好地组织实施课程思政并为其提供条件保障。模式是主体行为的一般方式，是理论和实践之间的中介环节，具有一般性、简单性、重复性、结构性、稳定性、可操作性的特征。课程思政教学模式是指依据教育教学原理形成的，指导专业课教师将思政元素融入教学过程的具有一般性、简单性、重复性、可操作性等特征的教学组织结构。建构主义教育理论代表人物杰罗姆·S·布鲁纳（Jerome S·Bruner）说："任何思想都应该能够用足够简单的形式描述，使任何特殊的学习者都能用一种可辨认的形式去理解它。"[1] 课程思政教学模式应该能给一线教师提供一套具有示范性、可视性、可操作性甚至是可测量性的教学步骤，以帮助教师将思政元素融入课堂教学，进而实现课程思政的教学目标。但是，目前关于课程思政的理论研究和实践探索并没有形成可以全国推广的教学模式，其原因是比较多样化的。

---

[1] 李召存著.课程知识论[M].上海：华东师范大学出版社.2009.

一、专业课教师对于课程思政认识不到位

不少专业课教师还没有把其从事的专业课程的讲授与国家坚持的社会主义办学方向和建设社会主义现代化强国的战略需要结合起来，不能从国家建设以及培养合格的社会主义接班人的宏观角度看待自己手中的日常教学。还有一部分专业教师认为自己缺乏马克思列宁主义专业系统的理论知识，没有能力从事课程思政工作，也就是说没有办法从自己的日常教学中挖掘其所认为的"思政元素"。这两种认识都是错误的，针对第一种错误认识，只能通过推广课程思政的理念，提高专业课教师对于课程思政价值和意义的认识来纠正。针对第二种错误认识，需要帮助专业课教师认清课程思政中的"思政"的范围。《指导纲要》已经有了明确的指示，课程思政不仅要围绕政治认同家国情怀宪法法治意识；还包括文化素养、道德修养、心理健康、职业伦理和职业道德等多方面的内容。所以课程思政中"思政"的范围非常广泛，它可以从以下三个层次来进行理解：第一个层次是马克思主义基本原理；第二个层次是马克思主义基本原理在中国化过程中产生的理论和实践；第三个层次是涉及人生观、价值观职业观等的塑造。专业课教师不必强求自己从第一、第二个层次去挖掘思政元素，可以从自己所熟悉的、所在学科的职业范畴、行业规范、伦理道德入手；也可以从诚实守信、踏实奉献、爱岗敬业遵纪守法等行为习惯入手；还可以从仁爱、正义、和谐、勤劳等优秀的传统文化入手，从而将其与自己所传授的专业知识紧密结合进而达到"教书育人"的教学效果，这也是课程思政的重要组成内容。

二、教师课程思政教学能力有待提升

课程思政的目标是育人，帮助学生形成正确的人生观念，也就是说课程思政课堂教学的作用对象是人头脑当中的观念。从批判性思维的角度来看，人头脑当中的观念相当于批判性思维当中的"假设"，这种深植于人头脑当中的假设决定人对事物的看法、观点以及采取的行动。对于观念的培养和塑造不能完全采取灌输的方式，而是要遵循思维培养的规律，通过推理论证等理性的方式确立起来。不遵循思维培养的方式而只是单纯地灌输是传统的课程思政教学一直存在"两层皮"现象的原因，遵循思维培养的规律开展课程思政教学又对专业课教师提出了挑战。一方面，中国的高等教育经历上百年的发展，形成的是一套长于知识传递而短于思维培养的教育格局。我们的教科书强调的是知识体系完整，面面俱到；老师上课强调的也都是知识点，强调基本理论；考试考核的绝大部分也是有固定

和标准答案的知识类考题。同时，围绕知识传递又构建了庞大的教学管理、服务和支撑体系。因此，我们就会在课程思政的建设中遇到其所需要的"思维培养"与目前高等教育提供的"知识传递"之间的矛盾。另一方面，瓦·阿·苏霍姆林斯基曾说："为了使学生获得一点知识的亮光，教师应吸进整个光的海洋。"[①] 但是，目前在教学一线从事教学工作的教师绝大部分也是中国传统的高等教育模式培育出来的人，他们本身也是应试教育的产品和知识传递的对象。有些教师由于传统知识培养的局限，自己也不具备思维能力实践能力以及综合素养，他们也不知道自己的所在学科、所在专业、所讲授的专业课程的一些本原性问题及其因果链，或者是创设的情境不能解释所要回答的问题。因此，从事一线教学的专业课教师往往无法完成课程思政的教学目标。

三、高校"课程思政"管理制度不健全

我国高等院校的育人工作是一项复杂的系统工程，它并不是某类人员孤立进行的，而是众多育人组织机构和人员的协作。从事高等院校育人工作的各级各类组织机构和人员，各自按照一定的分工对大学生施加一定的影响，从而构成了高等院校育人工作的整体过程。出于协调众多育人组织机构和人员的育人活动，使各方面的教育力量有机结合起来，形成一股合力；实现育人元素的最佳组合，有效地发挥诸类育人要素的作用，达到既定的育人目标的目的，就必须要形成科学完善的管理制度。

部分高等院校之所以不重视"课程思政"建设，一个重要原因在于其"课程思政"的管理制度不健全。"制度安排是课程思政建设的核心驱动，也是高校落实立德树人根本任务的顶层设计，"所以，在"课程思政"建设中，高等院校首先要解决好由谁领导的问题。但是，就目前情况来看，部分高等院校只是将"课程思政"作为课程改革和教育教学的新举措落实到各个二级学院分散推进，而没有从意识形态教育的高度对高等院校育人工作进行整体性的规划和统筹设计，从而出现了不知"由谁来领导"的问题。我国高等院校"课程思政"是一种价值性和政治性鲜明的教育理念，它的管理主体必然是高等院校党委，这是管理主体系统中的核心部分。高等院校党委领导下的其他行政部门和组织在某种程度上也具有这种主体资格，但是，在高等院校"课程思政"管理主体系统中，只能处于次要部分。因此，高等院校需将课程思政建设摆在关乎党的建设、党的事业兴衰成

---

① 许航：《新华网评：让教育者先受教育》，载新华网2018年5月3日，https://bajiahao.baidu.com/s?id=1599419804195115044&wfr=spider&for=pC。

败、国家前途命运的高度，建立党委领导的管理制度。

四、大学生对知识传授与价值引领的认识模糊

"培养什么样的人"是我国高等院校"课程思政"建设所要解决的重要问题。知识承载一定的价值，在我国高等院校，课程知识既具有一般知识的"品性"，也具有作为特定知识类型的独特"气质"。虽然各门各类课程都具有自身独特的学科背景和知识体系，教学内容和教学目标呈现一定的差异，但是，无论这种差异有多大，都不影响其内在的育人功能。因此，除思想政治理论课程之外的其他课程必须坚持知识性与价值性相统一。然而，在实际的教育教学过程中，存在一种现象，即专业课教师在将价值观引导寓于知识传授和能力培养过程中做了很多努力和尝试，但是，部分大学生没有入脑入心，一个重要原因就是他们没有理清知识与价值的关系。

一方面，价值引领是知识传授的依托所在。知识传授如果想发挥效用，就离不开一定的前提条件，这个前提条件就是价值引领。失去价值引领的知识传授就好比丧失灵魂的躯壳，失去了存在的根基。爱因斯坦曾经说过，如果仅靠知识和技巧，人类是不能获得幸福和有尊严的生活的。人类完全有理由把高尚的道德标准和价值观的宣道士置于客观真理的发现者之上。由此可见，知识传授首先是具有真理力量的，这种真理力量是知识传授的显性力量，而知识传授一旦被赋予了价值观和道德标准，它就会发挥出内在的隐性力量，与显性力量一起，对大学生产生深刻影响。其一，知识传授依靠价值引领发挥作用。大学生通过课堂获得知识，那么学习到的知识该何去何从呢，这就需要价值的引领。价值引领能够解决知识的导向问题，大学生须懂得一个人的知识涵养离不开正确价值观的支撑。知识不是冷冰冰的石头，是有温度的，如果大学生只是一味地追求专业知识的学习，不理会专业知识背后蕴含的价值观元素，那么，他学到的知识就没有发挥出真正的价值，自身就如同一只受过很好训练的狗，不能成为一个和谐发展的人。要想成为一个和谐的人，大学生必须要意识到科学价值观的重要性，使其成为自身的内在品质，为知识的掌握增添价值底色。其二，知识传授通过价值引领不断发展。在知识大爆炸的时代，知识开发和更新的速度不断加快，既给大学生的学习生活带来了便利，也出现了一些亟待解决的问题。部分大学生误用、滥用学到的知识，在很大程度上为社会和国家的长治久安带来了威胁。面对这一问题，大学生需要认清知识背后的价值，学习知识是为科学谋发展、为社会谋进步、为人类谋幸福的，只有这样，知识才不会停滞不前，而是不断深化和发展。所以，在进行专业

课的学习时，大学生须认同专业知识所蕴含的思政元素，专业课教师将专业知识蕴含的思政元素勘探出来，是为了对大学生进行价值观引导，使知识传授有温度，提升大学生的境界。大学生只有明确了价值引领对知识传授的作用，才能促进自身对专业知识的掌握和运用，推动知识传授向纵深发展。

第二节 高校"课程思政"建设的改进路径

随着国家重视加强高校思想政治教育，各级主管部门、全国高等院校对"课程思政"建设给予极大关注，并在政策指导、资金资助、人才培养等方面给予支持。从目前看，无论是高校"课程思政"的教学实践探索，还是理论层面的支撑，都取得了较大的进展，这为下一步"课程思政"建设提供了良好的基础条件。然而，从"课程思政"长远发展看，还需要深化以下几个方面的研究。

一、根据各门课程专业特点，深入挖掘教学资源

各门课程都具有很多的思政元素，要结合课程内容特点，集中师资力量，加大对思政元素的挖掘，实现课程思政与专业课的有机融合。比如体育课程，涉及爱国精神、坚强拼搏、吃苦耐劳、精益求精等精神，应结合具体案例、历史文化资源进行深度挖掘。在课程思政教学中应该多加入这些思政元素，融入课堂教学。结合课程内容结构、学情，有针对性地加以提炼概括，从而实现"门门课程有思政，门门思政有特点"的局面。加强"课程思政"队伍建设，成立课程研发机构，围绕专业课程的思政资源，进行深度开发，建立完善的课程思政话语体系、教学体系和思想体系。加强对课程思政师资力量的培训，提升专业教师和教学管理干部的思政工作能力，培养一批政治坚定、视野开阔、业务精湛、方法得当的课程思政师资队伍。

二、加强高校课程创新，建设地方特色专题系列课程

课程思政要把握三个特点，目标要"明"，方法要"活"，味道要"重"。目标要"明"，课程思政课堂要有明确的价值目标导向，从教学设计到课堂互动，再到考核评价，最后到教学反思，整个教学过程始终围绕着德育目标，增强学生的德育意识。方法要"活"，要让形式服从内容。为了提升教学效果，应把握教

学内容，从创新问题设置、课堂交流互动、场景适当调配等角度着手，大力推进对课程思政教学方式和方法的创新，研究思想政治教育嵌入式的教学特征。味道要"重"，课程思政的重要特点在于有内涵有深度，在教学过程中不能回避社会主义意识形态，避免"思政味"过于平淡、过于单调，缺少深度分析，否则起不到撞击思维、震撼灵魂的作用。当前，各高校对思政课教学内容、目标要求和课程安排，可以说都已加大力度，并起到了一定的效果。但是，在通识课和公共课的课程建设方面，我们还有很大的研究空间。应结合各高校、各地区、各专业的特点和优势，打造一批有体系性、有特色的专题性课程，让学生对某一领域有整体性、系统性的认识，目的在于增强学生们爱党爱国的情怀，增强对中国特色社会主义的道路认同、制度认同、思想认同和文化认同。

三、拓展教学渠道，加强与实践活动基地互动交流

课程思政教学要充分利用多种资源、多种平台，提升课程思政教学效果。利用现代信息网络技术，创新课程思政教学手段。利用互联网、大数据、人工智能等技术手段，推广课程思政的网络课堂、慕课等教学形式，为学生构建沉浸式的教学模式，丰富思政教学内容，创新教学手段，扩大课程思政教学在校内外的影响力和渗透力。根据中央对高校思想政治教育要求，详细制订"课程思政"教学指导思路和教学方案，与地方党校、党史部门、党性教育基地、爱国主义基地等多方紧密联系，联合开发校史馆、博物馆、实习实训场所、社会实践和志愿服务基地等资源，实现校外实践资源开发与校内"课程思政"资源联动的生动局面。

四、党委、宣传部、教育处各司其职

第一，习近平总书记指出："高校党委对学校工作实行全面领导，承担管党治党、办学治校主体责任，把方向、管大局、作决策、保落实。"[①]在我国高等院校"课程思政"建设中，党委处于责任主体的位置，所以，要积极肩负起立德树人的责任，消除育人工作实施主体的认知偏差，剔除思想政治理论课程独自完成育人工作的错误认知，吸收全课程、全员、全过程、全方位的育人理念。高等院校"课程思政"建设不能迷失方向，校党委就是方向标，因此，高等院校党委要认真学习习近平总书记关于高等学校思想政治工作的论述，认真研讨和落实国家教育部门的相关文件和要求，结合学校自身情况，出台系列性政策，为开展课程思政提

---

① 习近平著.习近平谈治国理政第 2 卷 [M]. 北京：外文出版社.2017.

供支持。

第二，高等院校宣传部发挥宣传作用。从工作方向上来看，高等院校宣传部与党委具有一致性，二者都必须贯彻落实党中央的决策，与党中央保持同一行动方向。意识形态工作是高等院校宣传部工作的重中之重。高等院校党委和宣传部在促进大学生思想政治工作的有效开展和贯彻落实党中央的思想决议上发挥着不可替代的作用。所以，高等院校"课程思政"建设的有效推进，不仅需要校党委的高度重视，还离不开宣传部的意识引领。在高等院校进行"课程思政"的建设中，宣传部的工作在于积极宣传"课程思政"理念，使其被广大师生所认知。宣传部通过意识的作用将"课程思政"教育理念传播开来，这一思想引领功能能够促进师生形成"课程思政"意识，找准自身的位置，为"课程思政"建设贡献一己之力。对于专业课教师而言，宣传部积极宣传"课程思政"教育理念，会使专业课教师深刻地意识到党中央对高等教育的领导作用，高等院校的工作需落实党中央的要求，从而明确育人理念的时代动态，在观念上深化对"课程思政"的理解。宣传部的思想引领功能还将促进专业课教师在实践行动上以国家对教育发展的要求为依托，自由自觉地将"课程思政"这一教育理念落实到教育教学实践中，以实际行动推进"课程思政"建设；对于大学生而言，宣传部从舆论引导和文化建设等两个方面推进"课程思政"建设，能够使大学生对"课程思政"产生正确的态度，逐渐认同寓价值观引导于知识传授和能力培养之中的教育理念，接纳专业课程嵌入思想政治教育元素的教育方式，进而使他们在接受专业知识和能力培养的同时树立科学的价值观，实现德、智的共同进步。因此，宣传部通过思想导引、舆论引导、文化建设等方式，促使高等院校师生树立"课程思政"理念是推进"课程思政"建设的有效路径之一。

第三，高等院校教务处将"课程思政"教育理念落到实处。在"课程思政"建设中，与校党委的领导、宣传部的宣传有所不同，教育处的主要任务在于落实"课程思政"建设。教务处落实"课程思政"的具体措施主要在于课题引领。问题意识是课题的核心要义，课题能够有针对性地解决问题，并且对于解决问题的方法和过程更具有操作性。各学院、教研室、各专业课教师可以根据自身的学科背景对"课程思政"进行多角度的研究，从不同视角确立相关课题，为"课程思政"教学提供有力指导。作为课题立项的主要负责部门，高等院校教务处应明确责任，以课题为抓手，通过课题引领，将"课程思政"教育理念落到实处。

课题需要依靠一定的形式来展开研究，团体合作是推动课题高效完成的最佳形式。各教研室不能盲目地选择与"课程思政"有关的课题，而是要以自身的学科归属为依据，结合学科特点和单位的研究条件、实际情况，拟定课题方向。马克思主义学院拥有坚定的马克思主义信仰、专业化的教学团队、丰富的马克思主义教学资源。因此，各学院、各教研室、各专业课教师在进行"课程思政"的课题研究中，可以求助于马克思主义学院的力量，以马克思主义学院的各教研室为中心，在其引领下进行"课程思政"的课题研究。具体而言，马克思主义学院的各教研室可以从理论维度上对"课程思政"的概念、特征、落实方式等进行探讨，其他学院的教研室可以结合自身的学科背景从实践层面对"课程思政"建设存在的问题、原因、实施策略等方面进行剖析。团体合作的形式凝聚了全校的力量，将产生一种极强的教育合力，这种教育合力会有效地推进高等院校"课程思政"建设向纵深发展。

在我国高等院校，各二级学院教研室通过课题的形式对"课程思政"建设展开深入探讨和研究，将极大地促进高等院校及教师的发展。对于高等院校而言，开展以"课程思政"为核心的课题研究，能够为其进行"课程思政"改革提供理论和实践双向指导，原因在于课题的开展既需要理论的指导，又需要实践的支撑，理论与实践只有实现完美对接才能完成课题的研究。对于教师而言，通过课题的形式进行"课程思政"建设，可以明确自身的实施主体地位，激发自觉性，培养兴趣点，将立德树人落到实处，自觉加入到育人的行列中来。通过课题的形式帮助教师树立"课程思政"问题意识，以此为着力点对"课程思政"的教育理念展开细致的剖析与探讨，能够促进教师在教育教学实践中落实"课程思政"的基本要求，将"课程思政"改革付诸实践。此外，通过课题的形式对"课程思政"开展研究还会在一定程度上推动高等院校的科研建设，为教师之间进行学术交流与合作，营造良好的科研氛围提供了有力抓手。因此，教务处要积极发挥自身的职责，设置与"课程思政"相关的课题，通过课题引领推进"课程思政"教育理念的贯彻落实。

五、结合实际情况开展，充分发挥学生主观能动性

课程思政的融入应是"润物细无声"。结合实际情况进行思想政治教育与专业课程的融合，势必为专业课程思政的展开提供可靠的现实基础。教师进行课程思政教学时，对教材进行全面挖掘，以新课标为依附点，明确教学三维目标与教学要求，把握专业课程的相关内容，抓准教学重难点，与学生现实的学习环境以及学生个性特色相结合，找准教材中的思政素材和融入点，进行教学设计的创新，使课程思政在专业课程中的实施更具有规范性的同时，进行教学方法和教学手段

的完善，注重学生对所授课程的接受程度，尽量避免灌输式教学。只有这样，育人的真谛才能被教师所领悟，才能找到专业课程教学中的思想政治教育的融入点。除此之外，专业课思政的教学的开展，要灵活多样，学生是个体的人，他们具有独立性与主观能动性，在教学过程中，在遵循学生的认知规律与道德教育规律的基础上，考虑学生的现实情况，在学生精神状态饱满或者对此部分内容感兴趣的情况下，适当拓展当前教学内容。在教学过程中，以幽默、简练作为课堂教学语言的主要特色，避免无灵魂的灌输，把学生放在课堂教学第一位，适时调整教学案例，充分尊重学生的主体地位。

六、专业课教师树立"立德为先"的价值观

在我国高等院校"课程思政"建设中，专业课教师是实施主体，但是，由于部分专业课教师没有找准育人侧重点，从而出现了重"才"不重"德"的现象。这一问题的出现与部分专业课教师自身道德修养不足息息相关。所以，专业课教师必须加强自身的道德修养建设，树立"立德为先"的价值观。价值观在个人生活中占据着特殊地位，对于人类发展以及社会进步具有重要意义。换句话说，任何一个时代、一个社会、一个人的生活都离不开价值观的指引，失去价值观指导的生活，不是真正意义上的生活。价值观存在于人们的思想和观念中，不管人们是否察觉和意识到，它总是在潜移默化地影响着思想、评价、选择和行动。每个个体的行为取向以及对事物存在和发展重要性的态度和评价，方能映射其价值观。从根本上来看，个体的价值判断、行为准则及生活方式是由自身的价值观决定的。所以，高等院校专业课教师的价值观对其行为具有强烈的导向作用，是他们社会生活和行为取向的指南针，是高等院校专业课教师得以立足、生存发展的精神动力和内在追求。

追求"立德为先"的价值观是新时代对高等院校教师提出的要求。我们正处于中国特色社会主义新时代，新时代高等院校教师承担着为中国特色社会主义现代化建设培养合格人才的重大任务，面临着西方社会思潮的不断冲击和挑战，面对着"两个一百年"奋斗目标的客观需要，这就要求他们要打造一代又一代能固守社会主义方向、满足时代发展需求的合格人才。而人才的培养与教育和教育事业的发展是息息相关的；如果离开了教育和教育事业，人才培养则失去了根基无从谈起，"两个一百年"的目标就无法实现。当前，我国高等院校"课程思政"建设的根本目的在于调动一切可以调动的力量来进行立德树人工作，进而提升育人工作的实效性。同时，长期的教育教学实践证明，若要保证"课程思政"建设

的有效进行,就必须要加强教师队伍建设,引导教师形成科学的价值观,尤其是要提升专业课教师的德性修养。专业课教师的德性修养如何,不仅能够在一定程度上影响"课程思政"的实施效果,而且关系到未来人才的培养质量。所以,总的来说,"两个一百年"目标的实现需要人才,人才需要教育,教育需要教师,教师需要修养。"立德为先"的价值观是"课程思政"对教师提出的要求。

追求"立德为先"的价值观是高等院校教师职业劳动的需要。古往今来,教书育人是教师的神圣职责所在,所以,从这一意义上来说,教师劳动与其他劳动是有明显差异的。教师劳动是以合格人才为产品的一种特殊劳动,在这一过程中,教师将人作为自身的劳动对象,通过传递知识信息对人进行培养和塑造。不容忽视的是,教师的品德、个性和才能是学生产生感染力和影响力的劳动资料。换句话说,教师以知识和品德等两方面的劳动资料来对学生施加教育和影响。因此,教师的道德品质是衡量教育效果的一个重要标尺。大学生正处于人格的塑造阶段,高等院校教师的道德修养将对他们品德的形成、心灵的塑造产生直接影响。这种影响的范围不只局限于在校大学生,而且能够影响他们以后的工作方式、工作态度等。在长期的教育教学过程中,由于部分专业课教师不注重自身道德修养的塑造,价值观不科学,从而导致学生从思想政治理论课获得的信息与专业课教师传递的信息不匹配,学生对是否应该"立德"产生了怀疑。所以,专业课教师要明确到德性对于大学教育的重要价值,自觉追求"立德为先"的价值观。追求"立德为先"的价值观是高等院校教师自我完善的需要。人们从事任何一项职业活动都包含两个维度的目的,一是为人民服务,二是促进自身的完善。一个人良好道德品质的形成不只受学校、社会和家庭的影响,还要依靠职业活动的塑造。高等院校教师亦是如此。他们良好道德品质的形成离不开在教育教学实践中的自我学习、锻炼和升华。实践证明,高等院校教师只有树立"立德为先"的价值观,才能在职业实践活动中积极进取,有所建树,真正完成教育育人的神圣职责。与其他教师相比,高等院校教师具有自身的特殊性,他们是否具备高尚的师德直接关系到高等院校立德树人的成效。由于某些原因,部分专业课教师没有意识到"立德为先"的重要性,教育思想出现了偏差,只一味地追求知识和技能的培养,而不注重对学生进行德性教育,大大影响了"课程思政"的实施效果。毋庸置疑的是,"课程思政"为专业课教师追求"立德为先"的价值观提供了新理念,如果专业课教师能够意识到这一点,不仅能够促进自身的自我完善,而且能够推动"课程思政"沿着良好的方向发展。

《资治通鉴》有言:"才者,德之资也;德者,才之帅也。"这句话对德与才二者之间的关系进行了精辟的阐述，主张将"人的道德置于才华的统帅位置。"[①]从古至今，中华民族始终重视道德对个人乃至人类社会发展的重要作用，所以，道德一直在个体的所有素质中居于首要位置。作为独特的个体，专业课教师要想为"课程思政"建设贡献一己之力，就一定要树立"立德为先"的价值观，将是否具有德性当作评判自身是否是一名合格教师的根本。每个个体若要在社会中生存，都离不开德性的支撑。追求"立德为先"的价值观是专业课教师作为高等院校教师的应有之义。"课程思政"建设的本质在于将价值观教育寓于知识传授和能力培养之中，专业课教师不仅要引导学生学习科学文化知识，为学生提供理论上的指导，更要从思想上引领学生，引导他们在奉献祖国的进程中成为一名合格的社会主义事业建设者和接班人。促进学生的全面发展是每位高等院校教师的责任所在，学生"全面发展"的内涵是十分丰富的，并不局限于其技能和特征的完善，而是要达到一种诸多素质内在和谐共生的状态，这种和谐共生的状态是由道德主导的，是全面且不偏重、和谐且相互提升的状态。在以往的教育教学过程中，部分专业课教师存在一种误区，即教会学生专业知识和技能就可以了，其他事情与自身无关。但是，"课程思政"要求专业课教师在做好"授业、解惑"的同时，还要进行"传道"，"传道"是第一位的，传道者自身需要明道，专业课教师对学生德性的影响并不是通过一些刻意的教学形式来实现的，更多的是通过自身的言行举止对学生产生潜移默化的影响。所以，出于扭转部分专业课教师重"才"不重"德"的局面，专业课教师必须追求"立德为先"价值观，立志成为一名具有良好德性的教师。

七、健全课程思政建设激励机制

健全课程思政建设激励机制，能够激发教师的潜能，激励教师的工作积极性，从而主动投入到课程育人建设中来。因此，各高校要尽快建立教师激励机制，最大限度地激发教师的创造活力。

第一，制定合理的激励机制，需要多方领导进行讨论以及收集各教师的意见，最后综合考虑制定出内容全面的、有关各类教师的考核评分细则。学科任课教师思政意识的培养在很大程度上依赖于外部客观的激励机制，高校只有制定好合理的激励机制，才能更好地培养学科任课教师德育意识。当然，激励机制的制定不能过于苛刻、难操作，否则在探索建设阶段容易打击教师的积极性，未能发挥出其应有的作用；但也不能太过于宽松，要富有弹性，既能鼓励各位教师参与到课

---

① 陈吉鄂.思想政治理论课教师践行"四个统一"师德观研究[D].长春：吉林大学，2018.

程思政建设中来，又能激励各专业课教师积极探索适合各自学科的课程思政之路。

第二、设立课程思政建设成果奖。《指导纲要》指出，"在教学成果奖、教材奖等各类成果的表彰奖励工作中，突出课程思政要求，加大对课程思政建设优秀成果的支持力度"。[1] 课程思政建设要靠教师的教学实施才能将理论变成现实，对于高校教师开展课程思政建设过程中取得优异教学成果，各高校要根据实际情况设定相应教学成果奖，并给予一定的奖励和成果宣传展示，激励各教师纷纷投入到该建设中。同时，也要重视课程思政教材的开发，设立教材奖。教材是学科建设的重要组成部分，体现着教育教学的发展水平，在课程思政建设工作中占有重要地位。要鼓励广大教师投入教材开发、研究和编写中，尤其是鼓励有课程思政教学成果的教师参与到教材开发中，将马列经典、优秀传统文化、社会主义核心价值、习近平新时代中国特色社会主义思想、宪法法治教育等内容融入专业课教材中。

第三，将教师参与课程思政建设情况和效果纳入考核评价。课程思政建设质量很大程度取决于教师的实施，因此教师在课程思政建设中占着举足轻重的地位。为了激励各任课教师提高自身时政素养，主动挖掘课程中的思政元素，加强对学生价值情感的正确引导，高校对于各任课教师的课程评价标准有所调整，要将有关课程思政建设的情况和效果纳入考核标准中。一是，提高任课教师授课在晋升职称中的比例，改变高校领导和教师重科研轻课程的心理；二是，对教师教学方案的检查、听课评判、学生情感态度地转变等有关课程思政建设的内容作为晋升职称、工资绩效等方面的评估标准；三是，评比优秀的课程思政工作者、评选典型的思政课程。对优秀工作者予以物质和精神的奖励，提升其自豪感的同时也为其他专业课教师树立榜样模范作用；对于改革成功的优秀思政课程予以宣传和推广，在全校乃至全区形成引领示范作用。

八、专业课程凸显科学的价值取向

专业课程是高等院校"课程思政"建设的载体，育人功能是各门各类课程的固有功能，课程本身还具有重要价值。一般认为，课程价值问题滥觞于斯宾塞关于"什么知识最有价值"的探讨。进入二十世纪，阿普尔提出了"谁的知识最有价值"的新论断，这一论断对"什么知识最有价值"辩题进行了超克，使课程抉择突破了课程自身属性的限制，不再拘泥于价值客体，由价值客体转向了价值主体，即课程"对谁有价值"，在此基础上形成了"个体本位"与"社会本位"等

---

[1] 教育部. 高等学校课程思政建设指导纲要[R]. 教高[2020]3号, 2020.

两种价值维度。"个体本位"认为,课程价值具有"知"与"行","德"与"才","知识"与"信念","知识"与"能力"的差异;"社会本位"将课程价值的内涵拓宽到国家的政治、经济、文化等领域,认为课程价值应包括政治认同、经济增长、文化传承和民族振兴等方面。

个人价值与社会价值相统一是"课程思政"的价值取向,在个人价值维度上,"课程思政"十分注重对大学生主体意识的培养,但是,这种主体意识是有条件的,不是任意妄为的。"课程思政"为大学生实现知行转化创造了条件,即教育大学生运用科学的价值观分析、解决学习和工作生活中遇到的困难和挑战,久而久之,引导他们将其看作日常生活不可缺少的一部分;"课程思政"为大学生形成德才兼备的个体提供了可能,即将德置于重要位置,引导大学生在正确的轨道上施展自身的才,德与才是相辅相成的,有才无德、有德无才都是不可取的。在社会价值维度上,"课程思政"以提升大学生的政治认同度和文化认同感为重要目标。也就说是,"课程思政"不仅对大学生成长成才具有重要意义,而且还要引导大学生形成为人类幸福而奋斗的思想,进行符合社会主流价值观的行为,继承和弘扬优秀传统文化,使其为民族振兴贡献青春力量。个人价值与社会价值相统一切切实实地落实了立德树人的本质内涵,一方面推动了我国立德修身教育传统的传承和弘扬;另一方面推动了社会主义核心观对国家、社会、个人的整合。

在"课程思政"改革提出以前,高等院校专业课程在个人价值与社会价值教育中普遍存在一种错误倾向,即只是让学生知道了什么、了解了什么,而没有注重学生懂得了什么、体会了什么,融入社会的理念和能力有所欠缺。所以,在"课程思政"建设的实施过程中,不免存在一些大学生对知识传授与价值引领同频共振"不买单"的现象,专业课程应秉持个人价值与社会价值相统一的价值取向,为大学生形成科学价值观筑牢阵地。同时,思想政治理论课与"课程思政"具有价值一致性。专业课程对新时代大学生进行个人价值与社会价值教育的实践不长,经验不足,在实际教学过程中会存在一些瓶颈。因此,"思政课程"也要发挥自身的优势,为"课程思政"建设提供一定的指导,同向发力。

第三章　高校心理健康教育"课程思政"的必要性和可行性

本章节内容为高校心理健康教育"课程思政"的必要性和可行性，主要从高校心理健康教育"课程思政"的必要性、高校心理健康教育"课程思政"的可行性等方面展开。

第一节　高校心理健康教育"课程思政"的必要性

一、高校大学生心理健康现状

（一）崇尚个性，人格多样

从心理学视域来看，可以将人格划分为3个类别，分别是本我、自我以及超我。这3种人格中，本我的个性是天生的，在平时活动中重视自身的快乐感受，将自身放置在中心位置；自我个性主要指在日常行为活动中依照事实的原则，在进行人与人的交流时确保个体与社会间的平衡；超我个性是一个较为完美的状态，在自我个性以及社会活动中更加倾向于理想型，在与人交流以及开展某项活动时都追求十全十美，同一个个体，其人格会随着周围环境的变化而产生改变。现代大学生很少保持单一的人格，尤其是在互联网应用越来越广泛的背景下，得益于网络虚拟环境本身的虚拟性与隐蔽性，使得大学生可以在网络平台上畅所欲言，在现实生活中同学眼中的他，与网络环境下的他，往往有着非常大的区别，在互联网平台上，大学生会毫无顾忌地将不满情绪发泄出来，这样不仅不能够取得良好的缓解效果，还会导致互联网平台负面情绪较多，也会降低许多大学生的防范意识以及责任意识。

（二）依赖网络，现实人际交流不足

从当下我国高校校园状况来看，走在道路上的许多学生都是低头族，每人手持一部智能手机，这是非常普遍的现象。在互联网环境中，大学生可以忽视自身的成长背景与思想水平，也不会被附近环境所影响，甚至一些先资条件较差的学生，也能够在互联网平台上畅所欲言，发表自身的观点和看法，与网友进行互动，很好地满足了与人交流的需求。因此，在实际生活与学习中，高校大学生对互联网的依赖性逐渐提高，网络已经成为大学生生活中不可或缺的一部分。尽管通过互联网平台进行人际交流有非常大的优势，突破了时间与空间的限制，信息交流也更加的便捷、迅速，也能够很好地满足大学生的日常信息交流，然而，从长远角度来看，现实人际交流缺乏会导致大学生实际交际水平较低、交际欲望不高，一些极端的大学生完全沉浸到网络世界中，丧失了基本的人际交流能力，显然对大学生的未来发展非常不利。

（三）心理健康教育师资力量不足

同传统的专业课设置不同，我国高校的心理健康教育老师往往是一种"兼职"的形式，大多数并非心理学专业出身，甚至于心理健康课程直接由"两课"教师代替完成，心理健康教育课被归类成大部分教师均可兼授的一门无足轻重的课程。而就在师资力量薄弱问题的背后，反映出的不仅仅是优秀的心理健康老师缺乏的问题，更大的问题是在于兼任心理健康教育的老师们并不能够很好的修炼"内功"，没有把心理健康教育工作重视起来，不能够对其中的理论内涵进行吃透，更不要说进行良好的教学。当然，这也和学校对于心理健康教育师资力量的培育和激励存在不足有着很大的关系。

高校心理健康教育师资力量不足，并不是说简单依靠招聘优秀的心理健康教育老师，不断扩充高校心理健康教师的数量。因为原本心理健康教育的优秀师资就很有限，引入大量优秀师资并不现实。关键在于，高校往往缺乏对现有师资力量的优化重组，对现有老师进行心理健康教育课程的集中培训较少，单纯依靠教师自身对专业知识的理解和本身的专业素养进行教学教研活动，未能通过合理的、有计划的、有组织的培训实践活动，提升教师在心理健康教育方面的专业性，或通过一系列激励政策激发出对心理健康教育工作的主观能动性。另外，考虑到授课老师心理健康教育理论水平的提高，对于教师本身的心理发展也具有一定正面影响，因而高校心理健康教育师资力量的加强势在必行，这也在潜移默化中提高了整体的师资水平。

（四）受互联网环境影响，独立思考意识不强

在互联网交流平台上，所有人都可以对事件发表自己的看法，能够充分享受到"言论自由"，网络平台上的信息咨询，不管是积极向上的还是负面的信息，所有大学生都可以平等、开放地得到，许多大学生日常生活中，没有将生活重心放在学习专业知识与技能上，而是挖空心思地想怎样来提高自身业余生活的多样性。互联网上的信息传播能够很好地满足大学生获取信息以及参与话题讨论的心理需求，互联网对大学生的影响体现在日常生活中的多个方面，在互联网环境的影响下，大学生慢慢地习惯于跟随潮流，没有养成独立思考的习惯，对许多事件缺乏自身的考虑，发表的意见与看法很大程度受到互联网思想的影响，导致许多大学生产生错误的自我认知。所以，高校必须要加强思想政治教育工作，增加对大学生心理健康的引导，确保大学生形成健康的心理。

（五）心理健康教育工作方面流于形式

虽然舆论上对心理健康教育重要性的关注度呈扩大趋势，但实际上，心理健康教育在课程中的重要性往往被弱化。自义务教育阶段开始，基础教育仍然过多地向应试课程倾斜，心理健康教育课程内容陈旧，即使是高等教育专业，也是以学术理论课为主导，心理健康教育的课程安排，形式化问题较为突出。

思想是诸多问题产生的源头。部分学校对于心理健康教育的重视程度不够，学校领导主观意识上缺乏对于心理健康教育重要性的认知，不能做到"真抓实干"没有真正意识到心理健康教育工作对于大学生整个学业生涯发展的重要性，尚未将心理健康教育工作逐步科学化、合理化，使得学科效用往往呈现出纸上谈兵的窘境；同时，部分高校缺乏有效的心理健康课程考评机制，没有针对高校大学生的心理健康教育课程制定考核数据清晰、流程规范、可行性强的课程考评标准，高水准的授课和敷衍式的课程，最终给予授课教师同样的反馈，也未能针对学生的学习成果进行规范化考核，不能有效调动老师的教学积极性和学生的学习兴趣；课程的教学形式过于表面化，不注重实践，导致学生对于该项课程兴趣不足。形式主义是有悖于马克思主义"一切从实际出发"的观点的。心理健康教育这一关乎大学生心理健康发展的重要课程以及相关工作，倘若流于形式，将产生消极影响。我们的心理健康教育工作在实施的过程当中，一定要做到"一切从实际出发"，做到务实、务实、再务实，根据学生不同的心理状况，进行有针对性的引导，通

过组织讲座、课外实习、户外活动等等形式将理论课程更好地与实际相联系，使我们的心理健康教育工作真正落到实处。

（六）学生自主性学习模式动摇传统的教师权威

学生的学习自主性和教师权威性在课堂上有时会出现相冲突的情况。然而，无论是任由学生发散性思维还是教师强制性灌输，都不符合现代教学所预期的目标。对于如何在心理健康教育过程中通过教师的权威性引导而真正发挥自主性教育的优势，高校尚未提出合理的对策。

在整个心理健康教育的活动中，教师无疑是起到主导作用的，教师的权威性，有助于增强学生学习心理健康教育理论的效率，让教师更好地做好知识灌输者和学习引导者的角色。但是，如果过于强调教师权威性的作用，很可能会造成千人一面的结果，势必导致教出的学生缺乏个性化，不利于对心理健康教育的创新和学生自身个性的彰显。同样的，放任学生的自主性，同样会导致一些极端的后果。

高校大学生处在价值观念极易动荡的关键时期，其对很多事情很多观念并未能有完全正确的认识，过分强调学生的学习自主性虽有利于个人价值观念的自然养成，但青年学生对很多社会现象和文化侵袭缺乏辨别能力，因而存在着价值观偏离的隐患，过分的自主性发挥无疑影响了教师课堂上对学生价值观念的引导成效。因此，老师应当适当发挥权威性，做好引导者的角色，让学生尽可能的自主学习，当学生在自主学习的过程中遇到瓶颈或者在理解与心理健康教育理论内涵时候发生偏差的时候，老师需要做好正确的引导和纠正。为学生的心理健康学习和心理健康发展的"旅程"做好保驾护航的工作，从而全面激发学生自主学习和自主创新的能力，在不断的思考中加深对于理论内涵的理解，从而达到心理学教育现代教学所预期的目标。

（七）大学生对心理健康教育的认识不足

由于中国自古以来特有的民族性格等因素影响，我国大学生的心理健康问题呈现出一些固有的特点。不同于国外大学生在学业、性、情感以及毒品成瘾等心理问题上的突出性和学生解决心理问题的自觉性，中国高校大学生的心理问题往往呈现出一种隐蔽性的特征，主要表现在自身不愿意向外界展现出自身心理存在问题的一面，害怕被贴上"心理存在问题"的标签。

当前社会对于心理健康问题存在误解，不能认识到这是一种个体发展过程中的普遍现象，盲目认为心理健康问题是一种"心理存在缺陷"的现象，避之不及；

其次，我国大学生自身对于心理健康教育的认识不足，害怕被贴上"心里存在问题"的标签而被别人孤立甚至歧视。毫无疑问，后者更是问题关键所在。

从某种程度上，大学生这种群体的特殊性使得他们的心理需求往往超越基本的生存需求更加追逐"被尊重"的感觉以及自我的"被认可"。一旦受挫，潜在的心理问题得不到释放和合理的呈现，即使学生自己心理感受到负面及不良的情绪，积极寻求正确心理治疗的意识也并不强烈，甚至近乎于没有。要改善这一现象，根本方法还是要加强宣传教育。随着政府相关部门对于大学生群体心理健康教育愈发重视，作为学校更要重视起心理健康教育这一课程，为学生提供良好的心理教育环境和优质的师资保障，以满足大学生日益增加的心理诉求。

由于上述问题的存在，现在的高校出现表面上加强了大学生的心理健康教育、但实际上大学生心理健康教育的效果并不明显的尴尬境况，媒体不断报道的大学生犯罪案件无疑是对目前大学生心理健康教育的一种讽刺。

二、高校思政教育存在的问题

（一）教育模式有待提高

习近平意识形态工作论述是在不断总结我国历届领导集体关于意识形态重要论述的基础上，结合我国实际国情与时代背景的新时代思想产物，充分体现了极具时代特色的创新性和与时俱进的特征。这样的时代性特征于高校而言应体现在教育模式与时俱进。一方面，习近平意识形态工作论述的网络论述表明网络已经成为意识形态斗争的重要战场。大学生作为时代先锋产品的追随者，必然会受到网络信息的干扰和迷惑。在这样的现实背景下，已有不少高校反映时代的要求，建立起网络思想政治教育平台，但仍然有部分高校疏于网络思想政治教育平台的建设和发展，甚至有部分高校并未感悟到网络教育的重要意义、没能触及该领域，依旧保持传统的课堂讲授教学模式，教育模式呈现老化，无法吸引学生注意力、激发出学生对思想政治相关内容的学习兴趣。对此高校应及时反映时代要求，优化其教学模式。另一方面，目前高校思想政治教育课程内容相对独立，大思政教育模式还未健全，未能全方位将思想政治教育的相关理论渗透入高校教育教学过程当中。

此外，高校思想政治教育中以活动促动机的形式有待进一步优化。教学内容的落实、教学任务的完成总需要一定形式的课堂或者其他教学方法来实现。近年来学校教育开始注重以学生为主体，课堂形式的重心开始向学生交流谈论为主偏移。为激发学生学习动机，学校开始用一些奖品、积分等激发出学生积极的状态，期望以此来激励学生去认真学习知识、提高能力。其中活动式教学法作为一个比较新的教学方式得到很多学校的推崇。但是对于活动式教学也需要注意"度"的问题。活动是激发学生兴趣，引发学生独立动手实践完成任务的好方式，可是如果在课堂中活动滥用往往本末倒置，引起负面效果。比如在政治课程中，新教材中插入了法治方面大部分内容。对于这一教学内容，课堂开展活动往往采取一些新形式的情景剧与图片等。这显然不适应于普及严肃理性的法治知识、法治意识和观念发展。而且在高中阶段升学压力以及课程内容较为繁重的阶段也不适合学生开展长时间高频率的活动式教学。因此对于教学形式的转变中对于教学内容教学阶段的针对性问题还需进一步完善。关于用活动等新颖形式激发学生学习动机问题也需要进一步探讨。

（二）教育对象思想杂化

高校思想政治教育的顺利开展并达到期望成效，需要多方协同发力，其中最重要的就是教育者和受教育者双方的共同配合，在双向互动中完成教学任务并达到教学目标，因而大学生自身的思想状态也是高校思想政治教育难收成效的重要原因之一。当前高校大学生的思想意识和政治态度有一定的问题所在。

首先，大学生缺乏对思想政治科学理论的真实信仰。根据调查结果显示，大部分学生表示自己对高校思想政治课持积极主动的态度，但由于我国高校的教育体制以及国家选拔类考试大多倾向于应试教育，因而呈现出重智轻德的现象，学生所表现出来的对思想政治教育积极的学习态度，绝大多数是应付考试或修学分，并非发自内心地接受思想政治教育知识，也并非真正信仰马克思主义等思想政治相关科学理论，由于教学模式和教学方法单一枯燥，与实际联系不紧密，造成了学生对思想政治教育相关科学理论"不实用"的心理暗示。加之信仰对象多样以及家庭环境的影响，大学生甚至出现宗教信仰以及伪科学等封建迷信的思想行为。

其次，大学生缺失高层次的理想信念。随着改革开放的不断深入，社会的利益格局出现了深刻变革，人们对于自身利益的追求更为迫切。这是特定历史条件下社会发展的必然结果。值得注意的是，高校大学生囿于思辨能力和知识储备所限，受社会环境的驱使，更多地将自身利益缩限于个人的物质利益，将自身的发展游离于国家和民族利益之外，抛弃了对高尚理想信念的追求。大学生实现职业理想的目的是追求更好的自身利益和自身发展，这仅是低层次的自我理想，而并非为社会主义事业的建设贡献力量的伟大追求。

最后，大学生价值观存在偏差。当前，大学生受西方思潮而产生的享乐主义、个人主义等负面思想以及在社会主义市场经济影响下而产生的功利主义、利己主义等思想，与我国所推崇优良传统精神形成对立，并展开了对大学生思想激烈的争夺战。部分大学生受多元化价值观和思想的影响，出现了奢侈浪费、攀比心理等价值观问题，导致校园借贷惨剧屡发不止；也有部分学生作为学生干部官僚气息过重，思想腐化，为学生服务意识较弱。

（三）教育内容有待完善

1.教学内容缺乏时代性

习近平总书记关于意识形态工作论述彰显时代化的特质。对于高校而言，时代化是思想政治教育的内在要求。高校面向学生讲授，包括马克思主义理论以及马克思主义中国化的内容，这些内容是马克思主义理论在中国时代化背景下的产物，彰显了强烈的时代特性。然而，从教育实践来看，高校思想政治教育在内容上并未充分反映和回应时代要求。

尽管当前大多数的高校能够及时传达重大会议精神并及时更新思想政治教材内容，但仍然有部分高校忽视这一工作，导致思想政治教育内容依然是陈旧的理论，没有体现出时代化的特点，学生缺乏对国家新政策及会议精神的正确认识；高校思想政治教育教师应具有较强的政治敏锐性和觉悟性，巧妙地将时事政治的内容穿插到思想政治教育课堂中，引起学生学习兴趣与共鸣的同时，思想政治教育的成效也能达到了事半功倍的效果。

2.教学内容偏离学生的实际

在我国高校部分教师能够做到将思想政治教育内容与具体实际相融合起来，发挥了思想政治教育积极的作用。但是也有部分教师没有很好地了解学生，掌握学生的实际需求，在授课过程中只是照搬课本内容，讲解理论，思想政治教育本来就是理论性比较强的课程，所以这样容易造成生硬和枯燥的感觉。学生在课堂中感觉无聊就会渐渐失去学习的热情，不能很好地加入思想政治教育课堂，对所学内容不进行积极的思考，自觉能动性就很难真正体现出来。

（四）协同育人体系的联动效应尚未完全发挥

系统是马克思主义唯物辩证法中的重要范畴。系统之所以具备各子系统不具备的功能的原因在于系统中内涵各子系统之间的相互联系、相互制约、相互影响的关系,而系统整体性功能的发挥也正依赖于各子系统之间的良性互动。但目前高校各育人资源之间缺乏联系,呈现各自为政的松散体态,体系的合力作用收效甚微。

1. 顶层设计不完善

一些高校在实施思想政治教育的过程中,尽管建立了联动育人机制,但是工作规划相对简单、抽象,思想政治教育的中心主题不明确,缺乏育人相关的具体目标、任务和分工说明,导致机制形同虚设,难以有效汇集思想政治教育力量。具体来说各部门各机构受困各自所处领域的既有制度、体系和语言习惯,教育惯性影响其难以突破,各育人资源配合度不高,缺乏信息沟通,育人功能出现重合,系统内部产生摩擦和内耗,子系统间不但没有组成互为补充、互为支撑的稳定结构,相反还消减了育人合力的生成。其次,过度依赖国家政策、文件的指导,教学决策和推广生硬,缺乏自主性,与当地地方特色、校园文化历史和生源质量水平结合不紧密,思想政治教育工作的适应性不足。此外,相应的监督、评估和激励保障机制不统一,思想政治教育工作的内生动力不够,难以实现真正意义上的合力育人。

2. 投入配比不协调

思想政治教育工作不管从其本质、特性和教育的内容方面来看,都属于软工程,但在教育过程中和方式的使用选择上需要依赖相应的硬性条件做基础。目前我国高校大多设有思想政治教育专项经费,但在经费的申报、审核、使用、监督程序中绩效导向微弱,经费的利用效益不高,专职思政教师、辅导员等的待遇较专业课老师不足,相关教育平台建设进度迟缓,与客观需求不符。另外,大多数高校在专职思政理论教师、辅导员的人员配比中严重失衡。人的精力是有限的,在面对基数大、差异大的学生群体时,思想政治教育工作的针对性和有效性将会大打折扣,常常在问题出现时会有人员缺位的情况。

(五)高校思想政治教育环境有待净化

1. 社会环境

从社会方面来看,一方面,改革开放的深入以及全球化趋势的不可逆转,致使众多西方资本主义所谓的自由、民主思想涌入我国,部分民众受其影响,言语和行为都表现出"国外月儿圆"的思想趋势。同时,改革开放的不断深入也造成了我国利益格局的嬗变。高校大学生的知识储备和思辨能力受限,受社会中西化思想的影响，对于西方的政治、文化和社会环境都充满了好奇和向往，表现出较为强烈的兴趣。另外，社会利益格局的变化也使得高校大学生的逐利性更强烈，在三观还未健全的阶段受到如此大环境的影响，使其对思想政治教育的内容产生疑惑，呈现出理想信念模糊的状态，严重妨碍了高校思想政治教育的顺利推进。另一方面，不良社会风气、道德失衡的现象和因素对思想政治教育提出了巨大挑战。社会的不断进步和发展，人们的思想也随之出现了潜移默化的改变，社会各方面因素的嬗变导致人们的思想问题也日益凸显，给思想政治教育带来了巨大阻力。社会中诸如此类的不良思想和行为，与高校所开展的思想政治教育内容形成鲜明的对比，高校大学生思想意识尚且浅薄，严重干扰了学生的认知，造成学生对于思想政治教育内容与现实情况的矛盾化心理，对思政教育内容和德育内容产生疑惑，给高校思想政治教育工作的开展严重设障。

2.校园环境

从校园方面来看，在高校学生的学风以及学生工作的作风上存在影响思想政治教育的消极因素。近年来，大学生在学习中也表现了强烈的功利心，如部分高校学生为了获得评奖评优等荣誉称号，学术造假，给高校的学风造成了极大的负面影响。此外学生干部工作作风也受功利主义、个人主义以及社会家庭环境的影响，出现趾高气扬的办事态度缺乏服务意识，丢失了作为党员和学生代表的理想信念，影响学生干部队伍整体建设，间接影响着高校思政教育工作的开展。

3.家庭环境

从家庭方面来看，一方面，学生的家庭成员的错误的政治站位和思想意识会直接冲击到学生的思想，对高校思政教育工作的顺利推进提出考验。这对高校思政教育而言无疑是巨大的挑战。另一方面，家庭成员的一些非科学的行为也会对大学生的思想产生影响。如家庭成员定期参加或举办一些封建迷信的非科学活动，让学生产生思政学习内容和生活现实及其矛盾的心理，极大地冲击着学生的思想，这对高校思政教育而言无疑是巨大的挑战。

三、心理健康教育"课程思政"的意义

（一）有利于教育目标实现

心理健康课程的对象是高校学生，其主要目的是教育与促进学生成长成才，这与思政教育的目标一致。传统思政教育在落实立德树人根本目标的过程中，过

度强调大学生的政治方向和道德品质,忽视了大学生的心理问题,将心理健康教育与思政教育割裂开来,没有重视大学生的心理健康问题,影响了大学生的成长成才,不利于思政教育目标的实现。大学生是一个比较特殊的群体,充满矛盾是这个群体的典型心理特征,容易出现环境适应不良、自我认知偏差、人际交往障碍、情感困扰、心理危机等各种心理问题。作为学生个人,拥有健康的心理,是努力克服困难,正确面对、积极解决人生各类问题的基础。身心健康、积极向上的学生,能够很好地理解和接受思政教育,将思政教育的内容内化为思想观念,外化为具体实践,实现内化与外化相统一,从而更好地促进个人成长成才。

(二)充实了思政教育内容

《关于深化新时代学校思想政治理论课改革创新的若干意见》中指出,要"统筹推进思政课课程内容建设""系统进行中国特色社会主义和中国梦教育、社会主义核心价值观教育、法治教育、劳动教育、心理健康教育、中华优秀传统文化教育"。由此可以看出,心理健康教育课程是充实思政教育内容的重要方式。心理健康教育课程包含的知识与技能性内容,能帮助学生充分认识大学期间将会面临的心理困惑,充分唤起大学生改善自我心理环境的意识。心理健康教育课程能全面提高学生心理整体素养,为学生终身发展奠定良好的心理素质基础。心理健康教育课程培养学生用发展的眼光认识自己、看待人生、对待他人,树立可持续发展的理念和奋斗赢得幸福、努力实现自我的价值,加深对国家历史文化的理解,对中国梦内涵的理解,自觉将个人理想融入社会理想,积极为实现中国梦注入青春能量。

(三)传播思政教育理念

思政教育的理念不仅是思政教育本质的反映,同时也是当下历史和社会条件下对思政教育的要求,它蕴含着时代思政教育存在和发展的现实指向、思维方式和价值追求。心理健康教育课程中对个人认知、心理理念、思想文化的传播更加丰富和多元,不同于传统的思政教育方式,有概念和理论,但又不是纯理论的、形而上的、带有灌输性色彩的,而是在心理健康课程中带有明显的生活化、实践性,更贴近实际,更具启迪性的特征。在具体的知识、案例学习中传播思政教育理念,是传播思政教育理念的重要手段。

(四)帮助学生改变社会交往现状

课程思政背景下,"大学生心理健康"课程教学工作能够将团体意识融入高校大学生的学习和生活,而且可以辅助学生改变社会交往现状,解决大学生在与他人交往中存在的问题。同时,教师以课程思政背景作为前提条件积极开展一些团体活动,能够建立起一个沟通平台,可以让学生相互分享人际交往经验和心得体会,由此可以提升学生的人际交往自信心,让学生树立正确的观念认识,这样学生就可以认识到个人和团体之间的密切关系,进而搭建良好的人际社交网络。

(五)辅助学生更好地适应社会

课程思政背景下,"大学生心理健康"课程教学工作需要将思政元素积极融入其中,从而体现出"大学生心理健康"课程的教学途径和教学作用,辅助学生端正学习和生活态度,让学生树立正确的人生观、世界观和价值观。而且教师也可以将职业道德规范与课程思政背景下的"大学生心理健康"课程教学工作相结合,这样可以让学生更好地认识信誉、道德、品质等对自身的意义,并让学生在学习和生活中逐渐认识到具备良好思想道德品质的重要性,进而让学生做到建设社会、服务社会,助力社会物质文明建设工作和精神文明建设工作的开展,树立正确的社会主义公民认识。此外,教师还要引导并支持学生寻求适合自己生活和学习的方式方法,改变传统的思想政治观念,提升认识世界的能力。

(六)引导学生树立正确的价值观念

课程思政背景下,"大学生心理健康"课程教学工作需要将科学完善的教学理论作为知识条件,辅助学生更好地应对未来生活和就业的挑战,并且促使学生具备良好的思想道德品质。教师需应用科学有效的教学方式方法促使学生对于社会主义先进思想产生正确、深刻的认知,同时帮助学生分析、明确当下社会发展存在的问题,培养并锻炼学生的思维能力,让学生学会从科学角度分析处理所遇到的问题,积极面对生活和学习中遇到的挫折,并且逐渐提高自身的能力,进而树立正确的价值观念。

四、课程思政是时代要求和发展的必然趋势

新时期我国高等教育事业的发展和变化,要求在高校心理健康教育中融入和贯彻思政教育元素,2017年,教育部印发《高校思想政治工作质量提升工程实施

纲要》指出，高校的思想政治工作必须坚持"育心与育德相结合、相统一、协调发展"，从而有效提升学生的心理素质、思想道德素质和科学文化素质，使思想政治教育的育德作用与心理健康教育的育心作用巧妙结合，互相补充，同向同行，协同前进，帮助学生树立正确的三观，实现高校的育人目的和任务，努力培养德智体美劳全面发展的社会主义建设者和接班人。

近年来，在大学生群体中滋生出由价值虚无主义导致的"空心病"现象。近年来，我国高校部分大学生因理想信念、社会主义核心价值观取向的偏差、道德意识和荣辱观淡漠而导致的心理健康问题，对个人成长成才和社会发展都具有消极影响。"空心病"已成为新时代一种精神和心理危机，依靠以往的教授心理知识和技能的心理健康教育方法已经无法治愈和根除，需要引导和带领学生走出理想信念淡薄、自我认知缺乏、功利化倾向明显、道德情感模糊的困境。

对于大学生的培养，仅依靠思政课程效果有限，正是在这样的背景下，课程思政应运而生。课程思政贴合时代特点、符合育人要求，具有鲜明的社会主义大学的属性和特征，可作为思政课程的延展和补充。充分挖掘课程思政的价值内涵，要润物无声地融入课堂各个环节。通过熔炉式教育方式，充分发挥教育合力作用。有学者认为，在发展维度、理论维度、实践维度三个维度上，课程思政都具有相当深刻的内涵，深化课程思政，能够保障我们培养的人才是拥护中国共产党领导和我国社会主义制度的建设者和接班人，进而确保人才培养目标的顺利实现间。

2019年3月18日，中共中央总书记、国家主席、中央军委主席习近平在京主持召开学校思想政治理论课教师座谈会并发表重要讲话，向全国大中小学思政课教师致以诚挚的问候和崇高的敬意。他强调，办好思想政治理论课，最根本的是要全面贯彻党的教育方针，解决好培养什么人、怎样培养人、为谁培养人这个根本问题。《把思想政治工作贯穿教育教学全过程开创我国高等教育事业发展新局面》一文指出，"要注重文化人以文育人，广泛开展各类社会实践，要强化实践锻炼，保证思想政治工作队伍后继有人、源源不断"。[①] 这是为党政机关和学校等单位培养充足的思想政治教育人才所做的必要工作。思想政治教育工作需要协同育人这一思想的指导，高校下一步培养更加全面的社会主义建设者，也需要这一思想的支持。这是我国在下一步思想政治教育工作开展过程中所必须坚持的原则，在发展过程中要积极地实施创新，实现教育的改革。协同育人，简单来说就是学生在课堂上获得理论知识和学习前辈的经验的过程中，教师要进一步激发出

[①] 张烁. 把思想政治工作贯穿教育教学全过程开创我国高等教育事业发展新局面 [N]. 人民日报，2016-12-09（001）.

学生的主动性、积极性，同时，在课外活动过程中让学生能够实现自我教育，使学生健康成长，通过开展促进学生全面发展的实践活动，帮助学生更好地成长，通过思想政治教育帮助他们在发展的过程中形成更加高尚的品格，从而更加坚定地热爱祖国，热爱人民，提升自身的创新意识和实践能力，这种我们称之为"协同育人"的育人方式也更加适应时代的发展。国家为了进一步推动高校思想政治教育工作的开展，出台了各种相关文件，强调不仅要促进高校思想政治教育工作的开展，而且在开展的过程中要加强协同育人这一方式的运用，为国家发展培育更加全面的人才。

随着社会的不断发展，互联网高新技术得到了高速的发展，人们获取知识和信息的途径增多，获取知识的门槛降低。虽然这有助于人们对信息知识的获取，但飞速发展的互联网对学生的生活习惯和学习习惯以及思想价值观念都造成了巨大的冲击和影响。当前在学生的思想价值观念培养过程中，互联网平台具有的强大作用得到了充分的显现。同时互联网可以为师生构建便捷化的沟通交流平台，学生在学习和生活中遇到困难和挫折后，不再需要前往课堂或教师办公室寻求老师的帮助，可以利用互联网平台直接联系教师寻求帮助，同时教师也可以通过互联网平台更加及时有效地获取学生的思想动态，利用互联网平台进行更加有针对性的思想政治教育工作。因此高校在未来的发展过程中，必须掌握时代和社会的变化需求，遵循互联网新媒体传播的规律，进一步建设科学完善的网络思想政治教育平台，加强网络思想和网络信息传播的管控力度，掌握网络信息传播中的主导权，避免学生受到错误思想或信息的影响和危害。高校要进一步加强思想政治教育内容的创新和形式的创新，提高教育的生动性和趣味性，增强教育的互动性，提高学生自主学习的积极性。

当前社会强调全面综合性发展，教育事业同样如此，全面指的是全员、全过程和全方位，充分实现教育的目的。因此高校需要积极地推动网络思想政治教育工作的开展，实现大学生的全面教育和全面发展，转变原先枯燥无味的思想政治教育形式和方法，更好地帮助大学生提高思想道德修养，形成正确的价值观。在高校思想政治教育具体实践中，需要充分利用网络平台具有的交互性和便捷性，开发相应的思想政治教育模块，设置更加吸引学生兴趣的教育内容，创新教育方式，提高教育和教学的趣味性和有效性，更好地传播社会主义核心价值观念，引导学生确立正确的思想价值取向，树立远大的理想，明确奋斗的目标，从而打造健康向上的教育环境和氛围。当前大学生群体对于网络新媒体的接受程度较高，同时绝大多数的大学生使用网络媒体平台的熟练度较高。在新时代，越来越多的大学生善于使用互联网平台进行信息的获取和交流，互联网已经不再是单纯的获取信息和沟通交流的工具，也成了大学生生活中抒发个人情感、表达个人思想的重要载体。

高校开设的思想政治教育专业主要培养的目标和方向，是为我国的党政机关以及其他单位培养思想政治理论宣传教育和管理工作的高级专业化人才。这些人才首先必须有着极其坚定的共产主义信仰和极高的马克思主义理论素养，其次必须具有现代化教育能力和教育理念，必须具有较为良好的职业素养，熟练地掌握和应用现代化信息技术，具有不屈不挠的科研精神和较强创新能力。自20世纪80年代起，思想政治教育专业经历了几十年的发展，经过了多次的调整和改革，师资队伍积累了大量的专业经验，拥有丰富的学科教育经验，但是当前专业建设方面仍存在一些薄弱环节，例如理论性强于实践性等问题，制约了专业的进一步发展，同时也阻碍了人才的培养。

五、心理健康教育课程需在更高的目标层面实现育人功能

在国内外环境日益复杂的情况下，大学生心理问题日益突出、危机事件增多，部分学生理想信念的缺失给教育工作者带来全新的挑战。原本，心理健康教育旨在应对和处理大学生中常见的学业、择业、情感、人际等方面的问题。但大学生对社会快速变化的茫然和不适、生命意义的失落和无价值感、价值观念的冲突矛盾使得单纯的心理健康教育不足以实现当前的培养目标，这就需要在心理健康教育课程建设中，不仅要教给学生如何在具体层面解决心理问题、调适心理不适，还要重视马克思主义世界观、方法论的指导作用，凸显理想、信念价值导向，使心理健康教育具有明确的价值导向。心理健康教育的内容直接影响高校人才培养的质量，而思想政治教育则能够实现学生思想观念转化和道德水平提升，心理健康教育和思想政治教育密不可分。

六、实现立德树人教育目标的必要途径

（一）加强主流价值观的引领

进入新时代，大学生主体已是00后，虽然大学生思想政治状况主流持续向上向好，高度认同以习近平同志为核心的党中央的坚强领导，积极肯定高等教育改革发展成果，但同时也有少数学生对意识形态领域重要问题认识模糊，务实功利思想行为特征比较明显。他们的思维灵活前卫、价值取向多元、关注"自己开

心就好",功利主义、实用主义、利己主义倾向明显;人际冲突和矛盾更难调解。新时代需要更多具有开放意识和时代担当的青年,高校有责任、有义务帮助学生坚定理想信念、厚植爱国主义情怀、培养艰苦奋斗精神、增强综合能力素质,完善人格品质,培养担当民族复兴大任的时代新人。

(二)促进教育目标整体提升

当前,部分学生心理健康状况不佳,缺乏理想信念。虽然心理健康教育课程能够提升情绪管理、压力应对、人际交往等方面的技能,助力学生更好成长,但相比新时代培养人才以立德树人为根本目标来说,显得薄弱、力量不够,需要在心理健康教育课堂上开展思想政治教育。课程思政在培养学生理论学习和实践能力的同时,注重思想的引领和价值观的塑造,实现心理健康教育课程与思政课程同向同行。

思想政治教育内容融入心理健康教育课程,不同于以往心理健康教育课程只注重问题的调试与缓解、潜能的开发与人格的完善,也要注重思想上的引领和提升,引导学生学会运用科学的理论、方法、立场来分析和解决问题。二者有机结合的目标旨在帮助学生解决心理问题和开发自身潜能的基础上,树立正确的世界观、人生观、价值观。既能够实现培养有能力、有担当的社会主义新人的目标,又能够履行好新时代高校立德树人的使命和要求。

高校对学生的培养,不仅是帮助他们提升专业技能和专业理论水平,更重要的是,通过高校的培养,尤其是思想政治教育方方面面的融入,实现培育时代新人的目标,培养学生更富有时代性的能力和责任,使之思想有水平、政治有觉悟、文化有素养,勇担民族复兴的使命。

七、发挥"隐性课程"育人功能的需要

一直以来,我国高等院校思想政治理论课程独自承担着大学生价值观教育工作,经过长期的摸索和实践,其效果难以令人满意。育人是课程的固有功能,所以,我国高等院校的各门各类课程都具有育人功能,只不过在教育教学实践中被忽视了而已。我国高等院校"课程思政"的建设过程就是对除思想政治理论课程之外的课程育人功能的解蔽过程,就是要激发"隐性课程"的育人功能,在这里,"隐性课程"就是指专业课程,使之与思想政治理论课程这一显性课程一道,共同承担价值观教育的任务。因此,专业课教师要勘探专业课程的育人元素、筑牢自身的政治信仰、将思政工作贯穿育人全过程。

（一）勘探专业课程育人元素的需要

社会成员经由高等院校这座"桥梁",接受高等教育的过程是实现社会化,进而成长为合格公民的过程。我国高等院校如果只片面地要求大学生学习专业知识、练就专业技能,而不引导大学生如何学会生活、学会做事,学会生存,就很难塑造他们的责任意识、使命意识和权利义务意识,就会降低教育的境界,使大学生缺乏理想和追求。在我国传统的教育理念中,"传道"与"授业""解惑"是目的与手段的关系,而长期以来,这种传统似乎被弱化和遗忘了。尤其是专业课程,专业课教师多数情况下都是以"授业"和"解惑"为目的,而只把"传道"说在嘴上,写到纸上,挂在墙上,成为"泥塑之身",成了"空心萝卜"。新时代对于高等院校的立德树人工作提出了新诉求,我国高等院校逐渐意识到应该在"授业"和"解惑"中悄无声息地"传道",实现教书与育人的统一。

教育必须遵循循序渐进、德智体美劳全面发展及社会适应性规律。课程思想政治教育的过程表现于知情意行,先是认知,再到情感,而后上升为意识,最后到行为层面。大学生心理健康教育课程思政是对大学生学习心理健康教育课程时的认知教育,进而热爱,再到心理学知识的理论运用于实践。学生的德智体发展是相互促进、互为一体的,德育是主导与统领,是方向性的;智育是主体,能提高学生的思维水平和品德;体育是基石,健康的体魄是开展学习和工作的基础。

教育的本质是育人,培育以德为先、以智立人、以体树人、以美育人、以劳富人的德智体美劳全面发展的人。传授知识只是育人的一部分,授课教师必须在教书、教知识的同时,做好育人工作,把育人作为根本任务,以德为先。教师要勇于担当,承担教书育人的任务和神圣使命。在传授理论知识和实践经验的同时,培育学生思想政治素养和德育能力,培养有理想,有本领,有担当的"三有"新时代青年。

当今世界的思想政治斗争并未随着经济全球化而有所减弱,反而呈现逐渐强化趋势,随着我国逐渐走进世界舞台的中央,一些对马克思主义存在偏见的国家对我国不断疯狂地进行思想文化渗透,对正处于"拔节孕穗期"的大学生造成了严重的负面影响。课程是传递国家意志、内含教育目标、彰显教育内容的载体,是学校教育教学活动的基本依据。专业课程育人元素的勘探是"隐性课程"发挥育人功能的基础。课程是新时代大学生接受价值观教育的主要载体,赫尔巴特曾说过,缺乏品德教育的教学,是没有目的手段;缺乏教学的品德教育,就丧失了手段和目的。任何一门课程都包含知识、方法与价值等三个维度,一是本学科的基础知识和基本概念体系；二是基础知识和基本概念体系背后蕴藏的思维方式与行为模式；三是该思维方式与行为模式背后潜隐的情感、态度与价值观。三种维度是相互联系、相互贯通、相互渗透的，有机地构成一个整体。任何一个维度目标的实现都是在整体目标的相互联系中实现的。所以，每门专业课程同思想政治理论课一样，具有丰富的思想政治教育资源，只不过前者是内隐的，后者是明显的。仅靠思想政治理论课程对大学生进行价值观是远远不够的，专业课程在吸引学生、感染学生、引起学生共鸣方面比思想政治理论课更具优势。专业课程的"课程思政"元素蕴含着启迪人们智慧、激发爱国热情、拥有社会正义感、负有社会责任感、具有文化自信、充满人文精神等价值范式的思政元素，所以，勘探专业课程的育人元素，使专业课程的育人功能得到最大限度发挥是我国高等院校"课程思政"建设的应有之义。

（二）将思政工作贯穿育人全过程的需要

思想政治工作是党和国家一切工作的生命线，在全国高校思想政治工作会议上，习近平总书记意味深长地指出："要坚持把立德树人作为中心环节，把思想政治工作贯穿教育教学全过程。"[①] 我国高等院校思想政治工作不能停留在表面上，不能停留在一段时期，也不能体现在某一环节中，而是将思政工作渗透到育人全过程中。全过程育人的实质在于将思想政治教育潜移默化地渗透到教育教学全过程之中。"教育教学全过程"就是在立德树人过程中，高等院校围绕育人这一中心任务，坚持知识逻辑与价值逻辑并驾齐驱，在遵循教育教学规律和学生成长成才规律的基础上，充分发挥课堂教学和其他教育实践活动的育人功能，从而保证思政工作在时间上的不间断性和过程上的可持续性。如何将思政工作贯穿到教育教学全过程，需要解决好如何衔接的问题。思想政治工作和教育教学虽然都具有育人功能，而且都致力于为国家培养输送建设者和接班人，但是二者毕竟在运行逻辑和管理方式上不尽相同。就思想政治工作而言，它的任务在于将社会价值理念转化为个体的思想观念和行为准则，对于社会价值秩序的再生产产生维护和推动作用，是一种"规范性逻辑"；就高等院校教育教学而言，它在落实教书育人、科研育人等要求的基础上还有一定的自主空间，具有明显的专门性，主要遵循"知识性逻辑"，所以，将思政工作贯穿教育教学全过程，就必须要解决好"规范性逻辑"与"知识性逻辑"的关系问题，即如何勘探不同学科蕴含的思政元素，怎

---

① 习近平.把思想政治工作贯穿教育教学全过程 开创我国高等教育事业发展新局面[N].人民日报，2016-12-9.

样实现二者有机衔接的问题。

教育教学过程，简言之，包括教师教和学生学两个部分，不是单向度的传授过程，而是双向度的互动过程。在对新时代大学生进行价值观教育的过程中，专业课教师通过有目的、有计划、有组织的师生活动，使学生自觉地学习和运用专业基础知识与基本技能，在此基础上引导他们形成符合社会发展要求的价值观和道德品质。在以往的育人工作中，我国高等院校大多数情况下将其抛给思想政治理论课和思想政治理论课教师，而思想政治理论课一般情况下被安排在大一和大二时期，从而导致育人工作出现断层、育人体系保守封闭。"课程思政"建设强调育人的连续性和不间断性，具体而言，从大学生入学到离开校园这段时期，专业课教师就要牢记立德树人的初心和使命，结合所授课程的性质对大学生给予价值观引导，思政工作是连续的、不间断的。在将思政工作贯穿育人全过程中，各门专业课程都具有自身的特殊性，育人的逻辑存在差异，在育人的目标、功能、资源以及策略上侧重点不同，所以，专业课程发挥育人功能是将思政工作贯穿育人全过程的"牛鼻子"，我国高等院校能否有效地牵着这个"牛鼻子"走，是决定立德树人成效的关键所在。

思想政治教育解决的是学生政治立场、价值取向方面的问题，往往忽略一些最基本的人格教育，而心理健康教育正是完善人格、发展人格的重要手段，其内容中的人际交往、适应社会、心理调适等恰好可以填补思想政治教育内容上的空白。高校思想政治教育工作者可以充分利用二者在内容上互相交叉、互为补充的特点，将心理健康教育中的"有效因子"提炼到思想政治教育当中，使之内容更加丰富化、形式更加多样化，为思想政治教育的现代化转型提供可能性。其次，传统的思想政治教育侧重与教育者和教育内容，而对教育对象的关注和对教育方法的探索就略显忽视。想把"高大上"的思想政治教育做到实处，做到学生心坎里，就要运用心理健康教育"润物细无声"的手法。在心理健康教育中，教育者不是主导者和权威，而是尊重学生、理解学生的协助者和倾听者。融洽、平等的人际关系一旦建立，教育者和受教育者能够敞开心扉，受教育者也可以真情实意地与教育者沟通，这就为思想政治教育有效渗透到学生心里铺设了重要土壤，为充分把握学生心理动向、了解学生思想实质提供了充分的可能。

（三）铸牢专业课教师政治信仰的需要

与思想政治理论课教师相比，专业课教师与大学生接触的时间比较长，因此，专业课教师是否具备坚定的政治信仰在很大程度上影响着大学生的情感、态度和价值观。在《伦理学大辞典》中,"信仰"一词被界定为从内心深处对某种理论、思想、学说的尊奉,并以此作为自己行动的指南。在这里,筑牢专业课教师的政治信仰就是要求专业课教师明确"为谁培养人"的问题,从内心深处树立对马克思主义的信仰。马克思主义不仅仅是一种科学理论,而且对于以马克思主义为指导的共产党来说,对马克思主义者和一切反对资本主义制度的革命者来说,马克思主义学说可以成为一种信仰。我国在意识形态领域始终坚持以马克思主义为指导,并将坚持马克思主义在意识形态领域指导地位作为一项根本制度,不只是因为马克思主义是以事实为依据、以规律为对象、以实践为检验标准的科学学说,更是因为马克思主义彰显了党和国家的行为准则、理想追求和价值目标。并不是所有人都可以将马克思主义作为自己一生的信仰,马克思主义只有对共产党人、对一切马克思主义者乃至所有支持和拥护马克思主义的人来说,才是信仰。在一些坚决反对马克思主义的政党和个人眼中,马克思主义就不是信仰,而是一种歪门邪教。如果一个人是一位坚定的马克思主义者,那么,在他心目中,科学与信仰二者是统一、不可分割的。马克思主义的科学性与个人信仰在一定程度上呈正相关关系。一个人将马克思主义的科学性理解地越透彻和深入,他个人对马克思主义的信仰则越为坚定。马克思主义的科学性是信仰坚定性的理论基础,而信仰坚定性是马克思主义学说科学性的内化,化为内心的坚定的信念和情感。

专业课教师是大学生的一面镜子,他们对于马克思主义的信仰程度直接影响大学生对于马克思主义科学价值观的认同程度。在我国高等院校"课程思政"建设中,专业课教师能否将科学的价值观寓于知识传授与能力培养之中,在很大程度上取决于自身是否坚定马克思主义信仰。专业课教师坚定马克思主义信仰,有利于夯实自身的教育引领力。作为一种教育理念,"课程思政"要求专业课教师对大学生所进行的知识教育和一般意义上的知识教育是有差别的,前者比后者增加了价值观教育的维度。马克思主义价值观是科学的价值观,树立马克思主义价值观是大学生思想政治教育工作的核心和灵魂。从一般意义上看,知识教育的主要任务是使受教育者具备一定的知识技能和形成一定的知识构建体系。而"课程思政"的主要任务在于在知识传授与能力培养中渗透价值观教育,这就对专业课教师提出了极高的要求。坚定马克思主义信仰不是世界观、人生观、价值观的简单叠加,而是要在内心中构建一种终极价值理念。课堂是专业课教师发挥作用的主要载体,专业课教师必须将马克思主义信仰融入自身的"血液"里,将马克思主义信仰作为自身崇高的价值追求。长期以来,思想政治理论课教师承担着引导大学生树立科学价值观的任务,思想政治理论课是实现这一任务的主渠道,因此,思想政治理论课教师需要坚定马克思主义信仰是毋庸置疑的。但是，实践证明，只要求思想政治理论课教师坚定马克思主义信仰，只依靠思想政治理论课对大学生进行价值观引导是远远不够的，专业课教师也要将马克思主义信仰作为一生的崇高追求。在寓价值观引导于知识传授和能力培养的过程中，专业课教师是实施主体，占据主导地位。专业课教师的马克思主义信仰是否坚定直接关系到马克思主义科学价值观能否有效地渗透到课堂教学过程中。如果一位教师自身的马克思主义信仰不坚定，那么就无法实现对学生科学价值观的引领，甚至会使价值观教育的有效性大打折扣。所以，筑牢专业课教师的马克思主义信仰，有利于促进其将马克思主义信仰作为毕生的价值追求，在课堂教学中彰显自身的主导性，有效地将知识背后的育人元素挖掘出来，夯实自身的引领力，真正实现让有信仰的人讲信仰，是专业课程发挥育人功能的关键所在。

八、中国特色社会主义教育的根本要求

在当代，世界上的很多国家都重视思想政治教育以及心理健康教育，也都加大力量力争占领广大青年的意识形态这块高地。特别是近几年来，西方国家在价值观念上对我国的青少年进行渗透，其深度和广度上的拓展和延伸不可小觑，对受众的身心健康成长影响不可预料。高校中思想政治教育与心理健康教育的结合，符合教育发展的基本规律，是社会主义国家教育的本质需要。中国特色社会主义教育是中国特色社会主义伟大理论中重要的一部分，扮演着奠基者和先导者的角色。它既坚持了马克思主义和社会主义教育的基本原则，又总结了党和国家领导人民发展教育的基本经验，既忠于教育的客观发展规律，又开拓创新出符合我国国情的具体实践方式。具有中国特色的社会主义教育将价值导向作为培养人的首位。中国特色社会主义教育借助思想政治教育与心理健康教育的有机结合，能够帮助大学生树立正确的、成熟的世界观、人生观、价值观，使学生不仅能在头脑中正确认识到我国的社会主义制度和基本国情，确定坚定的理想信念，也能够在心理上认同社会主义的追求，并转化为内在的驱动力，将家国情怀内化于心，使自己以后的人生目标都为之不懈奋斗。

九、当代大学生全面发展的内在要求

这是一个什么时代？这是一个网络时代、信息时代、知识经济时代，它对人才的基本要求十分清晰，除了要掌握知识技能等硬件以外，还要配备精神层面的

"软件"。青年期是个体发展的关键时期,其思想认识和心理发展激荡不安的特点为许多教育学家所论及。当代大学生刚刚离开家庭和繁忙的高中生涯,面对的是从未有过的自由和崭新的生活,他们要尝试学习领悟社会职责,应付人际问题,建立正确的自我认知、遵守社会规范、展开职业规划等等。这一漫长过程复杂而多变,他们渴望获得更多的指导和关注。在大学生群体的朋友圈中,收获点赞转发最多的、讨论最热烈的往往也是关于人生启迪、身心成长的文章。可见,加强思想政治教育与心理健康教育的结合,不仅是时代发展的迫切需求,也是大学生发自内心的真切要求,更是大学生健康成长、不断拓展认定本质力量的内心渴求。

十、解锁复杂思想问题和心理问题的突破口

学生的很多思想问题包含心理问题,而心理问题中又渗透着思想观念的问题,二者不仅没有泾渭分明的界限,而且还会相互交叉、彼此影响。因此,要辩证地看待思想认识问题和心理问题。第一,从概念上来看,思想问题是指个体对外在世界的看法持有偏见而引发的错误的想法和观念,它反映了人的态度和行为活动对社会要求的反应是接受还是拒绝,是赞同还是批判,是主动构建还是恶意破坏。而心理问题则是正常的心理活动中的局部异常的不协调的心理状态。分为不良状态、心理障碍、心理疾病三个等级。无论是思想问题还是心理问题,都或多或少影响到个人情绪、行事动机,进而外化为行为表现。第二,心理问题与思想问题彼此渗透,互相作用。由于事物之间联系与发展的普遍性,不可能存在永远不会改变的心理问题或是思想问题。部分大学生的思想问题的产生,除了在道德上、认识上发生偏差以外、还有可能是心理问题引起的。有些问题表面上看是思想问题,实际上从本质上看是心理问题。而有的心理问题的产生,除了心理障碍外,还有可能是观念出现偏差而导致的。甚至在某些情况下,心理问题和思想问题产生的原因和导致的结果都是互相掺杂在一起,没有明确的界限。比如,在面对就业压力时,有些大学生屡屡受挫,由满怀希望变为失望和埋怨,随之思想认识扭曲,产生"白白浪费四年时间,还不如高中毕业去当快递员挣得多""一麻袋的钱换两张废纸"等等不正确的想法,部分学生甚至产生了心理问题,比如,觉得自己无能愧对父母而自残,抱着消极悲观厌世的态度混日子。而出现这些心理问题和思想问题的大学生,就更加不愿意积极找工作。诸如此类的思想问题和心理问题交织在一起,容易形成恶性循环:原是心理问题若没有得到及时化解,随着时间的推移就有可能内化为思想问题,而它又可能引起新的心理问题的产生。因此不能把思想问题和心理问题分别孤立地对待。由于思想问题和心理问题相互渗

透、作用，这必然导致问题本身的变化和发展，使原有的状态和性质发生不同程度的变化。正是因为这样，教育者才需要在实践中将思想政治教育与心理健康教育有机结合，来处理和解决繁杂的思想问题和心理问题。这种结合不仅融合了心理健康教育，在培养健全人格、增加心理调适、提高心理素质等方面更加专业化、技术化，而且注入了思想政治教育，提升了受教育者的思想道德品质和认识觉悟。

第二节 高校心理健康教育"课程思政"的可行性

　　心理健康教育和思想政治教育的目的都是促进学生全面发展，心理健康课程作为高校心理健康教育的主渠道，它是一门旨在提高大学生心理素质，促进其身心全面、和谐发展的综合素质类课程，注重通过体验式的教学方法引导学生进行自我探索和实践，从而提高学生的参与度和兴趣度。心理健康课程也是思想政治教育的重要内容，其教学内容蕴含着丰富的思政素材，如何将这些思政素材挖掘出来，与心理健康课程教学相融合，帮助学生在潜移默化中加强理想信念教育是未来心理健康课程教学改革的方向。

　　虽然高校的思想政治教育工作有别于心理健康教育工作，但是从宏观角度来看，二者的指导思想、教育对象、教育目标等方面均有共同的理论基础和必然的联系。从远角度来看，思想政治教育与心理健康教育都是要解决社会存在视阈下的人的精神层面的问题，而具有独立人格和主观能动性的大学生也是思想政治教育和心理健康教育要共同研究和教育的对象。同时，二者都是基于高校培养人才的目标之下，致力于培养全面发展的、适应社会变化的、合格的社会主义建设者和接班人，都是为了提高学生的综合素质。可以说，思想政治教育与心理健康教育是相辅相成、互相促进的。

一、大学生心理健康教育课程实施课程思政的优势

（一）大学生心理健康教育课程肩负课程思政的使命

　　2017年12月，教育部印发《高校思想政治教育工作质量提升工程实施纲要》，明确"心理育人"作为新时代高校思想政治教育工作的重要育人要素之一，要求"育心与育德相结合"。大学生心理健康教育是高校的一门公共必修课，是落实心

理育人的主渠道，肩负着"立德树人"使命。在当前社会竞争加剧、多元文化和价值冲突加深、生活节奏加快的社会变革时代，大学生心理健康问题日益突出，大学生心理健康教育引起了社会各界的关注与重视，成为高校学生思想政治教育工作的重要内容。因此，应加强大学生心理健康教育课程思政建设，突出大学生心理健康教育课程的立德指向、育德责任、育心过程、育人功能，使大学生心理健康教育课程融知识传授、心理体验和行为训练于一体，成为思想性、科学性、技术性兼具的课程。

（二）大学生心理健康教育课程蕴含丰富的德育元素

心理健康教育课程针对大学生在大学适应、人际关系、自我意识、情绪管理、恋爱情感及生命教育等方面的问题，构建适应大学生心理特点的教学内容，教材的编写主要围绕上述专题安排章节内容，课程知识体系中蕴含着关于理想、信念、人生观、价值观、自信心、自制力、责任感、合作精神、诚信友善、生命至上等思想政治德育元素。应挖掘梳理课程知识体系中的思想政治教育素材，将思政元素贯穿心理健康教育全过程，与思想政治教育深度融合。

（三）大学生心理健康教育课程具有独特的育人价值

大学生心理健康教育课程的总目标是提高学生心理素质，培养乐观向上的心理品质，促进学生形成发展平衡、健康和谐的健全人格，使其成为全面发展的时代新人。心理健康是培养良好道德素质的前提，大学生心理健康教育课程从大学生常见心理困扰出发，整合心理学相关理论，构建符合学生实际心理需求和贴近现实生活的课程体系，旨在让学生了解心理现象、心理发展特点和行为规律，学会运用心理学基本知识认识内心世界、调整和控制行为与解决现实生活问题，塑造稳定性格和健全人格，拥有良好的社会适应能力。课程思政是一种隐性的思想政治教育形式，学生在学习理论知识的同时潜移默化地接受思想政治教育，内化于心、外化于行，促进心理品质发展，提高心理健康水平，达成培育"自尊自信、理性平和、积极向上的社会心态"的育人目标。

二、高校心理健康教育与思政教育的联系

对于思想政治教育和高校心理健康教育而言，无论在具体内容方面还是在呈现方式方面，二者既存在着明显的差异，也具有一定的共同特点。在教育目标领域二者具有共同的教育理念，都是以提高学生良好发展能力为目标，使学生作为

教育教学活动的主体，通过对具体教学方法的灵活运用，使学生对世界产生全新的认识，从而提升学生的综合素质。这样不仅能够使学生对各类情感的具体感触更加深刻，而且还能使学生具备敢于面对社会、生活和学习的能力与勇气。与此同时，思想政治教育和高校心理健康教育在表现方式层面看似毫无关联，但其实在不同环境下，二者能够对对方造成不同程度的影响。因此在高校对大学生开展思想政治教育的过程中，需要对学生进行积极引导，使学生具备健康的思想观念，这样才能使学生具备良好的心理状态，对自身和他人产生正确的认知。

高校心理健康教育工作的主要目标是提高大学生群体的心理素质，促进其身心健康和谐发展。心理健康教育工作是高校人才培养体系的重要组成部分，同时也是高校思政教育工作的重要内容。二者之间的联系主要包含以下两点：一方面，二者有着一致的人才培养方向和培养目标，均以学生为服务对象；目的均是全面、全方位提升学生的综合素质，不断充实和完善学生的情绪、情感体系，丰富其认知体系，进一步提高大学生的社会适应能力。另一方面，二者之间互为前提，高校心理健康教育工作的充分开展能够为思政教育工作奠定良好的基础；反之，如果学生拥有正确的价值观念和崇高的理想信念，可以很好地促进自身心理健康水平的进一步提升，促使他们养成良好的心理品质。因此，高校心理健康教育与思政教育相辅相成，二者可以达到有机融合、协同发挥育人作用。

（一）教育目标的同向同行

人们不管从事何种社会活动都带有明确的目的性。关于这一点恩格斯曾经说过："在社会历史领域内进行活动的，是具有意识的，经过思虑或凭激情行动的、追求某种目的的人。"[1] 如果个体具备充分的思想意识，那么其在实践过程中就能积极发挥自身的主观能动性，采取有效措施达成自己的目的。这也可以激发人们参与生产活动的积极性，高效实现各种目的。

通常情况下，个体有着不同的利益，他们的追求和目标也各不相同。不过，如果多个个体处于同一体系当中，那么他们之间存在共同利益诉求的概率也会更大，正是因为有着共同的利益诉求，他们才更有可能在一个系统中长期共存。在高校内部，之所以可以将专业课和思想政治理论课联系起来，最终达成协同育人的目的，就是因为两者所持有的教育目标在根本上是一致的。作为开展思想政治教育的主要阵地，思想政治理论课主要是帮助学生学习更多的马克思主义知识，让他们可以在大学阶段就更好地立德树人。在高等教育的具体教学工作开展过程

---

[1] 马克思, 恩格斯. 马克思恩格斯选集：第 4 卷 [M]. 北京：人民出版社, 1995.

中，专业课的作用是为社会培养更多全面发展的人才，所以从这个角度来讲，两者可谓是异曲同工，目标一致。

大学生心理健康教育是传授知识、心理体验和行为训练为一体的公共课程。课程目标是提高学生心理素质，促进学生综合能力的提高和完善，为大学生未来的工作生活奠定的心理基石。课程思政是以全体人员、全过程育人为总体格局，将所有课程与思想政治理论课协同前进、协调发展、齐头并进，把"立德树人"作为教育的根本任务的一种综合教育理念。大学生心理健康教育是通过教授心理健康知识和心理技能，在以人为本的基础上，起到价值引领的作用。思想政治教育的目标是培养大学生正确的三观，同时培养社会主义合格的建设者和接班人。心理健康教育和思想政治教育都强调培育健全的人格，心理健康教育关注学生个体，强调个人的完善与统一，思想政治教育强调社会性和适应性，一个健全的人格既需要良好的个性，又需要完善的社会性，将自我的价值发挥到社会主义事业建设中，肩负起中华民族伟大复兴的神圣使命。

思想政治教育主要解决思想层面上的问题，以达到归正、教导的目的。而心理健康教育主要处理心理层面的问题，其目的是提高学生素质，开发学生潜能，培养健康的心理品质。虽然思想政治教育和心理健康教育在教育内容、学科划分上有别：但是二者面向的教育对象是相同的，都是在校大学生。同时，二者都是通过教育者或直接或间接的引导与沟通，在精神层面、意识形态层面对受教育者加以作用的主观性活动。更重要的是，无论思想政治教育还是心理健康教育，目的都不仅仅是让学生掌握知识，而是要通过教育改变学生的世界观、人生观和价值观，使之符合当下我国社会建设的需要。因此，二者最终要达到的共同的培养目标具有一致性，那就是德才兼备、全面发展、身心健康的中国特色社会主义事业的建设者和接班人。

心理健康教育是高校思想政治工作的重要组成部分，也是人才培育体系中的重要内容之一，体现在培养身心健康、积极向上的心理品质的职业技能人才方面。教育部印发的《高等学校学生心理健康教育指导纲要》中提到，"坚持育心与育德相统一，加强人文关怀和心理疏导""引导学生正确认识义和利、群和己、成和败、得和失，培育学生自尊自信、理性平和、积极向上的健康心态，促进学生心理健康素质与思想道德素质、科学文化素质协调发展。"[1]可见心理健康教育与思想政治教育同向同行，具有一致的培养目标和方向。

一方面，树立了正确的目标，可以为发展指明方向。任何事情的发生都不是

---

[1]《高等学校学生心理健康教育指导纲要》印发 [N]. 人民日报 .2018.07.17（第 12 版：文化）

没有自觉的意图，没有预期的目的的。个体从事任何活动都离不开自身意识的指导，正是因为意识在发挥着重要作用，所以个体才能在实践中顺利达成既定目标。而高校教育所肩负的任务就是为国家和社会培养综合素质较高、可以全面发展的优秀人才，让他们可以在社会上做出自己的贡献，为国家发展与社会进步起到积极作用。要想实现这个目标，高校就要积极促成专业课和思想政治课程的有机融合，让两者可以协同发展，最终达到育人的目的。正是因为有了育人这个共同的目的，所以专业课可以和思想政治理论课程协同发展，同向而行，这也是两者能够实现价值融合的关键契合点，可以为高校的发展指明方向。有了这个前提和基础，高校进行协同育人也就有了明确的目标，可以积极实现教育资源的优化配置，将协同作用充分发挥出来，创造一切条件更加高效地实现既定教育目标。

另一方面，正是因为有了目标的存在，才能将更多的力量聚集起来。当教育目标得以确立，实现专业课和思想政治理论课程的融合也就有了动力与基础，各种教育资源可以在最短的时间内达到最优的配置效果。另外需要强调的是，协同育人强调的是协同的作用，不是让其中的某一个学科自己起作用，也不是将多个学科毫无意义的叠加起来。正是因为有了协同，所以教育的动力得以产生，教育目标更容易实现。好的教育目标可以让人们看到目标和行动之间的差距，才能更加主动地发挥个体能动性，通过积极发挥创新精神而推动实践发展。在个体的不断努力当中，自身的素质可以得到提升，也能更好地满足社会发展需要。也正是因为有了发展动力，教育资源可以优化，各种力量得以协调，所以协同育人工作的发展也就更加顺利。高校应该坚定不移地树立立德树人的发展目标，坚持一切从实际出发，实现教育育人和价值引领的有机融合，坚持服务与管理同步发展，在实践中完成时代赋予的责任。

（二）教育内容的相互融合

课程思政具有"融合性"的典型特点。课程思政对人思想的教化和价值的引领作用都需要借助具体课程，在授课的过程中充分体现。心理健康教育课程的教学内容和知识体系中包含有了丰富的思政元素，心理健康的知识点和实时心理热点为课程思政教学改革提供了丰富的案例。心理健康课程的学习强调以学生为中心的主体性原则，以大学生的学习生活和实时心理热点为教学素材，以心理素质活动和团体心理活动为载体，促进学生学习、成长进步。在心理健康教育教学中内化了大学生的社会主义核心价值观，也在润物无声、潜移默化、隐形地实施了"课程思政"。心理健康教育课程在传授心理健康知识、解析心理现象、传授心理技能的基础上，提升大学生的心理健康水平，从根本上实现立德树人的目标。

思想政治教育和心理健康教育同属于意识形态范畴，思想层面和心理层面是不可分割的。首先，心理是思想产生和形成的基础，理想、信念、道德品质、意志等都要建立在心理活动的基础之上。一个人如果心理不健康，那么思想认识也无法达到真正的合格。心理影响和制约个体思想的产生和发展。正因此，个人心理健康程度直接影响着他思想水平的高度。其次，心理和思想对人的行为的影响力不同，心理对行为的支配范围较窄，作用时间短，而思想对行为的影响则较为深刻持久，作用范围大。如果说心理处于思维的表层领域，那么思想就位于思维的深层领域，它不仅是心理的发展，也是更高层次的心理。研究者们往往通过表层领域去探索深层领域，反过来，深层领域又能够直接或间接地影响表层领域。个人思想能够牵制和决定其心理活动的取向和内容。因此，人的思想和心理实际上是互相作用和影响的，心理制约着思想的发展和变化，而思想支配着心理活动的发展方向。由于思想和心理都具有一定的"可塑性"，即"后天培养性"，因此，可以通过后天的良好教育和成长环境对思想和心理进行规正和引导。回到思想政治教育与心理健康教育结合的主题，高校思想政治教育的对象是大学生，要想提高教育的时效性，就要准确把握大学生的思想和行为的活动变化规律，把握大学生的心理活动和心理变化规律，包括心理学范畴中的认知、情感、意志和个性等等。

心理健康教育是思想政治教育顺利开展的前提和基础，大学生正确的世界观、人生观、价值观的形成离不开对其认知特点、人格特征和心理健康状况的把握，在此基础上因材施教，采用适合的方法来实现思想政治教育目标。另一方面，思想政治教育对心理健康教育效果的进一步发挥起着引领作用，通过思想素质和价值观念的教育，引导学生正确看待客观事实，形成积极的心理反应倾向，促进心理健康水平的不断提升和人格的不断完善。从两门课程的教学内容看，心理健康教育课程包含了普通心理学以及发展心理学、社会心理学、健康心理学等分支学科的内容，与个人、家庭、社会等道德内容有着密切的联系，如引导学生树立个人的理想要立足于为国家和社会作贡献的基础上；人际交往要以诚信、和谐为基本原则。可以说，心理健康教育的教学内容中本身就蕴含着丰富的思政元素。

之所以认为专业课和思想政治理论课之间具有互补性，主要是因为两者可以共同满足社会发展的现实需要。任何教育内容所体现的都是教育目标。从专业角度来说，专业课和思想政治理论课之间的互补关系并不强。不过如果将两者放置在社会发展的体系中来审视，那么其互补性就得以体现出来。在教育过程中，教师将各种教育内容传授给学生，学生将这些知识消化之后又应用到实践当中。在这个过程中，学生可以得到全面发展，也能顺利实现社会教育目标。高校在促成专业课和思想政治理论课的融合过程中，要保证学生将两方面的学习同时兼顾到。所以在具体的教学过程中，教师需要帮助学生树立正确的"三观"，端正政治立场，让学生可以做到德智体美劳全面发展，不能让学生只会自己专业领域内的知识，而对提升道德修养毫不重视。

从本质上讲，思想政治教育就是对学生进行道德与思想方面的培养，把社会主流意识思想灌输给在校大学生们。在学生提升思想品德水平的过程中，思想政治教育所起到的作用不容忽视。这里提到的学生是泛指所有高校的大学生，而不是就读于思想政治教育专业的少数人。随着世界经济一体化的趋势不断加强，我们的社会形势更加复杂，各种社会思潮也有着明显的多元性特点。大学生正处于思想意识最为活跃的阶段，他们的三观正在形成当中，很多思想和理念并不成熟，也不是很有主见和辨别力。所以，在面对不当言论时可能就会轻易受到影响。这对大学生的发展显然是不利的，严重的还会影响国家和社会的发展，这也给高校开展意识形态教育带来了很多的挑战。尤其是在反马克思主义思潮较为猖獗的情况下，高校应该重视意识形态领域的建设工作，积极作为，争取意识形态领域斗争的胜利。在具体的教育工作开展中，高校应该以思想政治理论课堂为主要战场，引导学生更加系统全面地学习马克思主义理论知识，端正学生的思想意识，让他们树立正确的世界观、人生观和价值观，更加扎实地学习各种理论知识，并将其积极应用到实践当中，为国家和社会做出应有的贡献，让自己的社会价值得以实现。

在日常的思想政治理论学习过程中，虽然教师多是进行理论方面的传授，但是不能忽视理论在实践方面的指引作用。那么在这个过程中，就需要有一个载体发挥作用，可以推动理论迅速而有效地转化为实践。从实际情况来看，思想政治理论课从形式转化为实践已经存在了不少的载体，不过我们也应该看到，因为专业局限性的存在，很多载体并不具有灵活性，也不能激发学生的学习积极性，实践可操作性并不强。所以，应该积极发挥专业课平台的作用，将各种思想政治理论元素融入专业课当中。通过这种方式，学生在上专业课时就可以同步接受思想政治理论知识教育，他们既可以学到理论知识，自己的道德修养也能得到提升，可谓是一举两得。

（三）教育管理的统一协作

从一定意义上说，高校专业课和思想政治理论课都是教育活动的具体形式。虽然涉及的要素多种多样，但是各要素之间的关系非常紧密，他们相互配合，高校才能更好地完成人才培养工作。美国学者小詹姆斯·H·唐纳利在分析中提到"管理就是由一个或更多的人来协调他人的活动，以便收到个人单独活动所收不到的效果而进行的活动"。① 高校如果可以实施科学有效的教育管理，那么就可能对各种教育资源进行合理优化配置，将专业课和思想政治教育工作有机联系起来，推动协同育人工作健康有序发展。

第一，从高校建设的实际情况来说，党委领导下的校长负责制是我国高校领导体制长期探索的历史选择。1989年党的十三届四中全会后，中央正式明确高校实行党委领导下的校长负责制，进一步强化党对高校的领导，在这一领导体制的保证下，高校踏上了健康发展的快车道。在高校办学中，党委实施统一领导，这也是我国高校办学的政治方向。在这种管理理念的指引下，高校内部的各个部门都各司其职，齐心协力地将教育职能落实在具体工作当中，并能形成强大的教育合力。这是中国特色社会主义体制在教育领域的一种体现，显示了社会主义优越性，也能更好地帮助高校完成教育资源的优化配置。高校在办学中要对教师提出明确要求，即要在专业课的教学过程中融入思想政治教育的基本内容，实现两者的有机联系，让学生在提升专业能力的同时具有高尚的道德修养，树立正确的价值理念。通过这样的方法，高校协同育人的效果也将更加明显。高校在办学中要建立明确考核机制，对任课教师进行合理约束，提升其协同育人的思想意识，在工作中积极发挥主观能动性，保证协同育人工作可以切实地落到实处，推动专业课与思想政治理论课的科学融合和顺利发展。

第二，高校所设立的马克思主义学院其主要工作就是进行马克思主义研究，作为一个学术单位，该学院需要负责落实具体的思想政治教育工作。关于这一点，教育部颁布的《普通高等学校马克思主义学院建设标准（2019本）》阐释了马克思主义学院的主要职能就是开展思想政治理论教育工作，积极推动教育改革，端正教师的教学理念，稳步提升教学质量，帮助学生更好地学习思想政治理论知识，为他们今后进入社会开展实践活动打下良好而坚实的基础。在教材的选择方面，高校的教材都是受过严格审核的，具体到思想政治理论课的教材更是严谨性极高，通常选用的教材都来自"马克思主义理论研究和建设工程"。在选择专业课教材

---

① 小詹姆斯·H·唐纳利.管理学基础——职能、行为、模型[M].北京：中国人民大学出版社，1982.

时也会先通过审核小组的审核。按照这个程序订购到的教材不会出现社会主义政治方向方面的失误，也能兼顾学生的个体发展需求。总体而言，高校在进行教材选择时需要满足思想政治教育发展的需求，这是推动专业课和思想政治理论课协同发展的重要一步。

总而言之，高校不管是选购教材、开展教育还是实施教育管理都必须按照严格的程序来操作，这也为高校课程的协同发展打下牢固的基础。高校可以从管理角度构建更加科学的发展格局，为后续协同育人工作的开展保驾护航。

（四）教育政策的有力保障

我们的国家一直都非常重视教育，也采取了各种措施对教育工作的开展给予支持与辅助。不管是"百年大计，教育为本"还是"科教兴国"，这些政策的颁布都体现了国家在这个方面的重视程度。如今，教育工作已经上升到国之大计的高度，这是教育在政党和社会中重要性的直观体现。在现代社会，为了满足教育现代化发展的现实需求，国家又出台了多项政策旨在提升教育质量，这也为高校教育工作的开展打下了牢固的基础。教育工作开展的关键就是"育人"，积极引导育人工作和思想政治理论课程有机融合，多措并举地完成高校育人工作。

1951年，教育部针对华北地区高校工作的开展专门颁布了工作指示，希望发挥辩证唯物论的作用，推动教学工作积极开展。教育部在指示中提到："高校开展教育工作必须建立完善的教育组织架构……积极建立起革命思想政治教育和普通课程之间的联系，不能将二者割裂看待。"这份工作指示明确提出，如果将两类课程标准区别对待那是不正确的，必须在两种课程中建立起必要的联系，取长补短，相互支持，将育人工作更好地推进下去。高校在开展教育工作时"不能只以教授业务课为主要目的，而是要对思想政治科目予以足够的重视，将其列入正常教育计划当中，并保证其严格落实，不打折扣"。需要密切思想政治理论课和其他课程之间的关系，让各种课程相互融合，互为补充，全力以赴地保证教育工作的顺利完成。1957年，毛泽东同志发布了一篇关于处理人民内部矛盾的文章，在其中指出"不论是知识分子，还是青年学生，都应该努力学习。除了学习专业之外，在思想上要有所进步，政治上也要有所进步"。[①] 对知识分子来说，提升文化水平固然重要，思想道德素质的提升也是刻不容缓的。所以学习和政治要坚持两手抓，不能有失偏颇。只有思想端正，才能为行为发展指明方向。1985年8月，我国正式颁布的《关于改革学校思想品德和政治理论课程教学的通知》明确提到

---

① 毛泽东.毛泽东文集：第7卷[M].北京：人民出版社，1999.

"在思想政治教育方面,研究生阶段是对大学阶段的一个进一步提升,而且,有关思政教育的开展需要和专业学习相协调"。这份通知的颁布为当时研究生教育工作的开展指明了方向,即实现专业课和思政理论课的有机融合。和大学教育相比,研究生教育更应该重视在专业课中对思想政治内容进行挖掘,将两者巧妙地联系在一起,让学生不仅提升了自身的专业能力,同时树立了端正的"三观"。

随着21世纪的到来,党的执政环境和之前相比发生了翻天覆地的变化,所以高校教育也要同步做出调整,只有这样才能更好地跟上社会发展的步伐。党和国家一直非常重视人才培养的问题,也将这个重任交托给各大高校。2004年,在《中共中央国务院中关于进一步加强和改进大学生思想政治教育的意见》中做出了明确的指示:"高校应该对思想政治教育工作予以足够的重视,将其融入专业学习、科研和社会服务过程当中。要实现教育资源的优化配置,在开展专业课教育时多多进行思想政治教育,这样学生就可以在提升自身专业素养的同时实现道德修养的同步提高,成为更加合格的社会主义接班人。"2005年,教育部颁布的《关于进一步加强和改进高等学校思想政治理论课的意见》提到"需要对当前的教师来源渠道进行拓展和延伸,引导专业课教师在完成教学工作之余同步进行思想政治教育工作,创造更多的条件让专业教师和思政教师多多沟通"。教师需要认识到,思想政治工作所包含的范围非常广泛,传统的思想政治理论课只是其中的一项,这项教育工作的开展也不能只依靠思想政治理论老师,而是要全部高校教师通力合作,全力以赴,育人工作才能达到更好的效果。

高校思想政治工作的开展受到了社会各界的广泛关注。所以从高校的角度来说,需要审时度势,紧跟时代发展的步伐,实现目标导向和问题导向的有机融合,坚持一切从实际出发,革故创新,逐步健全与完善顶层设计,为教育领域的改革打下牢固的基础。具体的创新工作可以从六个方面开展:一是育人方式;二是办学规模;三是教育方法;四是培养模式;五是管理体制;六是评价机制。这些创新工作的完成可以为培养全面发展的高校人才做好铺垫工作。

2015年7月27日,我国颁布的《普通高校思想政治理论课建设体系创新计划》中提到"积极推动思政理论课和专业课的有机融合,将高校育人工作的作用充分发挥出来,落实教师所承担的育人责任"。这份计划的创新之处在于对高校育人的范围进行了拓展,同时对教师的职能进行了强调,而且明确了加强课程体系建设的重要性。从多个角度出发,高校对育人工作进行科学合理的规划和统筹,将思想政治教育信息融入专业教学工作当中,帮助学生树立正确的世界观、人生观和价值观,引导学生更好地发展。通过这样的尝试和努力,可以为育人工作的开展打下坚实的基础。2016年12月，中共中央总书记、国家主席、中央军委主席习近平出席全国高校思想政治工作会议并发表重要讲话。他强调，高校思想政治工作关系高校培养什么样的人、如何培养人以及为谁培养人这个根本问题。要坚持把立德树人作为中心环节，把思想政治工作贯穿教育教学全过程，实现全程育人、全方位育人，努力开创我国高等教育事业发展新局面。要想实现这个发展目标，高校所开设的每门课程，都要具体落实育人作用，重视对人才的培养，这样才能为国家输送一批又一批的合格人才。[①]

2017年12月，随着《高校思想政治工作质量提升工程实施纲要》的颁布，高校在课程设置方面有了可以遵照的标准和准绳，高校开始认真审视如何在专业课程开展中融入思想政治教育的内容，同时也对思想政治教育的功能性予以足够的重视，积极配置各种教育资源，有效推动思想政治教育和专业课教育的融合，在此基础上推进高校教育改革，达到课程思政的教育目的。要重视找到课程思政和专业思政之间的联系，并将思想政治元素巧妙地增加到各个专业课当中，打造具有创新意识的思政专业课堂，选拔出在这方面表现优秀的教师，并在全校范围内推广。总之，要实现思想政治教育和专业教育的系统联系，充分发挥高校育人的作用。这就需要高校中的每门课程都积极中发挥作用，在教学实践中各尽所能，各显所长，突出课程思政的教育理念，打造更加完善的高校教育体系。2019年8月，教育部颁布了《关于深化新时代学校思想政治理论课改革创新的若干意见》，在这份意见中对思想政治理论课的重要性进行了格外强调，指出其在推动国家教育事业发展中的作用，明确提出在未来的教育工作开展中，需要充分发挥专业课程和思政课程之间的协同作用，形成协同育人合力。同时，意见中还提出了具体的解决思路，也对当前高校中具备的思想政治教育资源进行了优化配置，所有这些措施都是为了更好地推动专业课程和思政课程的融合，为高校育人工作的开展提供强大的政策支撑。

时代在不停地进步，高校必须审时度势，积极改革自身教育机制，制定明确的教育发展策略，紧跟时代发展的步伐，这也可以为协同育人工作的开展打下坚实的基础。积极推动专业课和思想政治理论课的有机融合，是顺应时代发展的创新之举。高校在这个问题上要具有前瞻性，积极打造具有时代性的育人格局，创造尽可能多的条件推动专业课和思政课的协同发展，对当前的育人体系进行完善和健全，将教育在国家和社会发展中的积极作用充分发挥出来。

---

① 习近平. 把思想政治工作贯穿教育教学全过程 开创我国高等教育事业发展新局面[N]. 人民日报, 2016-12-9.

（五）教育方法的互相借鉴

"他山之石，可以攻玉。"思想政治教育和心理健康教育领域中对方先进的成功经验可以学习过来，用来解决思想认识问题和心理问题。一方面，由于人的思想活动规律受制于心理活动规律，因此，研究思想政治心理学对于把握受教育者的心理规律、提高思想政治教育时效性具有积极作用。另一方面，思想政治教育方法对于拓展心理健康教育的方法也有很大启迪。例如，思想政治教育中的说服教育、社会实践等方法可以应用于心理健康教育之中。同时，高校在长期的思想政治教育实践中，已经形成了一套行之有效的原则和方法，如激励法、典型示范法、理论与实践相结合等等。这些原则与方法，为拓宽心理健康教育的途径开辟了新的思路。在做心理健康教育的时候，如果能渗透思想政治教育中的价值观教育，势必会对学生的心理健康形成良好的影响。

三、思政课与其他课程的契合逻辑

思政课程与课程思政的根本目的都是培养学生的"三观"，让他们在大学时代就形成正确的价值理念和精神信仰。在协同育人这个问题上，每门功课所发挥的作用都和思想政治教育课不相上下。

有关思想政治理论契合其他课程的基础大致有以下几个方面。

第一，符合"一个方向""四个服务"的要求。2016年12月，习近平总书记在全国高校思想政治工作会议上强调，我们的高校是党领导下的高校，是中国特色社会主义高校，要始终坚持不懈传播马克思主义科学理论，坚持不懈培育和弘扬社会主义核心价值观，坚持不懈促进高校和谐稳定，坚持不懈培育优良校风和学风，这是我们办高等教育的根本方向，"我国高等教育要为人民服务，为中国共产党治国理政服务，为巩固和发展中国特色社会主义制度服务，为改革开放和社会主义现代化建设服务"。

第二，课程教学必然要以培养人才为根本目标和出发点。其实思政课在培养人才方面和其他课程并无不同，简言之就是"立德树人"。每个教育工作者都应该明确两件事：一是要为学生立什么样的德；二是要培养什么样的人才。在培养人才方面主要从两个方面进行：一是要能够为社会主义建设贡献自己的力量；二是具有健全而独立的人格，德才兼备，具备较高的综合素质。高校开展教育工作的最终目的是一致的，所以每门功课都要按照这个既定目标来进行。从这个角度来说，思政课应该能够和其他课程进行有机融合。

第三，思政课教学工作的开展应该坚持改革与创新。需要提升思政课的亲和力，做到目标明确、方向清晰，要想实现这些目标，就要在不违背教学大纲的基础上，对当前的教学内容进行合理化调整，符合当前经济社会的现实情况，同时也能触动学生的心灵。学生进入大学之后学习就是为了获得专业层面的发展，他们想要提高自己的知识水平和专业技能，让自己成为合格的优秀人才，为今后踏入工作岗位打下良好的基础。所以思政课的开设要符合学生的发展愿景，同时要将各种德育资源贯穿到课程当中，让学生在不知不觉间受到教育，做到润物细无声。

心理健康教育与思想政治教育的相辅相成、互融互通，为心理健康教育实现"课程思政"提供了可行的现实依据，同时，在"课程思政"理念的指导下进行高校心理健康教育的教学改革，将使心理健康教育教学效果得到切实的发挥，有助于培养学生成为具有较高的思想政治素质和较强心理素质的技能型人才，促进"立德树人"根本目标的实现。

第四章　高校心理健康教育"课程思政"建设的现实境遇

近年来一些高校对大学生心理健康这门课程进行了课程思政的教学探索，刘颖等从建构主义角度提出心理健康课程应构建"以学生为中心"的师生学习共同体[1]；古翠英等强调思政元素的科学应用，探讨如何建设专业化的师资队伍[2]，李娜认为通过丰富教学载体能强化思想政治教育[3]，叶海等结合所在学院的实际情况，阐述了如何在课程目标和课程内容中融入思政元素[4]。这些研究从教学理念、教学方法、教学内容、师资队伍等方面对心理健康课程实施课程思政进行了探索。但也有研究者认为两者的融合仍然面临一些困境。

本章节内容为高校心理健康教育"课程思政"建设的现实境遇，分别介绍了心理健康教育"课程思政"师资队伍薄弱、心理健康教育"课程思政"教学内容局限、心理健康教育"课程思政"教学模式固化、心理健康教育"课程思政"教学评价单一四个方面。

第一节　心理健康教育"课程思政"师资队伍薄弱

心理健康课程所含的思想政治资源未得到充分挖掘。思政元素的体现较为生硬，两者的融合性不够，思想政治的这把"盐"未能"溶"到心理健康"汤"中。最主要的原因可能是师资力量有待加强。心理健康课程授课教师具备了心理学专业背景，有心理咨询的实践经历，但要做到心理健康课程和思想政治教育的融合，

---

[1] 刘颖，沈伯雄，王敏达，等.基于课程思政理念的高校心理健康通识教育模式改革与探索[J].大学教育，2020（7）：79-81.
[2] 古翠英，李勇.思想政治教育元素融入大学生心理健康教育的探索与实践[J].国际公关，2019（10）：86-87.
[3] 李娜.高职院校心理健康课程融入"课程思政"路径研究：以成都农业科技职业学院为例[J].农家参谋，2020（9）：261.
[4] 叶海，张惠，李琛.课程思政框架下的《大学生心理健康》课程设计：基于宜春学院的现状调查与分析[J].教育现代化，2019（87）：288-289.

仅掌握心理学知识是不够的，还需要掌握足够的思政知识，且能将思想政治的相关理论、案例等融入心理健康教学的各环节，这对教师的专业知识储备和教学能力提出了更高要求。

一、"课程思政"认知水平较低

认知水平较低使得相关意识提升不起来。专业老师通常会将更多的精力放在自己的专业上，没有意识到思政课的重要性，理解不了其内涵与价值。在很多教师看来，思想政治教育就是任课教师和辅导员的工作。其实，课程思政理念是贯穿在整个教育过程当中的一种理念，专业老师不能受到传统思想的影响，而是要自觉主动地担负起这个责任，积极顺应时代发展潮流。他们可能认为，课程思政就是属于思想政治专业教师的工作内容，在这样理念的指引下，他们工作格局就不会太宏观，会出现这样或是那样的疏漏。总之，心理健康教育专业教师不能深入理解课程思政的理念，也无法与思政教师携起手来共同进行协同育人。

二、工作能力不足，教学效果不理想

课程思政在很大程度上考验了专业教师的实际能力、道德水平和把握现代信息技术的水平。在新的历史条件下，专业教师需要具备多重素质，能够完成课程建设、可以实现人才培养，这是教师专业能力的一种体现，不过从现实情况来看，很多教师年纪尚轻，在思想政治工作方面较为生疏，也需要承担很重的科研任务，所以在教学设计以及评估方面就显得力有不逮，能力不足的情况比较明显。再有他们中的很多人经验较少、阅历欠缺，不管是理论基础还是理想信念都不够充足，总体而言也是能力不足。在这样的情况下，心理健康教育专业教师与思政专业教师的配合起不到应有的作用，思想政治工作无法顺利推进，甚至出现适得其反的情况。

第二节 心理健康教育"课程思政"教学内容局限

心理健康课程虽然在各高校人才培养方案中属于综合素质类，但本科和大专、高职院校的人才培养特色不同，发达地区和欠发达地区高校的办学定位不同，学情也有所区别，课程思政的教学实施应根据学校、专业等具体情况发展其特色。

另外，心理健康课程内容中所挖掘的思想政治知识点较为分散，知识点之间是如何联系的，如何共同支撑并实现人才培养目标，这方面缺乏系统性提炼。最终导致心理健康课程中的思政元素与人才培养的联系不够紧密。

一、高校心理健康教育与思想政治教育未能有效融合

心理育人是心理健康教育与思想政治教育的有机结合，二者的融合程度直接影响着高校心理育人工作的开展。由于心理健康教育发展的时间较短，在理论研究和实际工作中未能和思想政治教育实现有机融合。

（一）二者的关系未能达成共识

心理健康教育与思想政治教育的关系问题，一直是学术界研究的热点，虽然近年来心理健康教育的相关理论得到了进一步的丰富与发展，但是在如何正确理解和处理思想政治教育与心理健康教育的相互关系上，不同学科背景的研究者仍存在不同的观点。

有的学者认为，心理健康教育与思想政治教育相互独立，具有不同的理论基础、方法途径和目标方向，是两个不同的学科，它们和智育、体育和美育共同构成高校的教育内容。这一观点虽然看到了二者的差异性，但是却忽视了二者共同作为高校素质教育的内在联系，把个体的心理与思想的关系割裂开来，未能全面地看待二者的关系。有的学者认为二者是附属的关系，心理健康教育属于思想政治教育的范畴，是思想政治教育系统的构成要素，起着重要的辅助作用，这种观点是当前教育部普遍提倡的，并以政策文件的形式，对二者的关系予以明确和说明。还有的学者认为思想政治教育和心理健康教育是相互交叉、互存互补的关系，既有相互独立的部分，又有相互重叠、互为补充、相互借鉴的内容，二者都具有育人功能，可以在融合中共同发展。这是一种既超越组成部分，又保持各自学科独立性的观点，也是当前大多专家和学者所支持的观点。

（二）二者在融合中存在着问题

在政策的指导下，高校心理健康教育与思想政治教育相互融合，取得了很大的成就，但仍存在着一定的问题。

第一，心理健康教育"思政化"。我国高校的心理健康教育，是在政策的引领下，伴随着思想政治教育不断发展起来的，经过长期的结合，在理论研究和实际工作中，存在思政化倾向。首先，队伍建设的思政化倾向。在我国高校心理健

康教育发展初期，主要由思政工作者来承担心理健康教育教学和心理咨询服务的工作。近年来，随着心理健康教育的快速发展，越来越多的心理学专业人才加入了高校心理健康教育的队伍，提升了教师队伍的专业化程度。然而，由于心理健康专职教师的数量较少，缺乏一定的实践经验，思政工作者仍是心理健康教育工作的主力。由于部分思政教师缺乏心理学专业的背景，难以有效推动心理健康教育工作的顺利开展。其次，教育理念的思政化倾向。心理健康教育强调个体的自然性，重视学生个性心理品质的发展，在尊重和理解的前提下，按照学生的心理成长规律，指导和帮助学生形成正确的自我认知和良好的自我调节能力。而思想政治教育是教育者将特定社会的思想观念和道德规范传授给学生，具有鲜明的阶级性，注重培养学生高尚的道德品质和坚定的爱国情操，使学生形成与社会发展相适应的思想与行为，强调个体的社会性。由于心理健康教育的工作队伍中思想政治教育工作者占多数，容易产生教育观念的思政化的倾向，在工作中往往片面强调心理健康教育对学生道德品质发展的作用和对社会和谐稳定的意义，忽视学生的个性特点，偏离了"以人为本"的教育理念。最后，教育方法的思政化倾向。传统的思想政治教育以正面灌输和理论说教为主，通过课堂教育向学生传递思想政治教育的相关理论知识，这种方法被广泛地应用到心理健康教育中。各高校通过开设心理健康教育课程，向学生传授心理健康的技能和常识，由于班级容量较大，教育资源不够充足，在授课的过程中偏重理论灌输，与学生的互动较少，使学生对知识的理解停留于表面，未能有效触动到学生的内心。部分辅导员和思政教师由于缺少心理学专业的知识，难以有效划分心理问题和思想问题的界限，受惯性思维的影响，在解决问题时容易忽略学生的心理因素，用思想政治教育的理论和方法来解决问题，不利于心理健康教育工作的有效开展。

第二，心理健康教育与思想政治教育在结合的过程中滋生矛盾。辩证法要求我们要用联系、发展、变化的眼光看待客观现实。心理健康教育与思想政治教育的结合过程，既是相互促进的过程，也是相互影响，容易滋生矛盾的过程。思想政治教育在实际工作中也存在很多不易处理的问题，如思想政治教育未能充分满足学生心理发展需求，在处理复杂的心理问题时，已不能运用单一的外部灌输和传统的说服教育去解决学生内在的困惑。受外在复杂环境的影响，思想政治教育逐渐暴露出自身存在的不足，需要进行针对性的完善与发展。由于心理健康教育发展的时间较短，在发展的过程中也存也面临着各种现实难题，未能充分发挥自身优势消解思想政治教育所面临的困难与挑战。在二者结合的初始阶段，甚至较长的时间里，难免会存在一定的碰撞与冲突，甚至产生相互同化的倾向。由于心理健康教育理论与实践的发展尚未成熟,这一时期形成的矛盾使思想政治教育面临新的难题,影响教育工作的有效开展。心理健康教育存在的理论和实践短板激化了思想政治教育的内在矛盾,思想政治教育的难题又给心理健康教育带来不利影响,二者的负面因素相互影响,又给二者的结合带来了新的矛盾与难题。这种矛盾的累加既不利于心理健康教育与思想政治教育的发展,又给心理健康教育工作者和思想政治教育工作者带来了难题。这种相互碰撞的情况在短时间内仍然会存在。这种融合中的不利因素势必会影响思想政治教育和心理健康教育原有的发展趋势,使二者的发展速度减缓。

尽管二者在融合过程中存在的问题已经逐渐减少,但并不代表这些问题全部得到解决。在实践中仍要以谨慎的心态对待心理健康教育与思想政治教育在融合过程中所出现的一切现象,减少矛盾的产生。

二、未充分体现中国文化和民族特色

我国心理学发展受到西方心理学的深远影响,大学生心理健康作为心理学的一个分支,它的理论是以西方心理学各学派为基础。而大学生心理健康课程是以学生心理发展规律为研究对象的课程,具有极强的中国时代背景和本土化特征,也体现了中西方文化的差异。人的成长与其所处的社会环境密不可分,因此用西方心理学理论解释中国学生的心理发展特点,脱离了本土社会历史文化环境和当前时代背景,可能会出现价值观不相吻合且多抵牾的问题。

三、高校心理健康教育重视矫治性,忽视发展性

二十世纪80年代,心理健康教育在高校得到了初步的发展,以障碍性矫正为主,向个别存在心理障碍的大学生提供心理咨询,进行心理辅导,矫治心理问题,具有明显的医学化倾向。随着高校素质教育改革的不断深入,越来越多的学者认识到原有教育模式对人才培养的局限性,开始转向发展性的思维方式,使发展性心理健康教育成为高校心理育人工作的主要内容。近年来,以提高学生心理素质为主的发展性心理健康教育观念已逐渐深入人心,但在实际的工作当中,由于多种因素的影响,高校心理健康教育仍存在重视矫治性、忽视发展性的问题。通过对河北三所高校的心理健康教育负责人进行访谈,作者了解到当前心理健康教育在促进学生的个体发展方面还存在着一定的不足。

（一）重视知识传授，忽视思想引领

根据教育部的有关规定，大多数高校将大学生心理健康教育课程作为必修课纳入教学计划，并在实践中不断发展完善。课程教学是高校心理育人的主渠道，是培养学生良好的心理品质和健康人格的重要方式，对学生的心理发展具有重要作用。由于我国心理健康教育教学开展的时间较短，心理健康教育与思想政治教育的结合尚不充分，在实际教学中仍停留在知识传授的层面，缺少有效的思想引领。在教学过程中，教师通常是按照书本内容向学生传授心理健康教育的理论知识，机械地完成教学任务，缺少必要的教学互动；教学内容大多为心理学的基本原理和方法，有关人格塑造、价值观培育的发展性教育内容较少，部分内容与学生实际生活脱节，难以对学生进行深入引导；课程的评价方式以期末的试卷考核为主，主要考查学生对心理知识的掌握程度，忽视学生心理和思想的发展变化。在这种教学方式的影响下，部分学生以修读必修课学分为目的，被动地进行知识学习，完成课程任务，不利于学生心理潜能的开发。

心理育人旨在优化大学生的心理品质，提升心理素质，单纯的知识灌输难以有效提升学生的心理素质，甚至会影响学生对心理健康教育的认知。许多高校认识到当前课程教学存在的不足，但由于客观和主观条件的限制，无法有效改变这一现状。由于心理健康教育的相关知识和思想政治教育的理论内容尚未有效融合，没有形成系统的教育内容，再加上高校具有心理学专业背景的教师较少，缺少课堂教学经验，使教育效果受到影响。心理素质的提升是一个长期的过程，不是仅凭知识的积累就可以提升的，心理育人应坚持正确的思想引领，提高教育内容的价值性，充分发挥课程教育对提升学生心理素质的重要作用。

（二）重视心态培育，忽视价值导向

立德树人是高校心理育人的重要方向和最终目标。高校心理育人工作不仅要培育学生的平和心态，维护心理健康，还要做好正确的价值导向，用社会主义核心价值观凝魂聚力，培育学生良好的道德品质，促进学生心理素质和思想道德素质的协调发展。但当前高校的心理健康教育，往往把工作重点集中于学生健康心理的维护和良好心态的培育方面，忽视心理滋养对培养学生思想品德的辅助作用。

目前，部分心理健康教师由于缺少系统的培训，未能以全面、发展的眼光看待心理健康教育的相关内容，对心理健康教育存在认识上的偏差，认为心理健康教育的主要任务是做好心理问题的防治工作，引导学生掌握一定的心理知识与能力，从而提高他们的心理素质；而有关思想道德教育的相关内容，则是思政教师的职责，少数教师没有意识到心理素质和思想道德素质之间的联系。在高校心理健康教育的课堂中，教师通常以心理学的基本原理和方法为主要内容，很少对学生进行社会主义核心价值观和思想道德的教育；在各种专题讲座中，通常以学生容易出现的各种心理问题为重点，传授给学生缓解心理压力的知识和技巧，缺少明确的价值导向；在心理咨询和预防干预的过程中，往往以学生心理问题的解决和良好心态的培养为目的，缺少必要的价值干预。在高校心理育人的实际工作中，价值教育是应当的，许多学生的心理问题源于自身价值观的混乱，正确的价值干预与引导有助于从根本上帮助学生解决心理问题。高校心理育人如果仅停留在学生的心理层面，忽视必要的价值干预与引导，既不利于自身工作的开展，又不利于学生健康心理的培育。

第三节 心理健康教育"课程思政"教学模式固化

一、应试教育下课程思政工作的"形式化"

应试教育简单来说，就是以升学考试为重点，提高升学率为目的，以选拔和淘汰为手段的教育。它的典型特征就是重智育，升学率就是生命线。虽然应试教育和当前的教育理念不符，但是由于当前科教兴国、知识经济的影响，应试教育仍然盛行。在应试教育的影响下，中小学教育"唯分数论"现象严重，一个拥有很多特长、品行端正、思维活跃，但唯独成绩不好的学生，很难得到学校和家长的认可，甚至会被贴上"坏学生"的标签。到了大学，由于失去"高考"这一指挥棒，很多学生找不到目标和方向，陷入深深的迷茫。应试教育不把学生当成一个鲜活的个体，对学生实施拔苗助长掠夺式的开发，忽视了学生社会适应能力培养和良好心理品质的塑造，形成了"一条腿走路"的片面教育。

国家大力倡导素质教育，学校也一呼百应，提高了对德育、体育、美育的重视，但是大部分都是搞形式主义，往往停留在一般号召和例行公事的布置上。和体育、美育比起来，德育的境遇相对较好，中国自古以来就有尚德思想，德育受到国家教育部的高度重视。然而，学校对于德育的重视程度仍然远远不如智育，德育同样面临着"讲起来重要，做起来次要，忙起来不要"的尴尬境地。现代社会是经济和科技迅速发展且竞争十分激烈的社会，单纯的知识型人才已经不能顺应时代的要求，社会需要的是除了具备思想道德、文化科学、审美情趣、劳动技能等素质外，还要具备强烈的竞争意识、强大的心理承受能力、较强的适应能力等优良个性心理品质的新型人才。一直以来心理健康教育课程思政同样深受应试教育模式的影响，其地位和作用没有得到应有的重视，其在人才培养方面的价值也没有得到充分体现。

二、学生自主性学习模式动摇传统的教师权威

学生的学习自主性和教师权威性在课堂上有时会出现相冲突的情况。然而，无论是任由学生发散性思维还是教师强制性灌输，都不符合现代教学所预期的目标。对于如何在心理健康教育过程中通过教师的权威性引导而真正发挥自主性教育的优势，高校尚未提出合理的对策。

在整个心理健康教育的活动中，教师无疑是起到主导作用的，教师的权威性，有助于增强学生学习心理健康教育理论的效率，让教师更好的做好知识灌输者和学习引导者的角色。但是，如果过于强调教师权威性的作用，很可能会造成千人一面的结果，势必导致教出的学生缺乏个性化，不利于对心理健康教育的创新和学生自身个性的彰显。同样的，放任学生的自主性，同样会导致一些极端的后果。

高校大学生处在价值观念极易动荡的关键时期，其对很多事情很多观念并未能有完全正确的认识，过分强调学生的学习自主性虽有利于个人价值观念的自然养成，但青年学生对很多社会现象和文化侵袭缺乏辨别能力，因而存在着价值观偏离的隐患，过分的自主性发挥无疑影响了教师课堂上对学生价值观念的引导成效。因此，老师应当适当发挥权威性，做好引导者的角色，让学生尽可能的自主学习，当学生在自主学习的过程中遇到瓶颈或者在理解与心理健康教育理论内涵时候发生偏差的时候，老师需要做好正确的引导和纠正。为学生的心理健康学习和心理健康发展的"旅程"做好保驾护航的工作，从而全面激发学生自主学习和自主创新的能力，在不断的思考中加深对于理论内涵的理解，从而达到心理学教育现代教学所预期的目标

第四节 心理健康教育"课程思政"教学评价单一

一、评价教师功利化忽视学生情感落实

对于教师教学质量的评价大都以达到教学指标和升学任务为目的，基于泰勒的行为目标模式理论，以鉴别、选拔为目的进行制定评价标准，根据学生的学业考试成绩评判教师是否优秀。

对于教师在课堂上表现的评价，往往只注重通过学生知识的落地情况来进行，而忽略学生对教师的喜爱和对课堂的投入程度。这种预定式的评价标准使得教师的教尤为功利和形式化，忽视学生思维的状态等问题，很少从学生心理健康的层面考虑学生情感的落实情况。

二、评价学生单一固化忽视内在学习动机

首先，教师评价学生注重选拔。大部分心理健康教育教师评价学生的标准只是局限于学生对教学目标的达成、教学内容的掌握等情况，往往忽略了对学生人格、身心健康、生活态度等的综合评估。一般情况下多是利用考试成绩来评判学生，忽视课后与学生的交流和讨论，使教师的评价氛围始终处于紧张高压的状态。

其次，教师评价学生方法单调。纸笔测验、活动竞赛、情境测评等考核形式是较为常见的通用的评价学生的方法。但是，对评价学生方法的选择应该多样且根据教学目标、内容以及课堂实际情况灵活而定。比如评价学生情绪、态度、价值观的落实情况，需要教师认真观察分析，学生操作技能需要实际操作，通过归档分析评价学生的工作和心理健康状况等等。根据作者的观察，大部分教师觉得这些评价方法需要花费更多的时间和精力，更倾向于采用相对简单的量化评价，通过学生的分数和排名来检验自己的教学成绩。

第五章 高校心理健康教育"课程思政"建设的路径架构

本章节内容为高校心理健康教育"课程思政"建设的路径架构，分别从配备心理健康教育"课程思政"专业师资、丰富心理健康教育"课程思政"教学内容、创新心理健康教育"课程思政"教学模式、变革心理健康教育"课程思政"教学评价几方面论述。

第一节 配备心理健康教育"课程思政"专业师资

心理健康教育是一项专业性要求较强的课程，需要任课教师具有相关心理学知识背景，因此各高校一般是由专业从事心理咨询的教师担任心理健康教育课程。在"大思政"战略下，各高校已经认识到心理健康教育与思政教育同频共振的必要性和紧迫性，在心理健康教育教师队伍缺口严重的压力下，积极探索、鼓励和支持从事学生工作的辅导员进行心理学知识、技能的系统学习，参加国家心理咨询师资格证培训考级，扩充心理健康教育课程教师队伍。理论联系实际，将心理健康教育工作与思政教育工作充分结合，促进立德树人目标的实现。与此同时，加强对从事心理咨询工作教师的思政教育，提升对思政教育的认识，了解思政教育理论，熟悉思政教育目的、意义和内容，提升教师政治素养，自觉将心理健康教育课程与思政教育紧密融合，创新心理健康教育课程思政教育教学的方式方法，为社会主义事业培养合格建设者和接班人。各高校应逐步完善教师准入制度，加快壮大双肩挑的教师队伍；应切实改革双肩挑教师评价机制和激励机制，切实引导双肩挑教师提高综合素质，努力建设一支专业知识扎实、政治情怀深厚、自律认真、充满正能量的心理健康教育课与思政教育课双肩挑的教师队伍；打通双肩挑教师队伍职业生涯通道，加大支持力度，吸引更多青年教师加入到队伍中，培养更多优秀教学和科研人才。

一、建立高素质的师资队伍

一支高素质的师资队伍是高校实施课程思政的关键。教师不仅要具备扎实的心理学知识，还要掌握思政相关理论，积极拓展人文、社会、自然方面的内容，在各个教学环节融入思想政治理论教育，实现学生心理素质和人文素质的协同发展。建立一支高素质的师资队伍，一是要加强对教师课程思政相关政策和知识的培训，加强心理健康教师与思想政治教师的合作，提升他们对课程思政的科学认知，消除思想上的误区。二是教师应主动、持续学习中国优秀传统文化、中国历史等各方面的知识，关注时事热点，主动联系思政教育专家，通过总结和反思，不断挖掘课程中蕴藏的思政元素。三是促使教师多途径实施课程思政，通过单个知识点、课外作业尝试实施课程思政。在实践中打磨课程设计，加深课程思政对本门课程目标的推动作用。四是学习和探索中国心理学思想。中国的心理学虽是由西方传入，但中国五千年的文明史已蕴藏了丰富的心理学思想，在燕国材教授的《中国心理学史》一书中提到"中国古代心理学思想揭示了心理活动的基本规律，即人的心理活动都是先天与后天的'合金'；形成了一条重视'人为贵'的人本主义传统。"其中体现出的中国文化和民族精神，值得我们传承和弘扬，教师要学会古为今用，充分挖掘本土文化，将借鉴西方心理学理论和立足本土相结合，以此分析中国文化背景下当代学生心理发展的规律和特点。例如可以运用以中国人为被试者的前沿科学研究证明中国学生在思维、学习策略等方面的优势。

二、提高高校教师课程思政建设的意识

重视课程育人理念、具备育人意识是高校教师开展课程思政的重要前提。《指导纲要》指出："要推动广大教师进一步强化育人意识，找准育人角度，提升育人能力，确保课程思政建设落地落实、见功见效。"[1] 高校深入推进课程思政建设，必须提高各教师对课程思政理念的重视，强化教师育人与育才相结合的自觉意识。

在教学理念上，提高课程思政建设意识。广大教师要做中国特色社会主义的坚定信仰者和忠实实践者，自觉把党的教育方针贯彻到教学管理工作全过程。这就要求教师更新教学理念，树立专业知识传授与价值引领同样重要的教学理念，不做只传授书本知识的教书匠，而要成为塑人、塑魂的工程师。因此，高校教师

---

[1] 教育部. 高等学校课程思政建设指导纲要 [R]. 教高 [2020]3 号，2020.

要转变只有思想政治理论课教师需要培养学生思想道德品质的思想，主动担起学生思想引领和价值培育的重任。尤其是，各高校教师要合理分配工作时间，既要重视科研工作，又要在教学工作中投入时间和精力，在课堂教授学生专业知识过程中，培养学生高尚的道德情操。

在教学内容上，提高课程思政建设意识。高校立身之本在于立德树人，教师不仅要"授业解惑"，更是要"传道"。这就要求我们广大教师在传播知识和真理的同时，也要主动承担起提升学生思想政治修养的重任，引导学生树立正确的政治站位。因此，我们各教师要认识到课程思政建设的重要性，主动了解和学习思想政治教育的规律，根据自身课程特点、要求和教学内容，挖掘其蕴含的思政元素，融入价值观教育，让课堂承载起既育人又育才的功能，为党和国家培养德才兼备的人才。

在教学方法上，提高课程思政建设意识。课程思政不是简单地课程与思政相加，更不是在讲授知识过程中对学生进行说教，而是像盐溶于水那样将思政元素融入教学内容中，达到育人与育才相统一。因此，各教师根据各专业培养方案和各课程特点，重新梳理课程结构，优化教学内容。同时，根据不同学情，选择恰当的教学方法设计思政元素融入教学的方案，实现内容与价值的有机统一。

三、提高高校教师课程思政建设的能力

全面推进课程思政建设，关键还是在于教师的实践。只有提高高校教师思想政治素养和教学能力，才能准确地挖掘出教学内容蕴含的思政元素，并巧妙地融入教学中。

（一）提升高校教师思想政治素养

高校教师思想政治素养决定了课程思政建设的高度，教师要教出知识过硬、本领过强、品德高尚的合格学生，必须提升自己的专业业务能力和思想政治素养，做到育人者先受教育。当然，提升教师思想政治素养不是一蹴而就，而是一项长期任务，因此需要高校领导以及相关部门多管齐下，为提升高校教师思想政治素养提供有利条件。

第一，提升高校教师政治水平和理论素养。一方面可以通过开展系统培训的方式，学习马克思主义基本原理、立场、观点和方法，用马克思主义理论武装头脑，提高教师队伍的马克思主义理论水平，并根据不同学科、不同专业的教师开展不同学习程度、不同要求的培训，以便教师更快地提高自身的政治水平，挖掘

到与课程内容相关的思政元素,在教学管理工作中自觉融入马克思主义理论和中国特色社会主义思想。另一方面通过专题讲座的方式,讲解和学习党的最新理论成果,加强教师队伍的理论素养,帮助教师在教学过程中准确找到学科知识与课程思政的切入点,能够润物细无声地引导学生树立正确的政治站位,明辨是非,成为传播知识与传播思想文化相结合的真正教师。

第二,强化高校各教师理想信念。习近平总书记指出,"正确理想信念是教书育人、播种未来的指路明灯。"[①]作为教书育人的人民教师,在教育教学过程中应与党的方针政策始终保持一致,坚定四个自信,增强四个意识,全面贯彻新时代中国特色社会主义思想,形成正确的理想信念,才能培养具有远大理想、信念坚定的大学生。高校领导可以通过加强党支部建设,落实"两学一做"教育常态化制度化,发挥党组织的战斗堡垒作用,树立坚定的理想信念。此外,党支部定期开展主题会议、民主生活评议等活动,帮助广大党员教师学习党的最新理论成果,营造良好的政治环境和工作范围,使各教师的政治信仰更加坚定,政治能力进一步得到提高。

(二)提高教师课程思政教学能力

教师是课程思政教学的主体,是建设课程思政的关键,为更好推进课程思政建设,还需提高教师课程思政教学能力。

第一,提高教师的教育教学水平。一方面,高校要建立健全的优质资源共享机制。当前上海高校对于课程思政建设工作比较成熟,也有一定的经验,各高校可以与上海高校搭建课程思政建设交流平台,开展各学科领域的典型课程实施经验交流。此外,通过现代信息技术,网络观摩优秀课程的教学过程,学习其教学方式,提高自身教学水平。另一方面,建立课程思政集体教研制度。通过发挥各学院教研室、课程组等教学组织作用,集体交流和研究各课程特点、拓宽融入思政元素的方式,带动整个学科教师积极投入到课程思政建设中。

第二,提高教师创新教学方法的能力。课程思政的建设,主要以课堂教学为依托,这就要求教师提高创新教学方法的能力,针对不同内容、不同问题采用不同形式的教学方法。首先,教师在每次授课前,对所授内容、授课对象有深刻地认识和把握;其次,针对学生的需求、特点以及时代要求,积极创新教学方法,以学生为主体,与学生进行研讨和交流,找准课程思政切入点,增强课程思政教

---

① 习近平.做党和人民满意的好老师——在同北京师范大学师生代表座谈时的讲话[M].北京:人民出版社,2014:09.

学效果；最后，顺应时代发展创新教学方法，教师要不断学习和运用信息化和现代教育技术进行教学，整合教育资源、编排教学内容、借用新技术激发学生学习兴趣。

第三，开展教师课程思政培训工作。关于课程思政的内涵、与各类课程的关系、如何建设等等问题，都困扰着广大教师，因此定期开展教师课程思政培训工作，能帮助教师在实践中真正理解课程思政的内涵，提高育人的本领和能力。一方面，将课程思政纳入教师岗前培训，对于新教师在师德师风以及教学能力等方面开展专题培训；另一方面，对现各类任课教师的培训，将课程思政纳入到教师长期职业发展培训过程中，不断加强各教师的道德情操，引导教师在备课上用心、课堂中用力、传授知识时用情。为保障教师课程思政培训效果，激发教师参与培训的热情，高校可采取精神或物质奖励的办法激发教师参与培训热情。同时，对培训成果进行抽查和考核，并纳入各学科教师考核和职称评定中，以便在很大程度上保证德育意识的培训效果。

四、加强教师任用、考评机制

（一）完善选拔任用机制

要结合学校自身特点，考虑到本校两个教育结合的现状，保证教师队伍的完整性。他们的工作是直接面对学生群体的，他们的言谈举止应大方得体，思想素质和心理素质过硬，对工作适应能力强，组织管理能力突出，在和学生沟通交流过程中掌握一定技巧，培养自身的亲和力，加强师生的沟通与交流，从多个侧面了解学生诉求，思想变化。选拔学习优秀，有一定经验专业对口的教师，培养专业教师对两个教育结合的专业素养，强化思想政治教育工作中的心理健康水平。教师应对思想政治，心理学等都应了解，有从事过相关工作经验，能理解学生困难。教师应具有一定亲和力，善于发现学生的特质，工作认真负责，以学生的根本利益为出发点，把学生的诉求放在首位。

（二）健全培训机制

两个教育结合工作最重要的是需要教育工作者有专业的理论水平和业务素质。在高校中，专业教师的业务能力还需进一步完善，进而保证两个教育结合的实效性。学校应定期进行岗位培训，制定培训规划，开阔眼界，使老师和优秀专业学者，有丰富经验的教师沟通交流。

应对他们进行心理学，教育学，管理学等专业方向进行培训，不断提高他们综合业务素养，理论水平。提升教师的知识内容了解程度，融会贯通，掌握方法提高道德修养及品质的养成。并找到两个教育的契合点，把二者更好地融合到课堂教学中。

建立心理咨询师的专业资格认定制度，组织形成技术团队，鼓励教学工作者攻读思想政治教育和心理学硕士和博士研究生，逐渐培养专业人才，构建专业化的团队。

（三）健全考核评估机制

为了使两个教育结合工作稳定、高效进行，应对老师制定一套完整的考评体系，制定指标，标准，一定要符合两者结合的内在规律和本校实际情况，全面准确地反映教师状况，实行公开民主原则，将考核标准、方式、程序，做到公平、公开。

可以为各授课班级发放考核问卷，让学生提意见，评价教师教学，定期对教师进行业务素质考核，包括思想政治状况，心态优劣，优化整个教育过程。建立这样的考核体系，是要找到两个教育结合的契合点，掌握目标，基本内容的认识，强调教师应学习心理健康的内容方法、基本理论。

教师要把理论和方法纳入到自己的日常工作里，注重沟通交流，注重自身素质提高，尊重理解学生，和他们成为真正的朋友。同时，要求教师合理利用网络与学生互动，及时解决学生的问题，让学生定期对教师的网络思想政治心理教育的工作进行评价，进一步提高两个教育结合的水平。

（四）组建"双型导师"的专业教学队伍

高校应当全方位施展学生管理团队在心理健康教育方面的功能，增强对学生干部、党员、辅导员以及班主任的培训力度，让他们掌握心理健康方面的知识，提升对心理健康教育的认知水平，拥有辨识与处理心理问题的技能。第一，辅导员与班主任要在平时的思想政治教育中施展作用，还需要在提高学生心理健康、增强学生心理素养方面施展正面影响。在平时的思想政治教育中应当有效发掘与分辨学生中所涉及心理与思想层面的问题，自主在工作中利用有关知识，运用正确的方式，针对这些心理问题开展有效的疏导，同时及时和学校心理教育人员协作，为存在心理障碍与问题的学生加以疏导，如此有助于促进心理健康教育。第二，全方位施展学生党员与干部的功能，确保信息渠道顺畅，构建心理健康的监督控制体系。如此才能够让学生建立起稳固的心理防线，切实做到"两手抓两手都要硬"。

（五）打造"自媒体化"高校心理健康教师队伍

增强高校意识形态阵地的构建，这是一项战略工程、铸魂工程。"自媒体这种公众媒体，已经有效地在高校学生中间推广开来。其在促进高校学生汲取信息的过程中，还对高校学生的良好发展起到关键性的作用，同时因为其本身的独特性，势必能够在高校心理健康教育领域中施展出独特的思想政治教育作用。自媒体传播迅速、互动性强、信息量大、不受限等特征，大大提高了知识信息在大学生中传播的速度、广度和深度，在推动科技带来巨大变革的同时，也为进一步加强和改进大学生心理健康教育提供了全新的思考角度和发展机遇，使得其本身存在的隐患转化为可利用的优势。

面对如今的情势，应当在自媒体技术的基础上，构建形成全面化、不同层次的教育系统，借助该技术有效完善教学模式，创建全新"自媒体化"的心理健康老师团队，构建全新的心理健康教育途径，使得心理健康教育内容能够基于新媒体途径实现网络化，借助此种途径让高校学生更容易接纳。诸如：开设相关的网络公开课，打破原先授课时间与场地的局限；提高教学内容的交互性与多样性，使高校学生可以在轻松的环境下学习心理健康方面的理论内涵；利用网络平台分享大量的教学资源，进而节约高校的教学成本。对于心理健康教育工作者而言，必须深刻认识并十分注重自媒体在信息传播方面具有的新特点和作用，努力掌握运用自媒体来进行心理健康教育工作的技能，充分运用其方便、生动和大众化传播等优势和特点，来吸引学生积极参加心理健康教育方面的活动，进而提升心理健康教育的针对性，有效掌握与运用自媒体实施高校学生心理健康教育活动的主动权。全方位借助其平等开放的特点，激发高校学生的自主性，由原先的单向传输过渡到双向交互，由原先的说教转变成公平交流，促进高校学生自原先被动接收转变为自主参与和学习，使高校学生通过思想上的互动与沟通，实现自主接受教育。高效伴随风险，高校在利用新媒体开展心理健康教育的过程中，要加强网络舆情的监控，及时疏导、过滤网络不良信息，阻止庸俗、低级、反动的有害信息在校园内传播，构建网络"防火墙"，净化新媒体平台上传播的信息内容，并开展正确的舆论引导，为大学生营造健康的心理健康教育自媒体教学环境。

五、整合大学生思想政治教育协同创新队伍

2016年，习近平总书记在全国高校思政会议上从高校思想政治教育全局大协同的角度出发，对高校思想政治教育协同创新提出了新的要求，"思政课是落实立德树人根本任务的关键课程"，"思政课教师队伍责任重大"。[①] 要做好高校育人工作，就要把"立德树人的成效作为检验学校一切工作的根本标准……把思想政治工作贯穿教育教学全过程，实现全程育人、全方位育人……各门课都要守好一段渠、种好责任田，使各类课程与思想政治理论课同向同行，形成协同效应"。要"整体推进高校党政干部和共青团干部、思想政治理论课教师和哲学社会科学课教师、辅导员班主任和心理咨询教师等队伍建设。"[②] 由此可以看出高校思想政治教育协同创新工作已经不仅仅是思想政治教育这门学科的事情，是高校所有老师的育人职责。思想政治教育教师队伍必须从更高层面、更高标准、更高要求出发不断加强自身素质建设，树立统一教育目标，建立整体性管理领导体系，与校内、外多个教育主体共同组建相互协同、联合创新的三全育人协同创新队伍。具体措施如下。

（一）完善高校协同创新队伍整体性建设

习近平总书记提出，"各门课都要守好一段渠、种好责任田，使各类课程与思想政治理论课同向同行，形成协同效应"[③]。2017年2月，中共中央、国务院强调，高校思想政治教育育人主体包括党政、共青团、思政课教师、专业课教师、辅导员、班主任等各个工作岗位，高等学校各门课程都具有育人功能，所有教师都负有育人职责。要做好高校思想政治教育工作，高校应当注重顶层设计，改变原有固化领导体制，充分发挥各个教育主体的力量，组建协同创新队伍，实现协同育人的目的。只有在整体性管理领导体制下，才能改变高校原有专业细分背景下的"条块分割"的格局，齐抓共管，使各个部门之间具有主动性，相互配合、各施所长，形成育人合力，实现三全育人。

1.加强思政协同创新教育主体育人目标协同

从协同学的角度出发，目标协同可以对育人过程起到定向、强化、激励和调

---

① 习近平著.思政课是落实立德树人根本任务的关键课程[M].北京：人民出版社.2020.
② 习近平在全国高校思想政治教育工作会议上强调：把思想政治教育工作贯穿教育教学全过程开创我国高等教育事业发展新局面[N].人民日报.2016.12.09（第1版）.
③ 习近平在全国高校思想政治教育工作会议上强调：把思想政治教育工作贯穿教育教学全过程开创我国高等教育事业发展新局面[N].人民日报.2016.12.09（第1版）.

控作用。从教育学的角度出发，目标协同可以对育人的内容及方向起到引导、加强、调节和制约作用。育人目标作为思政教育内生动力的前提，在思政系统内各子系统各有利益驱使的基础上，进行目标协同可以减少各子系统之间的冲突，促进育人系统内部的协调性。同时，目标协同还是激发协同创新育人效能的前提和关键，只有充分发挥高校思政教育育人目标的引领导向作用，使校内、外育人主体可以同心同力，在目标和发展方向上保持一致，才能在协同创新的过程中实现最大的育人效能。一方面，高校要将协同创新人才培养纳入育人目标中。在思政育人系统中，只有各育人主体拥有统一的协同创新目标，把握住协同创新提供的各种机遇，才能实现思政教育协同创新。在进行协同创新目标协同时，不能仅仅考虑高校育人质量、数量等因素，还应考虑学生全面发展的需要，考虑学生成长成才的教育规律与成长规律，应充分体现出思政教育存在的价值。除此之外，还应考虑国家、社会、企业、家庭等外在参量培养预期，综合考量下确定协同目标，以此为育人起点进行教育教学深化改革，教育教学方法创新。另一方面，校外育人主体要主动进行目标协同。校外育人主体要坚持中国特色社会主义思想，坚持社会主义核心价值观，在与思政教育系统融合时要保持正确的引导方向。同时，校外育人主体在与思政教育融合时，要深刻认识到思政教育的重要性，主动肩负起应有的育人责任，在进行目标协同上注重满足受教育者的内心需求和主体意识觉醒。在工作开展过程中坚持开放性思维方法，打破原有固化的本位主义，激发协同创新的内在动力，克服阻碍协同创新工作开展的各种阻碍，与校内育人主体进行互补互助，寻求各种创新性融合方法，打造更加全面的三全育人体系。

2.提升教师的价值引领

心理咨询的理念中提到，咨询师不可能将来访者带到咨询师自己都没有去过的地方。同样，在教师授课过程中，任课教师自己都没有理解的知识不可能准确地教授知识给学生，任课教师自己没有形成的价值观也就不可能很好地传递给学生。

心理健康教育课是一个生命影响一群生命的过程，是一个创造性的过程，是师生在民主平等基础上的协作，是参与者间的交互和共同建构的过程。高校心理健康教师承担着学校心理辅导专家、心理健康的示范者、学校心理健康教育活动的组织者、学校心理健康工作的策划者以及学校心理健康教育科研的承担者的责任。高校心理健康教育者的胜任特征主要包括良好的专业职责与职业道德修养、丰富的专业知识储备、熟练的专业技能、恰当的角色定位、科学的心理健康教育理念、职业要求的人格特质和扎实的科学研究能力七个方面。心理健康教师在坚持以学生为中心的教学观的基础上，应准确分析学情；同时，也要更好地发挥教师的主导作用。

作为高校心理健康教师，第一，应该清楚课程定位。大学生心理健康课程作为全国普通高校的公共必修课，教师自身应该对课程心存敬畏之心，对课程开设意义目标有坚定的信念，用自己的实际行动和教学活动带动更多的学生主动地学习和践行心理健康知识。在课程思政教育中要切实对学生进行知识传授、价值塑造和能力培养，任课教师自身应对课程的内容知识、教学目标了然于心，不断了解心理学科的前沿动态，不断更新和提升专业知识水平，才能在授课过程中将科学知识准确的传授给学生；

第二，任课教师还要将课程教学的育人根本目标牢记于心，将教书和育人统一起来，明确教师培养的是具有中国特色社会主义事业的建设者和接班人，进而从语言导向，教学方法选择等方面进行有效授课；

第三，任课教师应不断提高自己的政治素养，强化课程思政教育的理念和责任意识，提升自身立德树人的使命感和责任感，明确政治站位，以身作则，在授课、交流过程中通过老师的一言一行润物细无声地影响学生。教师不能满足于心理学相关领域知识的学习和心理教育、咨询技能的提升，还应该加强政治思想理论学习。教师要关注时事政治，增强政治敏感性，要以社会主义核心价值观作为教育工作的指引，将思想政治教育内容有机融合到心理健康教育过程中。第四，教师要注重"身教"。教师为人师表，要注重自己的一言一行，切实以自身的行为给学生做出表率。教师自身要坚定社会主义理想信念，要践行社会主义核心价值观，坚守道德准则。教师要关心关爱学生，切实为学生解决实际问题。第五，教师要开拓视野，汲取不同学科的知识养分，更系统、更深入、更专业地进行课程思政。在课前为学生提供预习材料，可以把教学内容相关的教材、书籍、视频、图片等，通过新媒体渠道发送给学生，同时布置本节内容的思考讨论题，让学生带着问题去学习。课程中，精心设计课程内容和教学环节，发挥知情意行的协同作用，利用案例教学、互动体验、行为训练等多种方式。同时，要注意教育形式要"隐"，思政内容的融入不能过于生硬和直接，否则会适得其反，引起学生的逆反和排斥心理。在课程的评价考核中，教师要注重多元过程性评价方式，主要考察课程后学生在认知、行为、品德等方面的新变化。

除此之外，还应当加强与思想政治教师的协同合作，在课程思政教学中积极发挥思想政治理论课教师引领作用。思想政治理论课作为高校思想政治工作的主渠道，在打造课程思政教师队伍过程中，要发挥思政课教帅的引领作用，着重在理论修养上进行引导。

第一，引领广大教师学习马列主义、毛泽东思想以及中国特色社会主义理论。教师要想育人育才，首先自己就要有丰厚的理论知识，才能融会贯通地向学生传达正确的价值观，承担起学生健康成长的引路人。作为有较高党性修养和理论深度的思想政治理论课教师，发挥引领作用，加强各教师的理论认同、政治认同和情感认同成为课程思政教师队伍建设的应然性。一方面，各学院党委带领各教师学习党的最新思想和理论知识，通过座谈会、研讨会的方式提高教师的理论素养，强化理想信念；另一方面，组织开展各类教师与思政课教师的学习交流会，通过不断学习来加深广大教师对马克思主义理论的理解，达到真懂的境界，由真懂到真信，进而坚定政治信仰。

第二，协助广大教师挖掘课程思政元素。不同学科具有不同的特点和内容，其授课对象也存在一定的区别。因此，挖掘课程中蕴含的思想政治教育资源的手段和方式也存在一定的不同，如何准确地把握各学科中的资源，润物细无声地将育人、育才相结合，需要思政课教师的协助。一是，在开展课程思政示范课的过程中，邀请思政课教师去课堂聆听，针对教师所教内容、观点以及授课方式进行探讨，提高融入思政元素的能力，同时也有助于思政课教师学习各专业课知识，丰富课程内容的深度，实现协同教学。二是，思政课教师要按照习近平总书记针对思想政治理论课提出的六点要求，上好思政课，用自身的专业素养和人格魅力来感染各类课程教育，给予实践教学启发。

思政课教师是整个教师队伍政治素养的领头羊，引领课程思政建设方向。因此，高校要高度重视思政课教师的成长和发展，发挥思政课教师的引领作用。

3.完善协同创新教育主体间顶层设计

各级党委要把高校课程思政工作摆在重要位置，加强领导和指导，形成党委统一领导、各部门各方面齐抓共管的工作格局。建立统一的组织保障机构是课程思政教育协同创新工作可以正常开展的重要保障，高校想要将课程思政教育协同创新工作落实到实处，不断精进其工作方式方法，关键在于各级党政领导的领导工作，特别是统一领导体制的健全和完善。通过设立统一的领导办事机构，可以从组织层面增强各教育主体之间的联系紧密度，推动协同创新机制更加高效运转。因此，高校建立由党委领导统一领导，校长负责制的课程思政教育协同创新管理领导体制，下设校内、校际、校外三种分管体制，尽可能整合校内外可以用于课程思政协同创新机制的教育资源。通过目标协同进行工作方向引导，根据党委思政工作的指导思想、工作方法进行统一部署，经过研究制定工作开展的总体规划和实施计划，经过一定的组织、协调、指导、检查、督促等整体性工作，使各方主体在行动上与高校课程思政教育工作保持一致，可以提高课程思政教育协同创新工作的整体效能。具体措施如下。

（1）建立统一课程思政协同创新办事机构。机构由政府指导，由各高校的党委书记统一领导，党政齐抓共管，由分管学生的副校长、教务处处长、马院院长等主要成员组成，媒体、社会、企业、科研机构等社会力量参与。其主要职责是站在全局的高度，从校内、校际、校外三个层面确定协同创新的目标、内容和方法，明确机制运行的评价标准、调控方法、协商机制和督察制度等，其目的是为了给课程思政教育协同创新工作提供一定的方向指引，同时对偏离工作理念的教育主体给予及时地纠正和引导。整体来说，协同创新工作的开展要想取得好的教育效果需要以高校党委的高度重视作为教育保障，通过辐射的方法在各部门之间建立联动机制，形成"育人共同体"。

（2）建立校内课程思政协同创新联动机制。机制由学校党委书记统一领导，由各学校党政办公室、党委宣传部、学生工作部、团委、后勤等各涉及学生工作的部门负责人担任组员。成立高校内部思政协同创新联动机制时要将各个部门中可以起到决策作用的管理人员纳入管理机制内，因为这些人员可以充分调动部门内部的人力、技术、物质等资源，能够从全局的角度满足协同创新机制的需求，尽可能地解决协同创新存在的各种内部矛盾，有的部门甚至可以帮助高校协调校外育人主体，解决机制构建过程中的部分问题。

（3）建立校际课程思政协同创新工作组。组内负责人为参与协同创新机制的各个高校党委副书记，由各高校分院党委书记担任组员。其主要职责是站在校际联合的角度，将校内外可以整合的优质教育资源进行整合，实现校际之间的教育资源流动，加深各高校之间的联系，通过组织相互之间的学术交流、亮点学习、科学研讨会等将协同创新理念融入各负责党政工作的高校负责人心中，推动协同创新机制在合作过程中不断融合创新、完善。

（4）建立校外课程思政协同创新工作组织。组织形式是通过与家庭、企业、科研机构、网络媒体等校外育人主体建立相互之间的交流机制，将思政育人目标作为协同创新工作的"牛鼻子"，在校外育人主体间宣传社会主义核心价值观，整合校外关键资源，打破校外育人主体相互分离、各自为政的"两张皮"现象，提高相关校外育人主体的思想政治素质、文化修养等，使其成为校外思政协同创新工作组织内政治本领过硬的育人主体。在建立校外思政协同创新工作组织时，高校要主动承担协同创新工作中的主导位置，积极配合校外育人主体展开育人活动，及时将校内最新研究成果、教育理念和工作经验等传达给校外育人主体，主动挖掘校外育人主体间可以用于课程思政育人的各项因素，加强相互间的联系，做到互通有无、交流密切，最大程度实现优势互补，使高校大学生在与校外育人主体接触时可以自觉加强思想道德修养和政治觉悟。

4.强化课程思政协同创新教育主体育人间联动模式

高校思政教育协同创新工作是一项兼具系统性和整体性的育人工作，在课程思政教育协同创新体制中，涉及的创新育人主体是十分复杂的，它不仅包括思政课教师、思政课相关工作者，还包括辅导员、班主任、专业课教师、企业政工人员、政府宣传部门、家庭、新闻工作者等等，兼具跨行业、跨地区、跨领域等特点。

想要将思政教育协同创新工作顺利推行下去，不仅需要进行顶层设计建立上层领导机构，还需要从整体性角度出发，通过科学的人员配置和分工将人力合理利用起来，使各教育主体之间相互信任、理解从而互补，建立一支从上至下同时兼具教学、科研、实践、管理等多方面的综合团队。

（1）可以成立综合办公室等协调机构。通过协调机构将高校课程思政工作相关工作者与校内研究部门、管理部门之间建立协同创新平台，实现多部门联动模式，不仅要发挥各部门在马克思主义理论教育工作中资源优势，还要营造良好的团队合作氛围，提高团队的战斗力、执行力，最终形成育人合力。

（2）可以与其他学科教师共同组建课程思政教师资源系统。建立专兼合作工作机制，建立结构合理的思政育人队伍，为高校思想政治教育工作提供充足的人力资源保障。在鼓励学校的行政管理人员、党团工作人员、团委老师等加入兼职思政课教师队伍的同时，还可以打造外聘"双师"团队，聘请校外思政专家、学科带头人、企事业单位拔尖人才、导师等加入思政教育工作特聘教师资源库，这样不仅可以发挥思政工作在高校协同创新工作中的凝聚力作用，还可以形成各学科之间的交叉协同，达到优势互补。

（3）可以与校外育人主体组建联合培养平台。高校可以与校外科研机构、地方政府、社会、企业、家庭、新闻媒体等建立联合培养平台，形成有机整体。通过将各个优秀的校外育人主体集合在一起，讨论课程思政教育协同创新未来发展、教育目标、培养方法、课程建设等，不仅可以取长补短，开辟更加丰富的教育路径，还可以解决高校和社会的需求问题，促进高校的创新发展，提升核心竞争力。

（4）加强教师与学生辅导员的有机结合

各高校的各个院系都配有学生辅导员，根据教育部《普通高等学校辅导员队伍建设规定》指出，学生辅导员，负责大学生日常工作；应及时关注学生的心理健康变化，对他们进行适当的心理辅导，鼓励他们主动进行心理咨询，不断提升自身的心理素质。

目前，各高校辅导员队伍不断加强，因此应不断加强两个教育队伍的结合。辅导员应了解思想政治教育与心理健康教育的相关知识，改进传统的工作方法，及时和学生沟通交流，把他们当作朋友一样去倾听他们的烦恼，了解他们的实际要求，防止教条化的教育方式，避免用训斥、教导的语气和他们交流。

关注学生的心态变化，和思想政治教育教师随时交换意见，及时分析学生产生的问题，有预见性地发现有极端心理问题的学生，采取措施预防伤害事件的发生。构建一个长效的两个队伍结合工作模式。

（二）加强课程思政育人主体自身素质建设

中共中央、国务院明确指出，要"充分发挥思想政治理论课的主渠道作用，深入实施高校思想政治理论课建设体系创新计划。"[①]只有优先建设好思政教育的主渠道，不断增强思政课主体地位，才能真正起到促进课程思政教育效果的作用。然而，进行思想政治教育协同创新工作，不仅仅是思政课教师的责任，其他育人主体同样肩负着高校思想政治教育的重任，高校和思政课教师应具有改革创新的自觉性和主动性，主动丰富教育内容，改革教育方法、方法，开拓新型教育载体。具体措施如下。

1.强化理想信念

习近平强调，青少年阶段是"关键时期"，是其成长的"拔节孕穗期"。[②]理想信念教育是思政教育协同创新工作展开的前提和基础，在思政协同创新机制构建过程中，思政教育要主动与协同创新理念融合，不仅要整合其他教育主体、教育客体，还要整合周边可以利用的信息、物质、文化资源等等。思想政治教育从广义来说，应该包含大学生人才培养的全过程，因此涉及的教师不仅有思政课教师，还有思政工作者、专业课教师、管理服务人员等，每一个相关育人主体都肩

---

① 中共中央国务院印发《关于加强和改进新形势下高校思想政治工作的意见》[N].人民日报.2017.02.28(第1版).
② 纪念五四运动100周年大会在京隆重举行[N].人民日报.2019.05.01（第1版）.

负着立德树人的使命，都应该在各自的岗位上发挥应有的作用，始终坚持马克思主义指导地位，大力推进中国特色社会主义各学科体系建设，不断强化自身理想信念建设，把社会主义核心价值观体现到教书育人全过程，弘扬中华优秀传统文化和革命文化、社会主义先进文化。例如，心理健康教育专业课教师的职责不仅仅是要向学生传授专业知识和技能，还要完成"立德树人"的重任，在课堂讲授过程中进行正确价值观传导，引导教育客体增强四个自信，厚植爱国情怀和情感。高校要想在心理健康教育专业教师队伍间树立思政育人人人有责理念，需要对所有的思政育人主体进行教育观念上的教育、引导和培训，引导其改变"传道、授业、解惑"的传统观念，将培养又红又专、德才兼备、全面发展的中国特色社会主义合格建设者和可靠接班人作为自己的终身使命。此外，还要逐步引导育人主体树立积极的育人理念，引导其树立三全育人观念，形成教书育人、实践育人、管理育人、服务育人的思政育人格局，激发思政工作者的教育共识和教育自觉。

2.提高师资水平

教师是提高课程思政教学质量的关键力量和基础保障。打造思想素质过硬，科研能力突出、教学水平优良的教学团队。大学生心理健康教师在具有心理课程素养的同时要兼具思政课程素养，提高自身多种素质，在传授心理学知识和技能的同时，融入思政内容，学生更容易理解和接受，"亲其师，信其道"。大学生心理健康教育教师要以德立身，以德服人，以德教学，以德养德，用自己的道德修养和专业水平教书育人。习近平总书记讲"四有好教师"，一是要有理想信念和价值方向，这是指导方向的指路明灯；二是要有道德修养和情操，指教师要热爱和忠诚于教育事业，有无私的奉献精神；三是要有扎实的理论基础，指有丰富和深厚的知识和能力储备，并持续学习积累，努力提高自己综合能力；四是要有仁义和爱人之心，热爱学生和教师的职业，担负教书育人、立德树人的任务。

要不断加强心理健康教育课教师队伍的师资水平建设，充分激发每个育人主体的积极性、主动性、创造性，要做到每个育人主体都政治强、情怀神、思维新、视野广、自律严、人格正。首先，高校要加强对育人主体的教育培训。对于刚入职的育人主体要做好岗前培训工作，通过系统的岗前培训丰富教育主体的文化内涵，提升其专业素养，增强其教育者的责任感与荣誉感。鼓励老教师向新教师进行教学经验和管理技巧的传授，使其快速提升自身理论水平，提高其融入课程思政工作的积极性。

其次，要定期进行教育主体课程思政教育相关的学习和培训。部分教师在入职之后会不自觉地放松思想警惕性，还有部分教师因为本硕期间未接触过课程思政教育相关教育理论水平跟不上思政教育需求，针对这部分教师要进行定期培训工作。在培训过程中将课程思政行业内最新的发展动态、研究成果、研究方法和教学经验进行传授，使其不断更新自己的知识库存，形成新的教育观念和思维，提高自身的科研能力和实践能力。

再次，在学校评价系统中增加课程思政工作效果评价体系。将思政工作效果与教育主体工资、绩效挂钩，在其进行职称评定、年度考核和职务晋升时，为课程思政工作效果成果显著的教师提供相应的加分或放松标准，不仅可以增加教育主体的主动性，还可以增加其进行课程思政教育创新性探索的积极性。

最后，鼓励教师树立终身学习习惯。通过人才引进，将知名博士、教授、教学名师等引入课程思政育人队伍，提升育人队伍整体水平，为其他育人主体树立学习榜样；通过物质、精神奖励，鼓励育人主体通过在职进修、学位晋升等途径提升自身素质；通过给教师提供国内外交流学习、交流研讨、社会实践与学术考察等机会和资金，鼓励高校教师进行科研创新和理论实践，不断提升整体科研水平和理论创新；通过推出多个素质竞赛活动，例如精品课程大赛、名师大赛等，以赛促学，使育人主体在竞技过程中快速提升自身素质。

3.优化教育方式方法

课程思政教育方式方法指的是在统一的教育目标下，教育主体与教育客体之间进行交流和沟通的方式和方法。教育主体在选用教育方法时需要针对教育客体不同的成长背景和个性特点，在合适的教育内容和载体下，有选择性地采取教育效果最好的教育方法。

首先，可采取教育主体效能最大的分专题建设方法。鼓励心理健康教育课教师相互之间进行协同合作开展专题建设教学，根据每个教师擅长的部分分配授课内容，改变以往的传统同一个教师教授所有教学内容的授课方法。通过专题建设的方法可以促进教师在自己擅长的领域继续精进成为专家型教师，还可以促进教师更具个性化，将其优势发挥到最大，形成具有个人魅力的教学风格。与此同时，采用多教育主体协同合作对教育客体进行分专题讲授可以让学生接触到不同风格的授课教师，可以开拓学生的学习视野，避免因为长时间的视觉疲劳而降低学习体验感。

其次，可采取教育客体体验感最大的趣味教学法。教育客体最喜欢的教学方式方法才是最好的教学方式方法。随着互联网的不断发展，现代大学生基本上处于信息化时代，相较于传统的课堂和书本教学，教育客体应该更偏向于图片和视频模式。虽然，心理健康教育课程思政教学应该具有一定的严谨性和严肃性，但是理论的严谨和严肃并不是通过教学方式的古板和僵硬来体现出来的，而在于能否通过更加具体、形象的方式将其转化为教育客体乐于接受的认知和范式。因此，采用学生乐于接受的文寓于图、文寓于行等方式来进行趣味教学，可以大大增加思政教学的趣味性。

再次，可采取教育引导性较强的问题引导教学法。根据思政课教学规律，在教学过程中采用"问题导向，协同支撑"的方式，构建全面、系统的新型思政教学方式。在授课过程中采用案例教学与交流研讨相结合的方法，将普通的平面教学转型成立体教学，及时从热点、难点、疑点上下功夫，凝练问题，采用内涵故事或者主题研讨等方式进行课堂内容讲授，从价值定位、规律总结、现实分析等方面进行集中讲授，让学生在交流讨论、思想碰撞的过程中加深对思政内涵的理解。将枯燥的课堂讲解转变成简单活泼、句句在理的谈论活动，从而使教育客体从被动听向积极学转变，实现其兴趣和行为养成。

最后，积极采用最新教育介体加成思政教学。互联网时代，媒体媒介的每日巨变，无时无刻不吸引着大学生的关注，影响着他们学习、娱乐、生活。教育主体要积极学习最新的现代技术，用现在科技加成下的最新教学介体进行日常授课，强化与教育客体之间的课上课下互动，通过建立心理健康教育课程思政教育专题网站、微信公众号、微博等网络平台给学生提供更加广阔的学习空间，通过介体向教育客体间推荐最新的理论著作和最新研究成果，在网上舆论复杂的情况下及时发布权威观点，对学生进行价值引领。通过网上专题讲座进课堂，线上答题等方式增加学生课堂互动的参与度，提升心理健康教育中思政元素的吸引力和感染力，提高教育的针对性和实效性。

六、完善师资力量保障

"巧妇难为无米之炊"，专业的事交由专业人员来做。若要将思想政治教育与心理健康教育的结合做到实处，国家和高校就要加大力度保障高校进行思想政治教育与心理健康教育的师资力量，培养一批专业化程度高、综合知识全面、理论素养好的人才队伍。

首先，国家教育主管部门应加大力进行心理健康教育职业化建设。心理健康教师队伍的建设一直备受我国关注。2011年，教育部在颁布的《普通高等学校学生心理健康教育工作基本建设标准（试行）》中明确回答了培养什么样的教师队伍的要求："高校应建设一支以专职教师为骨干、专兼结合、相对稳定、素质较高的大学生心理健康教育和心理咨询工作队伍。"2013 年，我国出台《心理咨询师国家职业标准（试行）》，明确了职业等级、职业能力以及相关要求，规范和完善了从事心理健康教育人员的师资要求。在当代，首先，教育主管部门应提高准入门槛，完善严格的入职资格认定制度，规范职业训练。高校要着手制定和完善相关《学校心理健康教育教师资格条例》。其次，高校应健全心理健康教师的人事管理制度，明确分管部门，制定合适的进修和职称评定标准，解决老师们的职业发展遇到的瓶颈和后顾之忧。其次，师范类学校加强心理学、思想政治教育、马克思主义原理等相关专业的人才培养力度，培养相关领域的高素质创新型人才。人才是事业发展最为宝贵的财富。有了坚固的人才保障，学科建设与发展和跨学科合作才会成为可能。再次，完善对教育者的考核体系。第一，在引进思政教师时不仅要考查其科研能力和专业知识的掌握程度，还要考察他们的心理健康知识，同样对心理健康教师也要考察他们的思想政治方面的知识。第二，教师入校后也要组织他们学习交叉领域的专业知识，丰富他们的知识储备，并辅以适当的考核。第三，高校可以考虑将掌握对方专业知识的多少与职称评定挂钩，激励思政教师与心理健康教师提高综合素质。

第二节 丰富心理健康教育"课程思政"教学内容

为了做好心理健康教育课的课程思政，完成课程大纲所要求的教学目标，就必须在课前做好教学方案设计准备工作，精心设计教案，从现有教学内容上挖掘可进行思政教育教学的切入点和映射点，做好思政教育教学预案，做到在实际教学中的有的放矢。首先，将思政教育元素融入教学课件。目前高校心理健康教育课程教学采用的都是多媒体教学等现代化教学手段，教师在备课时都制作了优质精美的 PPT 课件来进行教学内容的展示，同时还会配合使用音频、视频等多种直观具象的表现形式，来增强教学的吸引力和感染力。其实，这些形式都是进行思政教育的优质媒介，本身就隐藏着教师所要传达的价值观。如在讲到大学生常见的心理问题时，PPT 设计中可以多采用所在高校的图片，天安门、国旗等背景图片，引导学生爱校爱国，将个人目标与国家目标相统一，将个人追求和职业实现融入中国梦，完善自我，树立远大理想，坚定理想信念，实现健康心理，助力自我成才。其次，在实际心理健康教育课程的教学中，多采用案例分析法和亲身体验法，理论联系实际，力求做到"知"与"行"的统一。

列举大学生现身说法实例，善于运用身边人讲身边事，和采用师生操作互动教学，增强课程吸引力和趣味性的同时，加深学生对心理健康教育课程内容的感受和理解，所有这些案例都离不开现实的社会背景和时代影响，这时可借机开展思政教育，引导学生正确处理好个人与集体的关系，理想与现实的关系，权利与义务的关系，自由与纪律的关系，学习与工作的关系，友情与爱情的关系等方面，引导学生好好把握新时代的机遇，做好迎接挑战的准备。不仅可有效提高大学生心理健康教育课程的学习效果，提高对本课程的学习兴趣，同时兼顾潜移默化地进行思政教育，对所处的新时代加深了解和真切的感悟。

一、编写具有思政元素的教学大纲

高校心理健康课程在融入思政元素后，课程目标、课程内容、课程考核方式等都会发生改变，应系统梳理教学资源、提炼菁华、优化组合，形成课程思政教学大纲，确保课程思政能在教学中顺利实施。

（一）课程目标

在课程目标的设置上，2018 年《心理健康教育指导纲要》指出心理健康教育的总体目标是"学生心理健康意识明显增强，心理健康素质普遍提升。常见精神障碍和心理行为问题预防、识别、干预能力和水平不断提高。学生心理健康问题关注及时、措施得当、效果明显，心理疾病发生率明显下降"。

心理健康课程围绕此总体目标设置具体的知识、能力和素质目标，应更为明确突出价值引领，课程思政的实施效果更多是在情感、态度、价值观等方面体现。即引导学生树立正确的世界观、人生观和价值观，树立科学信仰，因此在设定课程目标时应注重实现知识传授和价值引领的统一。例如知识目标可设置了解和掌握"健康中国"和社会主义核心价值观的概念，能力目标设置"掌握应对危机事件的应变能力"，素质目标设置"培养护理人员的责任担当意识"等。

（二）课程内容

在课程内容编排上，深度挖掘和整合思政资源，找准契合点，整合课程内容，一个课程目标会由不同章节的多个知识点支撑，形成多条思政育人路线，这些路线构成总体课程思政育人局面，同时将这些点、线、面与不同的心理健康课堂体验式教学方法相结合，能更好地达到促进学生心理素质和人文素质的协同发展。例如在社会主义核心价值观融合心理健康标准、自我认识、人际交往等章节中，运用角色扮演、案例分析的方法可以深度解读社会主义核心价值观的内涵；在人际交往、职业能力章节中，通过角色扮演可以让学生体会有效沟通对医患冲突的作用。

（三）课程考核方式

课程考核是检验课程思政实施效果的重要环节，为使考核方式更科学、合理，具有可操作性，借鉴其他高校采取的综合性、过程性的考核方式，结合心理健康课程体验式的教学模式，注重学生的变化和成长，多方位、多途径搜集学生课堂展示和课后拓展学习情况。

二、合理使用教材中的思政元素

《指导纲要》中指出，公共基础课程"要提高大学生思想道德修养、人文素质、科学精神、宪法法治意识、国家安全意识和认知能力在潜移默化中坚定学生理想信念、厚植爱国主义情怀、加强品德修养、增长知识见识、培养奋斗精神，提升学生综合素质。"

心理健康教育的教学内容，可根据学生心理活动特点分为自我认知、自我成长与自我发展三大模块，其中自我认知模块包含心理健康基本理论、自我意识的发展、健全人格塑造等内容；自我成长包含情绪管理与调适、压力与挫折应对等内容；自我发展模块包括人际交往心理、恋爱心理、学习心理等内容。这与大学生在校期间的具体实践活动和心理需求是一致的，在此基础上，针对性地融入与课程目标相关的思政元素，有机结合思想政治教育和心理健康教育，使"立德树人"的根本目标得以实现。

课程思政有别于思政课程，并非单独的一门课程，而是基于大学生心理健康教育课程知识内容体系进行思政元素挖掘、梳理或融入，实现课程知识传授与思想政治教育相统一。因此，应找准课程知识体系中蕴含的思政元素，找到思政教育的切入点和着力点。另外，课程思政元素与大学生心理健康教育课程知识体系之间要注意均衡性，不能额外增加大学生心理健康教育课程的课时负担。大学生心理健康教育课程教学内容涵盖大学阶段普遍的大学适应、人际关系、恋爱情感、情绪情感、生命教育、自我意识等，内容贴近现实生活，思政元素丰富，所以提炼大学生心理健康教育课程思政元素要把握以下原则：一是要精练，紧扣各专题教学内容，提炼恰切对应的思政元素，精益求精，不能贪多，避免对现有课程内容造成负担；二是要准确，由章节内容自然延伸，做到不突兀、不生硬、不牵强附会，实现思政元素与心理知识有效融合、无缝对接。

教师应做到提高思想政治素养，透彻钻研心理健康教育课的各专题内容，寻求与之衔接的思政元素，可见表5-2-1，如"心理健康的基本理论"专题可与"健康中国行动"中心理健康行动相结合，让学生明白心理健康的重要性，提升学习本课程的动机；"自我意识的培养"专题可结合自我与社会、与国家的关系让学生更加全面地认识自我，通过联系新时代青年的使命与担当要求帮助学生敢于树立目标并愿意为之奋斗；"情绪管理与调适"专题可融入理性平和社会心态内涵以及疫情防控中的情绪调适问题，培养学生的情绪调适能力和积极的心态。除此之外，压力与挫折应对专题与中国精神、人际交往专题与社会主义核心价值观的内容、恋爱心理与"红色爱情"故事等都可以进行深度的结合，共同发挥教育效果。

要注意的是，不同教学内容中可以选择的思政元素很多，但要讲求顺应性和契合度，不牵强附会、生搬硬套而脱离了教学的实际需求，同时不必大规模地引入思政内容，也不必在每一节课中都加入思政元素，而是画龙点睛式、"润物细无声"地在教学内容中体现，以免让学生产生误解，认为心理健康教育其实就是"变相"讲道理，从而失去对心理健康教育课程的兴趣和追求。

表5-2-1 大学生心理健康课程内容及相应思政元素

教学专题	具体教学内容	课程思政元素
关爱心灵——认识心理健康	科学的健康观；心理健康的内涵、标准及意义；大学生常见心理困扰及应对	健康中国
积极心态、幸福人生	什么是幸福、快乐？如何获得幸福、快乐？积极心理学的含义、特点和功能	党的奋斗目标——人民对美好生活的向往，中国梦
完善自我—做最好的自己（自我意识篇）	自我形象及结构；自我形象与心理健康的关系；自我意识偏差及调适；自我意识评估；如何塑造健康自我	人生观、价值观，自己、民族与国家命运共同体
完善自我—做最好的自己（人格篇）	人格概述及特征；人格发展异常的表现与评估；人格完善的途径和调适方法	公民人格，社会责任四个意识、四个自信
掌控情绪——大学生的情绪管理	情商的提出及其意义；培养良好情绪；不良情绪的表现及调适	社会主义核心价值观

续表

教学专题	具体教学内容	课程思政元素
学会学习——大学生的学习心理	学习的含义、意义；大学生学习的特点；大学生学习能力培养；时间管理；大学生中常见的学习心理问题及调适	求知、做人，学习强国
和谐交往——大学生的人际关系	人际交往与人际关系的含义、功能；人际交往的影响因素；大学生人际交往原则及沟通技巧；大学生人际交往常见问题及心理调适	合作、共赢，人类命运共同体
理解爱情——大学生的恋爱心理及性心理	爱情是什么；恋爱的心理特征；恋爱及性心理问题及调适；培养健康恋爱观	红色爱情，道德规范
珍爱生命——大学生的生命教育	人生是什么；生命的意义；大学生心理危机的表现；心理危机的预防；压力管理与挫折应对；经营人生	历史事件、应对危机

思政元素是建设课程思政的核心。目前，心理健康教育教学内容很多依旧是西方的案例、研究结果、内容和观点，是国外的舶来品，虽然能解释一些心理现象、心理规律，能够将心理知识传递给学生，但从对学生培养目标实现的角度来看是不够的。这就需要教师不断探索，学习中国博大精深的传统文化，将文化精髓引入心理健康教育的课堂教学中。有意识地将课程内容中的思政元素或资源梳理出来，在课堂上向学生讲解、宣讲符合社会主义核心价值观的内容和具有典型代表意义的人物事迹，从中挖掘心理学应知应会的知识点，挖掘马克思主义发展过程中涌现出的、能解释相应心理现象和心理规律的案例或事件，将隐性思想政治教育的理念体现于全课程育人格局中。要逐步将中国文化精髓传递给学生，让学生自然而然产生文化自信。

另外，这些案例或内容要讲好以社会主义核心价值观为引领的"好"故事和马克思主义中国化过程中所形成的故事等。比如，在讲授个性心理品质时，可以引入我国在发展过程中涌现出来的爱国英雄、劳动楷模、知识分子的事迹，他们呈现出来的坚韧、乐观、奉献等积极心理品质；在讲授恋爱情感时，可讲授诸如钱钟书和杨绛相濡以沫的爱情故事等；在讲授情绪管理时，可应用疫情防控过程中发生的一些实例，引导学生认识情绪无好坏、处理情绪有方法、管理情绪有技巧，让学生知晓危难中有强烈的情绪反应是正常的，要懂得用正确的方式管理情绪；在讲授需要层次理论时，教师应引导学生既关注自己又关注集体，只有将自己的理想、奋斗目标融入国家、社会层面，才能够真正实现自我价值，体现人生价值；在进行生命教育时，可讲述革命烈士为国家、为人民牺牲的故事和抗疫一线白衣天使不顾个人安危治病救人的故事，引导学生认同道德高尚、坚定理想信念，珍爱自己及他人的生命。

除此之外，高校心理健康教育课程中蕴涵的思政元素还包括以下内容。

（1）融入疫情期间的事例彰显四个自信

在对本课程进行教学设计、分析教学目标、设置教学重难点时，加入疫情期间一个个感人的事迹，利用课堂讲授、讨论的形式展现事例、分析案例、展现先进人物与事迹等方法手段，使学生了解相关心理健康知识的同时，利用学生所遇到的现实问题——疫情对学生心理的影响，疫情下学生可能会遇到各种心理困惑与问题，甚至是心理障碍，教会学生进行识别、调适以及寻求专业人员的帮助，解决学生当前急需解决的问题。利用疫情，讲解、引导学生思考作为新时代的大学生，我们的责任、使命是什么；利用疫情，引导学生理解中国精神、中国速度、中国奇迹；从疫情防控中的中外对比，让学生自己得出中国制度的优势；随着中国疫情得到控制，我们纷纷复工复学复产，同时国外疫情大爆发，对比中外抗疫中的种种表现，引导学生思考"我国的抗疫战争，为何会如此迅速的取得重大战略成果"；在疫情中，我们党与国家高效的组织与动员能力，体现中国制度的优势；在疫情下，老百姓在政府的号召下自觉、主动全员居家隔离，相信党与政府，这些体现中国制度具有强大的公信力，这些都彰显了我国的四个自信。

（2）厚植爱国主义情怀

在《大学生心理健康教育》课程的心理困惑和异常心理内容的学习时，知道常见的心理困惑、心理异常、心理疾病；明白在疫情下的，人们紧张、焦虑、害怕甚至恐惧，都是可被人理解、正常的心理反应。在日常生活与学习工作中能正视自己和周围人的心理问题，对有心理问题的亲戚同学朋友以及陌生人另眼相看；对自己的心理状态有正确的认识，能建立理性平和、健康向上的心态，能悦纳自己，善待自己。引导学生明白生命的意义与特征，维护生命安全，知道生命的意义，从而拓展生命的宽度。当别人遭遇心理危机时，不仅能做到不歧视，还能及时地伸出援手。在感恩教育中不仅要教导学生感恩父母、老师、同学、朋友，还应感恩国家、社会、学校、陌生人，正是因为他们的守护，我们才能如此安心的学习。疫情下涌现了大批英雄人物，有全民偶像钟南山、李兰娟等，还有很多医护人员、"基建狂魔"、志愿者、警察、社区工作者、环卫工人、快递小哥等，他们用实际行动体现了中国精神、中国速度、中国力量，培养当代大学生的爱国精神，引导在具体事件中体现爱国情怀。

(3) 理解中华优秀传统文化

2017年印发的《关于实施中华优秀传统文化传承发展工程的意见》中规定"要大力弘扬讲仁爱、重民本、守诚信等核心思想理念""要大力弘扬自强不息、见义勇为、孝老爱亲等中华传统美德"[①]。在《导论——消除心理问题的病耻感》专题中，引导学生不歧视存在心理问题的同学，主动共情，并能引导学生主动帮助有需要的同学，陪伴他们。在《人际交往》专题中，引导学生互相尊重、互相包容、换位思考，在日常生活学习中做到"己所不欲、勿施于人"。总之采用合理的、有效的教学方法，在相关内容中加入相关案例、诗词、传说神话、民风民俗、诸子百家等内容，利用案例使学生体会"团结就是力量"，进而培养职业素养要求中最重要的要求之一的"团队精神"，在课程中加入"互相帮助""自强不息""爱岗敬业""诚实守信"等中华优秀传统文化，不仅使学生提升自身的心理素质、增加相关技能、提升相关能力、增强心理意识，它还可以增强学生的文化自信心和民族自豪感。

(4) 融入地方先进人物、学校先进人物

教学中要根据《高等学校学生心理健康教育指导纲要》的要求"引导学生正确认识义和利、群和己、成和败、得和失"[②]。因此，教师不仅要适时融入国内外先进模范，还要融入我们身边的好人好事，当地以及学校内的先进人物以其事迹践行文件的要求。利用"排雷英雄战士""最美奋斗者""自强模范""时代楷模"等多重称号的获得者——杜富国的"你退后，让我来！"，让学生领悟这种"让我来"的精神、担当精神。在引导同学们学习压力管理与挫折应对时，利用黄大发修大发渠的事迹，引导同学们在面对困难时不退缩、不气馁、百折不挠，数十年来坚持为人民做一件事。利用卓先顺长期隐姓埋名无私奉献的精神，20多年来资助60多名学生、30多名"问题少年"、500多名贫困学生。优秀毕业生、青年志愿者李海疫情期间坚守防控一线，积极为社区居民采购、派送物资的事迹引导学生树立全心全意为人民服务的宗旨。

---

① 中华人民共和国中央人民政府.中共中央办公厅国务院办公厅印发《关于实施中华优秀传统文化传承发展工程的意见》[EB/OL].<http://www.gov.cn/zhengce/2017-01/25/content_5163472.htm>2021.1.20.
② 教育部.中共教育部党组关于印发《高等学校学生心理健康教育指导纲要》的通知[EB/OL].<http://www.moe.gov.cn/srcsite/A12/moe_1407/s3020/201807/t20180713_342992.html>2021.1.20.

三、高校心理健康教育课课程思政教学内容的建构

（一）"课程思政"的融入方式

1.围绕同一主题，内容上互为补充

思想政治教育与心理健康教育在内容上有交叉部分，二者分别从两个学科角度阐释同一问题。心理健康教育充分扩展了思想政治教育的内容，成为思想政治教育的有益补充。以恋爱教育相关内容为例，高校开设的《思想道德修养与法律基础》课程中包含恋爱教育的内容。这部分内容是从公民道德的角度，阐释恋爱、婚姻中的道德规范，提出尊重人格平等、自觉承担责任，倡导大学生树立正确的恋爱观。而恋爱心理教育也是大学生心理健康教育的重要内容。以作者所在学校为例，学校开设《大学生心理健康及调适》课程作为公共必修课，使用的教材是辽宁省教育厅组编的《让快乐伴你成长——大学生心理健康教育读本》。其中关于恋爱的篇章包含了大学生性心理和恋爱心理发展规律及特点、恋爱心理困惑及调适、培养健康的恋爱观与择偶观等内容。其逻辑关系是从生理基础、心理规律、价值观念三个层面去诠释爱情，遵循了由下而上的逐层递进的逻辑顺序。围绕同一个主题，跨学科地从不同角度进行阐释，丰富了教育内容、开拓了学生的视野、深化了学生对问题的理解。

2.围绕同一主题，内容上互为印证

以幸福相关教育内容为例，它既是思想政治教育中人生观教育的重要内容，也是心理健康教育中生命教育的重要内容。在人生观教育中的内容主要包括三方面：首先，幸福是努力奋斗的结果。其次，幸福是物质需要的满足也是精神需要的满足，要更注重追求德性和人格的高尚。再次，只有在为社会作贡献、为他人服务的过程中，才能产生更大的幸福感。在心理健康教育课程中，该内容包含在生命教育中的生命幸福感教育中。其基本理论包括以下内容：第一，幸福不是暂时的感官愉悦，幸福是做有挑战性且需要技术的事情。要集中注意力，要有明确的目标，要深深的投入其中。第二，幸福是积极的态度、乐观的性格和快乐的心情。第三，幸福感来自于自己的优势与美德，通过自己努力才会有真正的幸福感受。针对同一主题，两门课程的阐释角度不同，一个从思想观念层面，一个从心理层面，但教育内容基本一致，可以互为印证。这样既有心理学理论做支撑，又实现思想价值引领，两者有机互补融合，夯实了教育内容，提升了教育效果。

（二）"课程思政"的内容选择

《普通高等学校学生心理健康教育课程教学基本要求》中，提出高校心理健康教育课的内容主要包括十二个专题，可以依据课程内容，遵循内容之间的逻辑关系和内在联系，找准思政元素的融入点，将课程思政的内容自然融合、有机渗透到课程内容中。在"大学生心理健康导论"专题中，从影响大学生心理健康的社会因素切入，让学生了解到国家实现富强、民主、文明、和谐，才能为个体生存发展提供有力的保障和健康的环境。在"大学生的自我意识与培养"专题中，讲授社会自我内容中个体与社会的关系时，让学生了解个体的自尊自信需要建立在社会安定和谐、自由平等的基础上，国家的发展和每个人息息相关，从而使学生对自己有更加清醒、理性的认识。在"大学生人格发展与心理健康"专题中，结合社会主义核心价值观对公民的要求，教育学生在发展健全人格的同时，要遵循"爱国、敬业、诚信、友善"的公民基本道德规范。在"大学期间生涯规划及能力发展"专题中，教育学生在进行生涯规划设计时，除了对自己的兴趣、爱好、能力进行综合分析和权衡，还要结合时代特点，要将个体的人生目标融入国家社会的发展目标中，实现个体价值与社会价值的有机统一。在"大学生情绪管理"专题中，在讲授大学生负面情绪调节和培育积极乐观的情绪内容时，引入中国传统文化的价值观念，如"道法自然"和"仁爱忠恕"。在互动体验环节，让学生体验呼吸、冥想等中国传统养生健身方法，让学生在体验中感受中华优秀传统文化的魅力，树立文化自信。在"大学生人际交往"专题中，在讲授提高人际交往能力内容时，引入中国传统文化中的"抱朴守真""赤子之心"等理念，教育学生在交往中保持真诚的态度。同时，教育学生将社会主义核心价值观中所倡导的诚信、友善作为个体与他人交往的基本价值准则。在"大学生性心理及恋爱心理"专题中，在讲授大学生性心理、大学生恋爱心理发展的规律及特点的基础上，阐释恋爱、婚姻中的道德规范，倡导大学生树立正确的恋爱观。

在"大学生压力管理与挫折应对"专题中，介绍中国传统文化"清静无为"的人生观，让身体、心理、精神与环境和谐统一。在"大学生生命教育与心理危机应对"专题中，在进行生命教育时，引入人生观教育内容，教育学生通过自己的努力奋斗，创造有意义的人生。在心理危机干预内容中，让学生了解只有在国家富强、社会制度设施完善的基础上，才能建立起完善的心理危机应对体系，才能完善专业心理卫生医疗机构。

四、优化生命教育思政元素教学内容

（一）生命的内涵

生命是教育的归属点，准确把握生命的内涵是开展生命教育实践的基本要求。各个学科对"生命是什么"这一问题作出了不同的解释，我们基于对已有观点的梳理和概括，在习近平健康观的指导下对生命内涵进行阐释。

从医学上说，生命是一个具有相对稳定性的物质系统，具有内因性死亡功能及生物性繁殖再生等特征；化学学科所指的生命不是一个过程，而是由碳氢氧磷等元素组成的分子结构；心理学认为自我意识的觉醒是生命的开始；从社会学角度上来说，生命是有生存的要求并在社会文化支配下发展的个体；从哲学意义上看，生命是具体事物和抽象事物、特殊性规定和普遍性规定、时间和空间、正价值和负价值组成的矛盾体。当然，全部的人类历史都是以个人生命的存在为前提的，在互联网兴起后，智能感应器进入人体引起了生命人工化的广泛争议，而学界普遍认为"人工生命"并不属于生命范畴。从生命的功能上讲，生命是能够进行新陈代谢、繁殖遗传、自我调节的活体；从系统论的观点出发，将生命结构定义为蛋白体的存在方式，生命的本质就在于蛋白体的化学组成部分不断地往复更替。广义上的生命包括动物、植物、微生物等一切具备生命特质的有机体；狭义的生命则特指人的生命，本书的生命教育研究就是围绕"人的生命"展开的。

人作为区别于其他生物的生命主体，其内涵应包括以下方面：人的生命首先表现在生物性上，生命是一个阶段性的过程，有其起点和终点；其次，人与自然环境紧密相关，但人有主观能动性，人的生命活动一方面要受到自然界的制约，另一方面又能适应并且改造自然界；最后，作为一种独特的生命存在，人的生命要不断地进行社会化，要在社会实践中不断实现自然生命向社会生命的转变，实现生命的完整性。本书进一步对生命的内涵进行横向剖析，将从自然生命、社会生命、精神生命三个方面阐释生命的内涵。

一是人的自然生命，这是人类得以生存繁衍的最基本生存形态，是人之存在最根本的生命标识。人的生命这种自然属性首先体现在它作为一个由多种器官组织等构成的有机整体，遵循着其内部固有的运行规律，在一定方向上存续着不可逆、阶段性的历程。人时刻处在自然环境的影响中，我们承认人的自然生命，但这并不意味着人只能单纯地依赖自然，人可以根据自己的意志作出生命选择，动物和人的显著区别就在于，人能支配生命活动，做自己的主宰。

二是人的社会生命。人类起始于大自然，但并不止于自然生命，人每时每刻都要面对与之产生关系的同类物，有着与其交往的本能。从总体上说，人始终被各种社会关系包围，既承担着一定的社会角色和责任义务，又享有社会提供的发展条件，而这种特点从人出生一直延续到生命的终止。从古至今，如何处理人我（社会生命和自然生命）的冲突一直是困扰百家的难题，儒家的"杀身成仁说"将社会生命摆在自然生命前面，杨朱"一毛不拔"推崇完全的自我满足感，厘清自然生命与社会生命之间的关系才是解决此类问题的关键。中国传统文化中蕴含着"仁"的价值观，"从人，从二，"人只有在与他人的关系中才能摆正自己的位置，自我不是完全封闭的，爱自己进而推及爱他人是中国传统一贯的处世原则，时间证明了自然生命与社会生命的统一交融。

三是人的精神生命。如果生命只具备自然性和社会性，而缺乏思想存在与意义彰显，我们也不能称之为完整的生命。基于自然生命的存在，人往往会在生活中会形成固定的价值观，从而制定人生规划、追寻人生意义、到达自我超越的境界。同时，精神生命的完善离不开自我认知和自我反省，人在创造性活动中能够反复思考自己的生存现状，重构自己对生活和人生的理解，不断满足自己的价值期待。总之，对于人生意义的追求，就是人拥有精神生命形态的重要依据，这不仅扩展了生命存在的空间，也为解释社会生命活动提供了前提。

当然，人的自然生命、社会生命、精神生命不是互相排斥的，生命价值由这三种生命形态共同维系，三者统一于人的生存进化过程中。自然生命承载了生命本体的物质基础，社会生命实现了个人向人类群体的转化，精神生命彰显了人对自身生物性的超越，我们只有在三维层面上阐释生命的内涵、认清生命的意义，才能正确地理解生命教育的价值。

（二）生命教育的内涵与特征

通过教育，树立大学生正确的生命观，捍卫生命的尊严，激发生命的活力，提升生命的内涵，实现生命的价值，重心在于爱护自己与尊重他人的生命，包含关注自身安全，珍爱自己生命，减少对他人的欺凌行为等。近年来，大学生自伤和校园霸凌事件时有发生，对大学生进行生命教育就显得尤为重要。将感恩心理、敬畏生命，转化成核心价值观教育具体而生动的教学内容，能增强大学生的道德使命感和责任感，培养公德心与素养，将公民道德教育贯穿于心理健康教育中。加强社会法律宣传，规范法制观念，教学生懂法、守法，坚持法律底线，学会利用法律武器保护自己和他人，保护自己的合法权益。

以往学者们对生命教育的内涵作出了多种解读，提出了价值观教育、生死等相关概念，我们在综合概括之后，统一称其为"生命教育"。同时，想要全面地把握生命教育的科学内涵，还需要考察其主要特征，只有厘清生命教育的内涵与内容，才能立体化地开展生命教育活动。

1. 生命教育的内涵

生命教育源于国外，国外普遍将"通过生命体验活动，引发人们对生命的热爱，消除危害生命行为为目的而开展的社会性教育"作为生命教育的定义。而在国内，学者们对生命教育内涵的讨论时间已久，他们从生命教育学科的视角、从生命教育包容性角度、从教育目的角度对生命教育加以阐释，提出过相应的概念表述，但目前学界尚未达成统一的生命教育定义。基于对生命和大学生生理心理特征的理解，本书所阐述的高校生命教育内涵包括以下方面。

第一，明确高校生命教育的理念。在坚持马克思主义全面发展理论前提下，教育者在教育过程中形成了关于生命教育应然性的认识和要求，教育主客体的矛盾运动促使教育者对大学生实施生命教育，使其树立客观正确的生命价值观。生命体现在教育过程中，教育的本质要求以生命为中心，一方面，生命需要教育，教育实现了个体社会化和社会个体化的统一，在此过程中人的性格被不断塑造、看待世界的眼光不断客观化。另一方面，生命是教育的逻辑起点，自然生命的存在是人接受教育的最基本条件，生命教育离不开尊重遵循个人的发展规律，离不开人的培养、人的生成、人的完善。

第二，把握高校生命教育的目的。生命教育不仅关心人的生命安全，而且关注人的心理健康和心理成长，它不是一个简单的教学策略和方法，更重要的是它以心灵自觉为桥梁，以实现人生意义的顿悟为目的。高校生命教育首先要帮助学生尊重生命、呵护生命，让他们在多彩的社会生活中找到属于自己的位置，培养学生的自我效能感和自我驾驭能力，从而使其真正地认识自己，热爱自己；生命教育还能教育学生处理好人与他人、人与自然的关系，养成和谐相处的生命观；高校生命教育也能促使大学生确立信仰、在自我实现与自我超越中发展，从而获得真、善、美的情感体验。

第三，关注高校生命教育的过程。生命的发展和超越不是依靠生命知识的积累，也不是源于理性思索，而是产生于人类现实的生命实践过程。在高校生命教育过程中，以大学生为关注人群，掌握个体的生命特性，通过"共情""体验"等形式，让每一位学生在日常学习生活中都能理解他人、彼此成就、携手进步。

生命教育课程要根据学生的特点，将课外实践与课堂教学结合，家长也应参与家庭生活指导，各个环节的参与者都要注重生命教育过程中出现的问题，及时反馈进度和总结经验，以便于调整生命教育形式。

总体而言，生命教育具有广义和狭义两种理解方式。广义上的生命教育主要指教育固有的生命性，狭义的生命教育只包含关于生命的教育，而并非将全部教育包揽在内。因此，本论文将生命教育的内涵概括为：生命教育应当是一种发展性的教育，要关注自然生命，也要关注社会生命；要关注个人，也要关注他人；要关注生命认知，也要关注独立生活技能及生命道德观念。当代大学生生命教育，则是根据生命教育的基本要求，针对当代大学生这一限定人群，根据大学生的生理特征和时代发展需要，按照一定计划和目的进行，旨在引导当代大学生树立珍爱生命、关怀生命、超越生命的态度，培育理性健康、积极向上的生命价值观的社会实践活动。把握生命教育的基本内涵是走进生命教育的第一步，不难发现，学界对生命教育的认识和应用还存在着风险防控的一面，这种风险至少包括容易混淆生命教育与死亡教育等概念，将生命教育的作用弱化等等，我们也应对此加以辨析。

生命教育的本质是全方位的教育，以本体教育为基础线索，涉及个体发展的各个方面，既关乎个人的基本物质生产方面，也关乎个人经历发展方面，更关乎个人生命价值方面。也就是说生命教育在关注群体发展的同时更关注个体生命价值的实现。生命教育的核心目的是通过个体生命的自我管理，成长并体现出生命独特性，最终成长为"我之为我"的体现生命价值的共同体。对于受教育者来说，教育者所持有的观念就是受教育者所要形成的意识形态。

综上所述，不难发现生命教育是一种教育理念，教人向善的同时，着重培养人的体验生命之美，尊重生命之存在、寻生命之意义、实现生命之价值。生命教育是指从人的出生到死亡的过程中，教导人们更加尊重生命热爱生命，使得受教育者理解生命的本质，理解生命的意义和实现生命的价值，帮助大学生树立正确的生命价值取向，坚定生命价值的最高追求。

2.生命教育的特征

在生命教育基础理论的指导下，结合生命系统的整体性和生命教育的开展效果，主要从生命教育的六方面要素着手剖析生命教育的特征。

第一，教育者的系统性与整体性。人的成长是身体和心理、自然与社会、现在与未来交互作用的复杂过程，这就决定了我们要将教育者作为整体性的思考单元，重视与生命教育者相关的各种联系，从教育者内部与外部诸要素之间、教育者整体与部分之间、教育者系统与环境之间进行辩证考察，全面地把握生命教育者的系统性。而教育者囊括了教师、家长、社区服务人员等多种角色，生命教育活动需要学校、家庭、政府、社区等多主体的配合联动，以便在不同场域中产生有效能量，形成教育合力，在教育活动中发挥引导作用。

第二，教育对象的主体性与创造性。生命教育对象的主体性是指教育对象具有创造性思维，能够产生热情、积极等正面情绪，在教育过程中可以把良性效益反作用于教育者与教育过程。教育对象作为具有思维意志的人，在生命教育的过程中，经过主动接受——内在筛选——行动外化——反馈导向的转化过程，能自觉地在实践过程中提高生命价值理论水平和社会道德品质，使教育达到最佳效果。正如学生对生命充满了天然的好奇心，当面对教育者在传播带有个人色彩的生活经验时，也将会从独立社会主体的立场出发，根据生活场景改编自己获取的生命知识，从而满足自身的成长需要。

第三，教育内容的阶段性与层次性。不同时代有不同矛盾和任务，新时代生命教育内容因其受时代的支配和影响，必然有不同于过去的特点。生命教育内容有阶段性的特点，还取决于教育对象的层次性，从幼儿到青年到老年，从家庭生活到学校学习到社会生活，个体所要面对和解决的具体问题有所不同，生命教育的侧重点也随之改变。同时，生命教育内容不是单一的，是按照一定结构相互联系、相互作用而形成的，即生命教育有层次性，必须掌握教育对象的实际情况，准确解析各类群体的生命状况和阶段特征，才能使生命教育的效果更具针对性。

第四，教育方式的渗透性与体验性。生命教育与生命、生活、生存紧密相关，显性课程教学配合其他学科教学中的生命因子渗透，以多种形态塑造教育对象，生命教育的实现方式呈现出循序渐进、间接、隐性的特点。而体验性的生命教育在保证教育效果的前提下充分利用学生活动、社会实践等手段，来减少教育者和外界因素的干预，注重为学生提供模拟或真实的情境和活动，使学生迸发高度的参与感与获得感，让学生获取感官经验和个人感受并进行交流探讨，重整学生的学习方式与行为模式，使学生真正实现正确生命观的内化与外化。

第五，教育环境的社会性与文化性。生命本质上拥有"自然"和"社会"双重属性，人虽受到自然条件的限制，但在心理和精神上更多地受到社会环境的影响。由于社会制度和文化底蕴不同，国内外的生命教育环境也有差异性，现阶段中国将社会主义核心价值观作为精神目标向导，全社会层级铺开，逐渐形成了思想道德建设和价值观引领的教育氛围，在社会环境的组合作用下，生命教育既具备上层建筑的理性特征,又充满了中国特色社会主义的文化色彩。

第六,教育过程的长期性与长效性。从懵懂孩童成长为一名爱惜生命、乐观自信、充满社会责任感的大人,离不开教育不间断地熏陶和培养,生命教育伴随着个体的一生,其教育过程的长效性就体现在所授学生的长远发展中,代际传承的生命教育不仅可以影响一个人、一代人的发展,更能实现社会自由度的整体提升,为人类自由联合体的最终理想铺路。就学校教育而言,在生命课程的设置与开发上面,只有从教育过程的长期性与长效性入手,才能使学生能在自己喜爱的世界见贤思齐、健康成长。

3.生命教育的内容

生命教育是全人教育,涵盖了人性与社会性、生存性与价值性等内容。与国外生命教育突出个体生命与死亡等领域不同,国内生命教育内容更侧重于社会价值的实现,将其分为生命认知、生命意志、生命价值三个层面。

生命认知教育。青年学生中自杀与他杀现象时有发生,透露出社会主体承受着与日俱增的多方压力,学生中也普遍存在生命认知不足、生命意识不清的问题。而加强生命认知教育的关键在于生命意识的培养,包括生死教育、生态教育、审美教育。生死教育能帮助学生认识何为生命,培养学生的尊重爱惜生命、敬畏死亡的意识,归根到底就是要敬畏生命,敬畏我们自身,这也是人实现自我和解的思想基础;生态教育则要告诫学生,人类与自然处在相互关联、协调发展的生命共同体之中,不能过度地开发自然资源,要爱护自然,与自然和谐共生;审美教育即引导学生欣赏生命,发现自己生命存在的必要性,接纳自己的优缺点。

生命意志教育。通过加强教育对象之生命意志力的教育,以有效提升其应对挫折的水平,是生命教育的重要内容。挫折教育要培养学生的承受能力和坚定决心,使他们在面对生存危机和超越生存困境时充满勇气。社会关系教育涉及伦理观念,目的在于帮助学生认识人与他人之间的关系,尊重、宽容、关心他人,从而顺畅地进行人际交往。幸福与感恩教育,教育者应关心学生的身心状态,促使其在逆境中保持乐观的人生态度,形成积极向上的精神风貌,让学生认识到现有生活的来之不易,学会知恩图报。劳动教育,着力培养学生的动手和独立生活能力,结合体育教育课程,使学生拥有自主自立的生活态度。

生命价值教育。理想信念教育,使学生成长不同阶段的短期目标与人生的长期目标相结合,作出正确地价值判断与价值选择。奉献教育即鼓励大学生积极参加志愿服务活动,教育学生养成奉献的观念,但这并不是意味着无限度的"牺牲",

而是使其从小事入手，关爱帮助他人。职业生涯教育，根据社会发展需要，结合学生的专业素质、技能，为其开设职业规划和榜样人物等课程，强化个人职业意识。责任使命教育的首要问题就是明确努力方向，这就指向奋斗为了谁、奉献为了谁，让大学生认识到自己的历史使命，勇担当、敢作为，尤其要在突发事件中认识到自身对他人、对社会、对国家的责任，提升自己的专业素质，接受时代的考验。

生命教育针对重大的生命问题而展开，从关注身体健康和生命安全的基本层次到重视精神发展与价值实现的升华，生命教育内容显示出综合性与丰富性的特点。在疫情大考之下，如何进一步深化生命认知，如何平衡好自然生命和社会生命的关系，也应成为生命教育应当关注的时代内容，生命教育的内容应朝着时效性与实效性的方向发展。

4.高校生命教育的地位与意义

生命教育涉及的范围较为广泛，涵盖人出生至死亡的始终，而高校生命教育作为本书的研究对象，其参与主体——大学生"生命体"在生理和心理各方面都有独特之处，这也使得高校生命教育在整个教育进程和社会发展中有着特殊价值。生命教育，从字面上理解便是对生命的教育。人是社会的人，因此人的生命不仅表现在生理层面，还存在社会属性。生命教育即让学生在珍惜、尊重自身生命的基础上处理好自我在社会中与自己和他人的关系。曾有学者指出，生命教育的核心是学生接受教育后能够珍惜生命，提高生命质量，发挥生命最高价值。

在课程思政中融入生命教育有利于帮助学生理解生命并敬畏生命，减少犯罪行为并维护生理安全，缓解心理问题并促进心理健康发展，最终帮助学生实现自我生存的价值并在社会上立足。高校生命教育的意义有以下几点。

（1）有利于帮助学生维护生命安全

根据公共卫生科学数据中心统计，全国20至25岁艾滋病患者的发病率和死亡率分别为2.1538%和0.3324%。各类新闻也多有报道高校学生逐渐成为艾滋病的高发群体。对大学生进行艾滋病防治普及教育逐渐成为各级各类学校的日常工作。除此以外，学生群体杀人、自杀等刑事案件近年也屡见报道。

在课程思政中融入生命教育相关内容，能从思想上教育学生珍爱生命，有利于减少学生伤害自己或他人的极端行为；在课程思政中融入生命教育相关内容，能帮助学生养成健康体魄，有利于提高德智体美劳全面发展的人才培养质量；在课程思政中融入生命教育相关内容，能提升学生生活和生命质量，有利于学生在学习和工作中实现社会主义建设的个体最高价值。

（2）有利于帮助学生促进心理健康

2019年，接连几位明星因抑郁症自杀引起了网络热议。抑郁研究所发表的《2019中国抑郁症领域白皮书》里提道：一项囊括了39项研究、从1997至2015年、包括32694人的关于中国大学生群体的研究表明，中国学生群体的抑郁症发病率为23.8%；2019年7月24日，中国青年报在微博上发起针对大学生抑郁症的调查，在超过30万的投票中超过两成的大学生认为自己存在严重的抑郁倾向；世界卫生组织也曾提出1/4的中国大学生承认有过抑郁症状。[①] 除抑郁症以外，躁郁症、焦虑症和情感障碍等心理问题在学生群体中也日益严峻。

在课程思政中融入生命教育相关内容，能缓解学生的心理问题，有利于学生开心学习和工作，正确看待生活中的人和事；在课程思政中融入生命教育相关内容，能促进学生心理健康成长，有利于学生正确处理同学关系等人际关系；在课程思政中融入生命教育相关内容，有助于培养中国特色社会主义合格建设者，不仅有利于社会安定，还有利于健康中国建设。

（3）有利于帮助学生处理社会关系

《就业蓝皮书：2020年中国本科生就业报告》指出，大学毕业生从事专业相关工作的比例趋稳。2019届本科生工作与专业相关度为71%。除此之外，有部分高校毕业生更换第一份工作的比例缓慢上升。[②] 由此可以看出，高校毕业生在融入社会过程中存在不同程度的问题。人是社会的人，因此生命教育的目标除了教育学生珍惜尊重生命，还应教会学生如何在社会中生存、如何与人和谐相处。在课程思政中融入生命教育相关内容，能帮助学生掌握正确处理人际关系的技巧，有利于减少学生在学校和社会中的不适应感；在课程思政中融入生命教育相关内容，能帮助学生适应社会、学会与人相处，有利于帮助学生正确看待社会竞争；在课程思政中融入生命教育相关内容，能帮助学生在步入社会后成就和提升自己，也有利于个体更好地回馈社会。

（4）高校生命教育是大学生实现全面发展的有效途径

高校生命教育倡导通过多方力量整合，塑造生命理念，对大学生产生全方位、长时效的熏陶。大学生的生活圈相对单一，主要由日常学习和学校活动构成，社会的多元价值却从外部冲击着大学生尚未成熟、摇摆不定的价值观。虽然大学生思想认识的内在矛盾仍是主观与客观的矛盾，但大学生的主观思想认识主要不是

---

① 抑郁研究所.2019中国抑郁症领域白皮书[EB/OL].https：//www.xinli001.com/info/100455855，2020-12-29.
② 王伯庆.就业蓝皮书：2020年中国本科生就业报告[M].北京：社会科学文献出版社，2020.

通过社会实践,而是通过学习理论得来的。反观现实,辱华的"季子越事件"频繁发生,意味着部分大学生缺乏国家意识和爱国情怀,学历与修养严重不符,折射出青年学生对生命价值、道德理想的认识不足,价值观的背离给高校教育敲响了警钟。对处在拔节抽穗期的青年大学生来讲,生成自我存在感、理解个人使命和责任极其重要,而高校生命教育有着导向功能、塑造功能、激励功能,既能推动大学生树立正确的理想信念,又能帮助他们体会生命自由,从而敬畏生死、爱惜生命。

(5)高校生命教育是高校教育发展的必然趋势

近年来,学界高度关注生命教育,将其视为现实的教育现象,但从中国教育体系看,生命教育的位置仍然较为尴尬。从实用性看,生命教育具有发展、预防干预、监督的作用,生命教育应聚焦个体生命的当前需要,关注学生的生命律动,促进生命的高质量发展。相对于中小学的生命教育,高校生命教育处在人生教育的核心环节,面向对象更为特别,实施难度更大,但作为学校生命教育的最终场所,高校生命教育的充分实施让高校教育更完整,有利于巩固前期生命教育成效,促进生命理论及生命行动的社会化。

(6)高校生命教育是社会和谐稳定的重要支撑

一方面,开展高校生命教育,引导大学生认识生命价值,珍惜自然命脉,树立生命共同体理念,对保护自然、促进人与自然和谐发展至关重要。另一方面,高校生命教育使得理论教育与社会实践结合,将专业过硬、品德素质良好的人才源源不断地输送到社会发展的各个岗位。随着网络和科技对生活的多重渗透,人处在社会风险的穹顶之下,但接受过生命教育的人不仅仅可以保护自然生命,还能主动维护社会的和谐稳定,将社会生命和社会价值作为自己的追求和意义。通过高校生命教育,大学生将正确处理国别文化差异,作为社会主义主旋律的坚定信仰者,秉承爱国、励志、求真、力行的理念投身于中华民族伟大复兴的梦想实践。

(三)优化生命教育思政元素教学内容的途径

在高校人才培养工作中,学生安全教育要么被忽视掉了,要么就是应付检查,流于形式,常通过宿管查寝、导员劝导等方式对学生进行理论说教和灌输,学生往往当耳边风,更有甚者还会产生逆反心理。在课程思政中融入生命教育,不仅要反思并解决以往教育教学工作中出现的问题,还应注重突破思维限制,更多地关注生命教育的内涵和价值,结合课程思政新提法、创新生命教育新方法、建设生命教育新格局。

1.狠抓心理健康教育，提升生命教育动机

由于学业负担加重和就业形势严峻等种种原因，学生群体心理问题及其疏导治疗被日益重视起来，从录取前、开学前等的心理测试到日常生活中导员的留心观察，学生的心理健康问题没有被忽视。但是，在实际工作中部分教职工走形式、不想把事闹大，部分学生好面子、不信任、害怕等种种原因造成遗漏或者轻视学生心理问题的情况，会对学生的心理健康和学习生活造成无法挽回的伤害和损失。

各高校除了心理健康教育中心等专属机构各司其职，还应在课程思政中狠抓心理健康教育。其原因在于课程思政主要涉及精神层面如价值观等的指导教育，然而心理健康却与学生的学习生活息息相关，只有从学生精神层面提升主观能动性、提高对心理问题的重视程度，才能减少学生对学校提供的心理咨询等服务和帮助的抵触情绪，使学生敞开心扉，信任学校教师。

2.加强课程思政建设，推进生命教育实践

《高等学校课程思政建设指导纲要》指出："全面推进课程思政建设，就是要寓价值观引导于知识传授和能力培养之中，帮助学生塑造正确的世界观、人生观、价值观。"

在加强课程思政建设时，要尊重学生、理解学生、信任学生、激励学生，公平公正地对待学生，相信每一个学生都是可塑之才，善于发现每一个学生的闪光点和特长。课程思政不能丢下任何一个学生，必须围绕学生、关照学生、服务学生，不仅要重视课堂授课，而且要注意教学各流程各环节，通过现代信息技术的应用，以及第一课堂和第二课堂的综合运用创新教学模式；要注重发挥课堂育人主渠道作用，创新理论课授课方法，将生命教育理论与实践结合，加强校企合作，通过建设生命教育实践基地使学生切实接触和感受生命教育知识实体。

3.挖掘习近平健康观，提升课堂思政效果

习近平总书记提出，要健全健康教育制度，促进学生德智体美劳全面发展。[①]高校应当借鉴习近平健康观中全面健康的思想，合理把握其思政功能对学生个体生存、人格发展、精神享用三方面的影响，不断纠正生命教育实践的偏差，搭建预防教育与立德树人相结合的桥梁，从而推动育人目标的落地。

尊重生命，关注个体生存，这是习近平健康观思政功能的第一层次。每个个体、家庭的美满是全面小康的构成要件，思政育人是实现个体幸福的重要途径，

---

① 习近平.在教育文化卫生体育领域专家代表座谈会上的讲话[N].人民日报，2020-06-22（01）.

两者都要求关注学生个体的生存状况,学校要从生命的共性着手,聚焦于学生的幸福追求,运用理论灌输的方法,通过"思想道德修养与法律基础"等课程,提升大学生的守法观念、群体意识、维权能力,使其增强对社会规则的认同感,推动不同群体之间的生命交流。同时,高校要学会运用典型事例,用深入浅出的方式使大学生获得主体效能感,引导学生掌握生命的诞生、成长、死亡等自然规律,要教育他们悦纳自身,坦然接受自己的缺陷与不足,形成持续可行的成长目标,发掘其生命存在的独特魅力。

心理调适,塑造人格发展,这是习近平健康观思政功能的第二层次。人的心理健康直接影响着人的快乐感与信任感,直接塑造着社会的"整体情绪",但多数大学生面对着巨大的学业压力,处于长期焦虑的状态,影响了全面健康目标的达成质量。由此可见,生命教育者要推动学生的人格发展,第一步先要了解受教育者的生命状态,了解教育对象当下最直接的心理需求,主动理解他们的思想境遇,避免无意义的行动;接下来,高校应从生命关怀的立场出发,发扬高校教育的集中性与系统性,将思想政治教育和健康状况筛查统一于学生生活,及时帮助大学生调节不良情绪,排解学习生活环境变化带来的不适感;在最后,高校要在全校加强体育教育和劳动教育,使大学生养成坚强的生命意志和勇敢的个人品格,促使他们顺利地完成知、情、意、行的转化循环。

政治引领,满足精神享用,这是习近平健康观思政功能的第三层次。全民健康是全面小康的重要一隅,生命教育也会不可避免地受到国家观、社会观等多种价值理念的影响。于是,高校开设生命教育课程,需要锚定大健康和健康中国的方向,重视正确政治立场的导向,培育爱国主义信仰,使国家政策方针与个体生活目标深度融合;还要使学生掌握唯物辩证的历史观和方法论,培养其对中国道路选择的正确认识,使其夯实融入社会生活的政治基础;与此同时,高校要打破"培养政治人"的一元价值观,将大学生作为有良心、有爱心、有激情的感性主体,提升生命教育的亲和力与感召力,增加教育内容的人情味,让生命知识更具温度与深度,让学生们获得精神世界的享受。

挖掘习近平健康观的思政功能,要统一个体生存、人格发展、精神享用三个层次,着眼"大卫生、大健康"的观点,立足健康中国的目标,在生命教育的框架之下,强化思政教育灌输法的首因效应,使学生从入学起就开始接受充分全面的生命观念,发挥学生能动的主体作用,进一步激发其要求进步向上的内生动力,使生命教育回归到"现实的人"这一根本主题。

4.健全日常管理制度，拓展网络生命教育

各培养单位应重新梳理现有的培养方案和日常管理制度，及时融入相关的生命教育内容，使生命教育真正落实到学校教学、管理的方方面面。同时还可以由各学院党委牵头，团支部、各专业辅导员和各班干部自上而下、分工明确，将关心学生和思想引领结合，从日常生活入手，采取观察走访或访谈式教育的形式具体落实课程思政中生命教育的融入。各高校还可以在微信、易班、学习通等平台开设具有学校特色的包含生命教育内容的校内网上党课、团课、选修课等，将网课选修情况纳入学生培养计划、期末毕业考核中，提升学生与教师的重视度。

5.升级后勤服务体系，突显扶志生命教育

扶贫先扶志，各高校还应升级后勤服务体系、完善资助制度，提升后勤服务意识，设立完备的资助制度，对学生生活实际和思想进行关心，使学生切身体会到学校的爱护，从而萌发出珍惜生命、好好生活学习的意志态度。在极易发生安全事故的地点，如食堂、澡堂、宿舍等，应定期开展涉及全校学生的安全教育主题活动，可以采取奖励机制，创新教育形式；还应发挥校医院、心理健康教育中心和思政导员的联动作用，协同工作，建立生命教育校内合作机制。

6.建设特色校园环境，形成生命教育文化

作为隐性教育资源，独特的校园文化可以为生命教育提供新思路、新形式。在思政建设中，还应考虑建设能够体现学校特色风气、精神面貌的校园环境，如宣传栏、海报展板等，通过这种潜移默化的教育形式使学生置身于无形的教育环境，从而达到教育目的。考虑校园环境建设的内容时，首先要保证将思政教育的价值引领作用和生命教育相结合，最终引导学生珍爱生命、向上向好；选择校园环境建设的内容时，要尽量结合时政热点，从新颖的角度切入，并体现生命教育相关内容；布置校园环境建设的内容时，要选择具有代表性的，如电源、水池、澡堂、高处陡坡等容易发生安全事故的地点。

7.树立"身心健康、和谐共生"的生命教育目标

生命教育具有丰富生命意识、强化生命意识、提升生命智慧的作用，要想切实发挥高校生命教育的价值，必须首先明确高校生命教育的目标，确定高校生命教育变革的方向。高校要将"身心健康，和谐共生"作为高校生命教育的目标，既要保持从大学生出发的教育初心，又要符合社会对人才的需要，实现人与人生、生活与生命的统一回归。

一方面，要制定"身心健康"的生命教育目标，确保学生的生命安全、理性

平和、身心健康。坚持健康首位的观念，将健康中国的一般要求援引到高校教育目标体系之中，并结合大学生特点将其细化：其一，帮助大学生养成健康体魄。要帮助大学生增强对身体素质的重视程度，使其掌握必要的急救技能，帮助大学生形成规律性的生活作息与运动习惯，鼓励他们走进自然，避免更多"宅男、宅女"的诞生，为个体心理成熟提供优质的身体条件，提升大学生的综合健康指数，实现个人健康、宿舍健康、班级健康、院系健康到学校健康的全覆盖。其二，造就大学生良好的心理素养。学校要合理配置教育力量，帮助低年级学生尽快调整在新环境中产生的孤独感，帮助他们确立理想与目标，获得自信与独立；针对中间年级的学生，要重点解答他们人际交往、两性关系等方面的困惑；对于高年级学生来说，教师们要及时排解学生对就业选择的彷徨感，促使其树立正确的职业取向、顺利地完成身份转换。

另一方面，爱人利物之谓仁，"和谐共生"也是高校生命教育的目标之一。高校生命教育目标存在"合伦理性"的规定，但并不意味着可以忽视生命教育的"合规律性"，除了个体成长，生命教育也要求学生具备悦纳自然、社会、他人的能力。这就要求学校在遵循社会进步规律、人的自然成长规律的基础上，让学生学会与自然、社会、他人和平相处，形成全方位的生命思考：对待自然，要给传递学生绿色发展、天人合一的观念，让他们学会正视野生动物的生命存在、重视生态破坏带来的反噬后果，从而产生对自然的敬畏感；对待社会，高校要让大学生尊重规则，坚守自己的道德底线，养成集体生活的能力与思维；对待他人，要教育他们保持理性、心存感恩，更加爱惜并尽力保护周围的生命，学校必须将和谐共生目标扩大到生命整体层面，推进自我、自然、社会、他人的和谐统一，从而真正地发挥生命教育课程的效力。

8.建设"综合性、持续性"的生命教育课程系统

随着新时代大学生生命需求激增，高校逐渐意识到生命教育的必要性并进行了改良生命教育课程的尝试。我们认为，生命教育课程是开展生命教育的主要形式，课程内容和结构是组建生命课程系统的"骨架"，高校既要设置持续性的生命教育课程，又应完善生命教育课程内容组成，实现生命教育课程的全覆盖。

从课程的综合性来看，高校应把握大学生的生命现实，充实生命课程的内容。学校要注意大学生生命课程内容与初高中教育内容的衔接，把学生的生命需要打造为连续的教育内容，推进生命教育的长效发展。第一，要重点关注大学生生命价值观教育，将学生的思想状况、信仰取向作为生命教育的重点组成部分。第二，

要将生命健康内容纳入生命教育课程。随着工具理性的倒逼，人的身心健康，或说人的基本生命权都无法得到保障。习近平总书记指出，要倡导文明健康绿色环保的生活方式，树立良好饮食风尚，推广文明健康生活习惯。[①]因而，为了满足大学生的美好生活需要，必须做好普及化教学，扩大健康教育、死亡教育、责任教育、两性教育在生命教育课程中的占有区间。第三，AI、大数据等产业革新也会促使学生探寻人类生命的终点和未来社会的发展模式，生命教育也需要不断适应时代发展潮流，在课程中合理地增添科技元素，促进生命教育内容的综合完善。

从课程的持续性来看，高校要扩大生命课程的覆盖面，合理安排生命教育课程结构。高校应站在生命教育课程的总起点，增强对生命教育的重视程度，设置与小学、初中、高中相衔接的生命教育课程，与学生常互动、多交流，通过多种渠道了解现有生命课程的弊端，在终身教育的框架中不断改进生命课程，将其纳入学校教育长期发展规划之中；学校也要保证授课对象的持续性，关照教育对象生命、生活、生存等层面的一般性与特殊性、阶段性与长期性，确保学生进入大学，能够接受系统的生命教育，在区分教育对象不同特点的基础上，实现生命教育课程的统筹规划，学校可以从身心健康、价值引导等不同方面打造综合性的系列课程，各院系也可以针对不同专业学生开设有代表性的系列品牌课程，更好地确定选修课与必修课的开设比例，逐步实现生命教育课程专业课的全覆盖；学校还要保证课程内容选择的延续性，坚持"预防性为主"的方针，把发展预防和对特殊群体的干预政策融入生命课程之中，按照"从简单到复杂，从现象到本质"的方式安排生命课程内容，选取思想政治理论课的生命教育元素，避免出现教育内容的断崖现象，实现生命课程内容在高校教育体系的有效延续。

五、丰富教学内容，使学科内容更有深度

专业课程在我国高等院校"课程思政"建设中发挥育人功能，有利于专业课程丰富自身的教学内容，使学科内容更有深度。立德树人是教育的根本目标，教育的根本立足点在于"育人"，人才培养质量的提升离不开课堂教学这个主渠道。业课教师只有将"课程思政"的理念融会于专业课专业知识教学之中，将育人目标贯穿课堂教学的全过程中，才能使学科知识与思政教育有机结合起来，在教学内容得以丰富的基础上，使学科内容更有深度，最终回归到"育人"的本真目的。

教育不存在于真空之中，它是社会的一个子系统。在知识社会学的视野中，<u>从来不会存在纯粹的知识</u>。也就是说，专业课程并不只是蕴含知识技术元素，在

---

① 习近平.在教育文化卫生体育领域专家代表座谈会上的讲话[N].人民日报，2020-09-22（01）.

知识技术背后还蕴藏着鲜明的价值导向。因此，专业课教师将在对大学生进行知识传授与能力培养的过程中渗透价值观教育，为专业课的教学内容增添了思想政治教育味道，能够使其教学内容发生质的转化，更具深度。具体而言，"课程思政"促进了专业课教师对所授学科思想政治教育元素的挖掘。专业课程涵盖所有学科门类，不同专业课程暗含的思想政治教育资源存在差异，这种思想政治教育资源包括较易开发和较难开发两种类型，前者主要源于不同专业的教材教学，教学大纲和教学目标是不同学科教材的编制依据，在编制教材的过程中会或明或暗地融入价值观导向内容，因此，这部分思想政治教育资源是比较容易挖掘的；后者是隐藏在课程教学过程中的，需要专业课教师下功夫发现和开发，因此，这部分思想政治教育资源是比较难挖掘的。专业课教师需发挥自身的积极性、主动性和创造性，啃透专业课程所使用的教材，深挖隐性思想政治教育资源，为教学内容增添思想政治教育色彩，从而形成有质量、看得见的资源利用成果。

因此，"课程思政"改革使专业课教师不再拘泥于用专业知识和技能培养人，而将专业知识背后的思想政治教育元素开发出来，将价值导向潜隐在知识传授中，在使教学内容具有深度的同时，完成为党的建设和民族复兴培养优秀人才的使命。

（一）与时代潮流结合，推动教学资源多样化

一是积极扩充教材资源。中外兼备，引入国外优秀心理健康教育教材，补充国内心理健康教育的相关理论和知识。同时，收集和整理中国学者关于大学生心理健康教育的优秀成果，建设丰富多样的资料体系和知识库。二是积极建设多元教学资源数据库。比如，结合社会热点现象，搭建心理健康教育事件库；寻找和探究大学生心理健康教育课程中的思政元素，搭建课程思政库；引进心理影视剧等视频材料，搭建视频资源库；整理心理健康教育科研成果，搭建科研成果库。将所有资源融合，形成不断更新、与时俱进的资源库。三是利用网络教学平台，开展线上课程教学资源建设，构建"基本教学资源+微教学资源+拓展教学资源"三位一体的线上资源库。学生可以结合线上主动学习和线下课堂学习，增加了学生学习的主动性、自由性和灵活性。

大学生心理健康教育课程必须注重结合和融合思政元素，结合教学内容与思政元素，做到思政元素全覆盖，并对教学内容作出时代化调整，做到与时俱进。教学内容基于教材，而不仅限于教材，顺应时代发展，注重加入思政元素。调整教学内容，把握教学的重点和难点，删除和缩减陈旧的知识。注重教学内容的学科融合性，大学生心理健康教育不仅包括心理健康知识，还包括哲学、社会学、

医学等多学科知识，将这些知识融入大学生心理健康教育中，体现心理健康教育的学科交叉性特点。将国家方针政策和时代发展特点融入心理健康教育教学。习近平总书记强调"各门课都要守好一段渠、种好责任田，使各类课程与思想政治理论课同向同行，形成协同效应。"教育部提出大力推动以课程思政为目标的课堂教学改革，梳理所有专业课程包含的思想政治教育元素及其承担的思想政治教育功能，融入课堂教学环节，实现思想政治教育与知识体系教育的统一。这一系列重要讲话和文件精神，都要求心理健康教育教学要引领学生分析热点问题，寻找解决问题的思路、方法、手段，提高学生运用心理健康知识面对和解决实际问题的能力。

（二）与心理学相关教育内容进行有效结合

为了使高校大学生具备积极正确的价值观，使学生能够在良好的心理教育环境下提高自身的心理素质和综合素养，高校在开展具体教育的过程中，不仅要为学生建立良好的心理教育环境，而且相关教师还要将课堂教学具有的引导作用充分发挥出来，确保所采取的引导措施能够对学生心理发展起到积极的促进作用，从而使高校心理健康教育最终的效果能够达到令人满意的程度。因此为了使教师所采取的引导措施能够为学生心理健康发展指明方向，教师需要使自己的思想在具体教育教学中得到不断扩充，结合社会实际发展情况融入更多的进步思想。根据对高校心理健康课程教育教学展开的大量实际调查研究能够知道，如果教师在开展心理健康教育的过程中只是将具体理论知识对学生进行传授，必然会使学生对具体内容无法产生深刻的理解与认知，难以体会到真实的感受，从而对心理健康课程教学水平的提升造成制约。针对这一问题，心理健康课程教师要结合学生实际学习情况将真实的生活案例和多元化的文化知识合理融入具体教育中，从而使学生在教师建立的具体环境中对相关知识点产生真实的感受，从而对相关知识点背后的意义充分感悟，这不仅是对学生心理健康成长给予了积极的引导，而且还能使学生心理素质发展水平得到不断强化。因此高校心理健康教师想要实现这一目标，不仅要对种类多元、内容丰富的传统文化知识进行深入了解，而且还要具备能够从中提取精华、提炼精髓的意识与能力，这样才能为学生提供良好的教学内容，确保最终的教学效果能够满足学生和社会发展需求。

（三）与思政教育相关内容进行有效结合

在高校心理健康教师开展具体教育的过程中需要注意，想要确保最终的教育效果能够达到目标要求，使学生具备强大的心理健康素质，教师必须要保证所采用的教学方法具有多元化特点，使各种教学方式具有的优势充分结合，使学生在良好的氛围环境中开展有效学习。根据对多种教学方式互相结合效果展开的实际研究能够了解，可以将思想政治教育和心理健康教育进行有效结合，这样不仅能够满足课程思政的教育要求，还能有效实现提高学生思想素养和心理健康水平的目标。因此教师不仅要对学生具有的特点进行明确了解，还要确保开展的心理健康教育活动能够符合学生的学习兴趣，从而使学生快速融入教师设计的教学场景中。在此过程中，教师可以将学生在实际生活中经常遇到的场景与具体教学内容进行有效结合，是抽象的理论知识能够以另一种方式被学生充分理解，从而使学生在精神和情感方面与相关理论知识产生高度共鸣，使高校心理健康教育教学目标得到有效实现。因此为了使这一教育目标得到有效实现，思想政治教师必须具备先进的教学理念，以先进的教学理念作为心理健康教育的指导思想，对学生在学习和生活中遇到的各类问题给予积极帮助，并辅助学生对这些问题进行有效解决，使学生具有的学习积极性得到充分激发。与此同时，心理健康教师还要结合具体教学内容对教学方法进行全面改革，这是因为传统单纯的理论引导教学方式无法使现代化教学目标得到有效实现，因此为了使学生心理健康水平得到有效提高，必须保证所选择的教学方式能够对学生心理发展产生积极的引导，使学生能够对具体问题进行独立思考。

（四）融入社会主义核心价值观的引导

《关于加强和改进新形势下高校思想政治工作的意见》中指出，要强化价值引导，把理想信念教育放在首位。这充分说明国家对核心价值观教育的重视，让理想信念做主青年的精神世界。高校的心理健康教育的受教育对象是大学生，他们担负着日后建设祖国的重任。青年的价值取向决定社会未来的价值取向，青年的精神面貌代表着祖国和民族的精神。习近平总书记曾嘱托青年：要扣好人生的第一颗扣子。而这重要的"第一颗扣子"就是正确的价值观。在过去，心理咨询中往往采用价值中立的原则，即对来访者无条件接纳，不做道德评判或价值观的强加。然而，如果仅仅采用价值中立的原则，则很可能放任自流，不仅难以达到心理健康教育的预期成效，而且违背大学生的心理期待，无法为他们解决价值观方面的困惑，甚至为他们今后的身心健康成长埋下祸根。心理健康教育如果失去了正确价值观念的指引，就会在实践中不知不觉地偏离预设的教育方向和宗旨，而沦为唯有路径而无立场的泛泛之谈。因此，在心理健康教育过程中有必要融入社会主义核心价值观的引导。价值观教育是心理健康教育的补充，其目的同样是培养身心健康的祖国优秀建设人才。社会主义核心价值观来源于中国优秀传统文化，具有丰富的心理养分。有学者研究证实，学生的价值观与心理健康状况具有正相关性，即学生的心理健康状况越好，他们的价值观就越正确。

在心理健康教育过程中加强价值观的引导，笔者认为要做到如下几点：（1）加强教师的价值观引导意识。教师要率先垂范，把握真理，勤于学习。在与学生的交流互动中渗透核心价值观，在与学生的日常接触中以身作则践行核心价值观。（2）创新社会主义核心价值观的教育形式。心理健康教育者可以设计出适合大学生的实践活动，创新教育模式，例如情景教育模式、案例教育模式、双向互动教育模式、比较教育模式，以活动为载体，融入社会主义核心价值观，让学生在潜移默化中接纳活动所传递的价值观正能量。（3）尝试朋辈心理辅导，即通过具有共同的文化背景、相似的价值观的朋辈人的人际互动对受教育者进行心理开导和安慰。它是一种非专业的心理咨询，以人本主义心理学为理论基础，充满积极和自发的助人行为。高校可以通过设立班级心理委员，或聘请高年级的学生担任班级助理等形式来推动朋辈心理辅导模式的运行。

（五）积极开展交叉课题的研究工作

思想政治教育不是单纯的意识形态的灌输，更不是说教，它是一门综合了政治学、社会学、哲学、心理学、教育学等知识的教育学科。同样，心理健康教育不等同于心理咨询或是心理治疗，而是属于素质教育的范畴。二者属于不同的学科范畴，源自不同的文化背景，各自都是一门独立的学科。在当前，学科视野偏窄、思维方式单一、独立学科体系构建不足等问题，不仅妨碍思想政治教育学科的进步，也妨碍心理健康教育学科的发展。同时，面对当代大学生的复杂的思想问题和心理问题，只有走学科交叉之路，打好"组合拳"，才能够攻下"学科高地"。首先，事物之间存在着普遍的联系性这一本质特性使得不同学科之间的交融成为可能。同时，学科交叉能够使现有知识体系得到扩充，形成综合性、系统性的体系网络。再次，学科交叉有利于促进知识的碰撞和学科的创新发展。为了能够使思想政治教育与心理健康教育的结合更具有时效性，就需要进行二者学科上的结合，展开交叉课题的研究工作。

首先，要有效提高教师的科研能力。要有效提高科研能力，前提是教师必须确立科研的观念。有一种看法认为，思想政治离了教育属于公共基础课，教师只要做好课堂功夫就够了，科研可有可无。而从事心理健康工作的辅导员和咨询师，只要做好咨询答疑工作即可，也无需搞科研。在此种观念下，教育者们对专业研究就没有足够的压力和动力，长此以往，教师科研能力和水平低下，无法适应思想政治理论课教育自身的要求，与学科前沿脱节，进而直接影响到教育的有效性。要有效提高科研能力，还要有良好的科研条件和氛围。学校的教育主管部门和领导，要像对待其他学科发展一样，必须充分重视思想政治教育与心理健康教育的结合问题，加大力度投入和支持相关科研建设，同时从体制也机制上使教师对科研有内在的动力。

其次，教育者们要联合起来搞研究，用科研的方法去研究解决实际教育工作中存在的问题。尽管思想政治教育与心理健康教育两个学科的目的、原则、理论渊源上存在较大差异，甚至在价值干预、客观性原则等方面还存在着对立面，但是高校思想政治教育与心理健康教育的目标一致性使得两个学科能够有机会交叉摩擦出新的火花。

思想政治教育要充分借鉴和吸收教育学、伦理学、管理学、社会学、人才学、行为科学等学科的理论和方法，为与心理健康教育的结合奠定一定的理论基础。学科带头人也要发挥表率作用，积极探索交叉学科建设和科研合作，不断借鉴对方学科的理论成果和研究方法，经过加工、改造和转化，充实自身的学术视野。

第三节 创新心理健康教育"课程思政"教学模式

一、翻转课堂

（一）教学理念

课程思政教学的难点之一，就是学生对教学内容的接受程度不高，有些时候甚至存在"抵触情绪"。这种现象在课程思政教学的过程中经常出现。

针对学生的抵触情绪，可以将翻转教学法引入到课程思政的教学过程中，重新排布学生和教师的位置，将传统意义上的教授主体——教师转移到幕后，让接受教育的学生站到前台，让学生在学习过程中，主动参与思政教育、熟悉思政教育，最终接受思政教育。翻转教学的师生关系示意图，如图5-3-1所示。

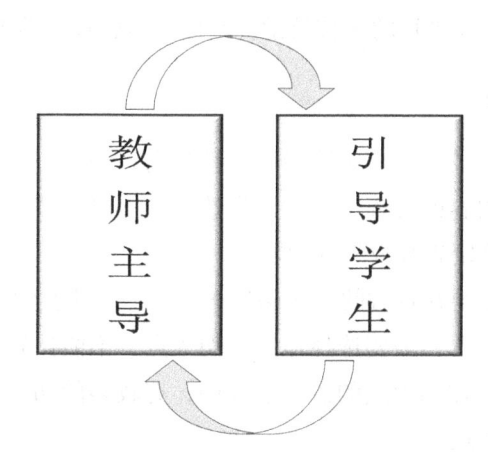

图 5-3-1　翻转教学法教学关系

（二）教学方法

在实施翻转教学法的过程中，并非简单地将教师和学生的位置对调，而是要制定有针对性的措施。我们可以将其分解为三个操作步骤，即翻转、总结、提升，如图 5-3-2 所示。

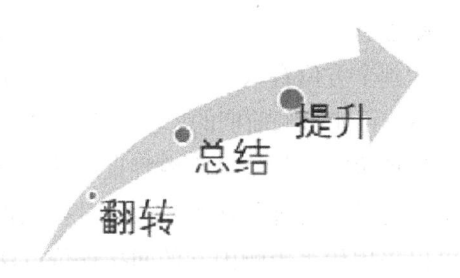

图 5-3-2　翻转教学法实施步骤

"翻转"是基础，教师通过布置需要学生主动参与进来的教学任务，让学生动起来，如让学生撰写小型观点性研究发言稿，让学生解决开放性问题，提出实例让学生分析等。

"总结"是桥梁，先在课程中进行上述翻转内容的实践，然后进行汇总和分析，让学生从简单、表象的内容中跳出来，看到问题的本质。

"提升"是目的，将学生所没有看到的，或者没有想到的思政教育内容引导出来，让学生联系已经进行的翻转教学，使提出的思政教学内容更加具有亲和力。

（三）教学内容

在课程思政教学具体的实施路径中，教学内容是核心，它直接关系到教学的成功。在确立教学内容的过程中，应该先选择开展思政教学的位置，再选择开展教学的形式，最后确定思政教学的内容。

由于课程思政是要在日常的专业课教学中开展思政教学工作，在这个过程中，教学的切入点非常重要，需要选择适宜的切入点，不能让教学过程显得过于突兀和干涩。一般来说，在知识点的讲解过程中，有较多的切入点。另外，还可以在实例教学中设置切入点。

切入点确定之后，采用的教学形式需要与切入点的特点相匹配，同时还要考虑课程进行中的专业知识教学连续性问题。可以尝试在布置课后作业时设置任务，在课堂教学时进行分享和回顾。

最后，需要在"提升"阶段详细研究引导过程，将学生的思维引导到思政教学的教学目标上来。

（四）效果评价

思政教学的最终目的，是希望学生在专业课程的教学过程中，不仅接受专业知识的教学，还能接受思想政治教育的洗礼，希望将思政教学从专业的思政课程的范围内引导出来，达到全方位育人的目的。其教学效果评价，不仅影响教学的反馈和后续的改进，还有可能影响前期的思政教学成果。

具体实施教学效果评价时，如果采用内容直白的调查问卷、当面谈话等评价方法，很有可能使学生有抵触心理，让思政教学过程显得过于目的化，妨碍学生的认同感。因此，可以采用代表影响因素的间接评价方法，将学生参与讨论和分享的比率、学生在思政教学过程中的回应率、网络化平台反馈等作为评价的关键因素。

二、实践教学

（一）发挥社会实践的作用

人类是一个共同体，需要在实践中学习合作。人们有各种各样的天分和能力，这些天分与能力不可能在一个人或一组人身上实现。所以，我们不仅从自己得到发展的倾向的完善本性得益，而且从相互的活动中得到快乐。人们结成一定的社会关系，在实践活动中实现个体的普遍价值，通过与其他这类个体的合作，在某一特殊的实践形式中体现出来。实践性是马克思主义哲学的本质属性之一，也是其自我更新、自我发展的不竭动力。

"纸上得来终觉浅，绝知此事要躬行"。对于学生来讲，虽然学习知识是重要任务之一，但更重要的是能力的培养，因为能力是人完成各种活动所必备的个性心理特征。大学生社会实践是高等学校在大学生的课题学习之外，安排大学生有计划、有组织开展的军事训练、社会调查、生产劳动、志愿服务、公益活动、科技发明、勤工助学等一系列教育活动，是培养大学生综合素质的"第二课堂"。在2015年度的《中国大学生思想政治发展报告》中，有47.9%的大学生呼吁"重视开展实践教学"，并且90.7%的学生表示愿意参加社会实践。社会实践不仅是思想政治教育发展的基础，也是内容实现和成效检验的依据。[①] 大学生思想政治教育与心理健康教育的结合，不仅要提高大学生的理论知识，也要通过恰当的社会实践，帮助他们了解社会、增长才干、锻炼意志、磨砺心智、增强社会责任感，在服务社会的实践过程中真正实现"知行合一"，找寻自身价值和人生的立足点。

要探索社会实践教育的新途径，作者认为要做到如下几点：首先，将社会实践纳入到教学计划之中。在哪里做社会实践、实践进行多长时间、实践的具体任务、学时和学分都要详细地规定。其次，建立稳定适合的实践基地，创新实践方式。例如，为了教育学校师生树立学法、知法、守法、用法意识，学校可以通过建立模拟法庭，举行法律知识讲座，发放法治宣传资料、开展法制日活动等多种方式开展活动。最后，要完善实践评价机制。建立起科学、合理的机制，有利于实现社会实践活动的预期和目的。要将实践的全过程和实践教学效果作为评价对象，坚持以人为本、实事求是的原则，使得评价机制的建立能够真正激发、引导和诊断实践教学，最终服务于社会实践教学。

（二）加强心理健康教育实践育人环节

目前，心理健康教育课程多以讲授为主，虽然教学过程中也穿插体验式活动，但这些活动绝大多数仅围绕某一心理主题进行，对学生进行心理建设的目标实现了，但要达到立德树人的目标还不够。比如，课堂中通过书写"最好的自己"来提升学生自信，可以在活动过程中加入中国故事、中国元素，以起到思想政治教育的目的。另外，教师要不断研究教学方法，设计出生动活泼、极具特色的教育

---

① 沈壮海,王迎迎.2015年度大学生思想政治及其教育状况调查分析[J].中国高等教育,2016(08):5-12.

活动，保证教学内容的吸引力和感召力。

创造更多的社会实践机会，让学生走出课堂、走进社会。逐渐形成讲授与实践相结合的形式，在实践中融入思想政治教育。比如，去贫困地区做志愿服务，观察民生，感知生命的价值和意义；去历史名城，领悟感知中华优秀传统文化的魅力；去革命老区交流学习，知晓努力的目标和方向。实践活动带给学生的感染力、影响力会强化课堂教学的效果，这对提升文化和道路自信，加深对党的路线方针的理解，无疑具有很大的推动作用。

（三）积极开展课外教学活动

教学的基本组织形式有三种：一是课堂教学；二是个别教学；三是现场教学。在学校教育中，教学作为主要活动牢牢占据首要地位，只是教学并非是学校教育的全部，更不是教育全部。一般来说，除教学活动外，学校会基于所需和教学资源通过课外活动、社会实践等方式对学生加强教育。在研究型大学内，科研育人方式发挥着重要影响作用。

不可否认，在培育人才之时，课堂教学是主要途径，但是并不能以此而否定课堂外活动所具有的教育功能。来自哈佛大学的理查德·J·莱特（Richard J. Light）曾说："我以为最重要的，最令人难忘的学术活动是在教室内进行的，而课外活动只是一种有益且适度的补充。证据表明，真实情况恰恰相反……统计数据表明，所有对学生产生深远影响的重要的具体事件，有4/5发生在课堂外。"[①]1989年，诺贝尔化学奖得主切赫提到，研究型大学在培育本科生时最大的优点是拥有研究实验室，并允许本科生通过实验见证知识来源，赋予其别样的学习体验，给他们的生活带来诸多亮点。[②]从中可知，假设高校只是依赖课堂教学去培育学生，就算能够顺利完成教学任务，依旧无法为社会批量输送各类创新型、领袖型、创业型人才。

对于现代大学教学而言，课堂外的"沙龙""俱乐部"等是课堂教学的重要补充，能够拓展大学生视野、丰富其信息渠道来源、有效激发其内在潜力。在这些相对民主、自由的空间内，伴随着学生间彼此交流活动的持续深入，学生理论知识储备量定会愈加丰富，而且学生能够得到智慧启迪，实现精神成长，当灵感迸发，创意定会向着多元化方向发展。在欧美等知名高校中，导师制、住宿学院制等在培育人才时得到有效应用。比如，在国际社会中享有盛名的牛津大学和剑

---

① 理查德·J·莱特，等. 穿过金色光阴的哈佛人[M]. 北京：中国轻工业出版社，2002.
② 周光礼，马海泉. 科教融合：高等教育理念的变革与创新[J]. 中国高教研究，2012（08）：15-23.

桥大学就极为推崇导师制，并将其融入至大学教学活动中。1998年，在《重建本科生教育：美国研究型大学发展蓝图》中，博耶委员会就曾对导师制的重要性进行了着重强调，并鼓励研究型大学将导师制落实到位。同时，剑桥大学和普林斯顿大学面对大学生推出了午后茶，耶鲁大学、剑桥大学等则为大学生提供了住宿学院，旨在为其全面成长营造良好的学习环境，助力其精神成长和创造力发展。[①]

一言蔽之，大学教育并不拘泥于课堂教学。教育包括课堂教学，但是课堂教学并不是教育的唯一。不同于一般性人才，拔尖创新型人才的素质和能力处于领先水平，是人才中的佼佼者，难以通过课堂教学实现全面成长。因此，高校应注重课内外活动的结合，基于课堂教学所需为其提供必要支撑，促使学生拥有更多创新意识、创造力和问题解决能力。

心理健康教育课程不能只重视形式，而要与实际结合，以大学生的心理问题为基础展开有针对性的课外教学活动，尤其需要从课程思政的角度出发，组织弘扬正能量的新活动。在当前的大环境下，心理健康教育课程不能只依靠辅导员和心理教师，更需要学校全员参与，优化课外教学活动，提升大学生的心理健康水平。具体来说，大专院校可以通过开展项目化实践活动，使大学生能亲身经历并收获感悟。校园心理剧、团体心理辅导、心理沙盘活动等社团活动可以丰富心理健康课教学的内容，可以培养大学生的心理品质，提高他们对环境的适应能力。尤其是部分成绩优秀学生，进入社会后受到挫折，心态就会发生变化，以致无法适应社会环境，进而出现各种心理问题。因此，大专院校需要进一步培养大学生适应社会的能力，提高大学生的意志力和调整能力，确保他们能以一个良好的心态适应社会，提升自我，化解心理问题。

（四）完善教学方法和手段

目前，高校的学生已全面进入"00"后，成长于互联网便利和信息发达的时代，对新事物往往带有较强的好奇心，传统的教学方式已经难以满足他们的需求。这就要求教师顺应时代发展要求，创新教学方法和手段。《指导纲要》中也提到，"要创新课堂教学模式，推进现代信息技术在课程思政教学中的应用，激发学生学习兴趣，引导学生深入思考。"

在心理健康教育和思想政治教育中，体验式教学能使学生从实践中获得更直接的主观体验，对于实现育人目标而言是更为有效的教学方法。采用信息化教学手段，结合翻转课堂、线上线下混合式教学的等先进教学理念，搭建线上教学平

---

① 谷贤林. 导师制·午后茶·住宿学院与一流大学的人才培养[J]. 比较教育研究，2003（09）：27-30.

台，以微课、慕课等方式开展线上的理论知识传授，让学生在课外完成相关知识点的学习。课堂内主要以体验式实践教学为主，可采用的形式如下。

心理剧法。心理辅导中常运用的一种形式，通常由教师指定或学生自行创设某一情境，通过的言语、动作或表情来展现角色的内心世界，从而体验或观察其中隐含的心理因素和"思政"元素的一种教育方式。

团体辅导法。心理健康教育中常用的教学方式，以团队（小组）为单位，通过共同参与具体活动，成员之间相互学习，注重分享，促进自我成长和完善，从而潜移默化地影响个人思想观念、心理状态和行为表现。团体辅导也可以结合信息化手段进行，依托线上教学平台设计活动，让学生在线上完成活动和参与分享，线上分享将有助于学生更敢于说出内心的真实感受，提升教学效果。

重视课堂当中的情境设计。教学方法要依照大学生兴趣爱好广泛、思维能力强、活泼好动的特点采用案例分析、情境创设、角色扮演等方式，充分发挥大学生的主体作用，在实践中激发大学生的积极性。同时，课程内容要融入世界观、人生观、价值观内容，真正实现心理知识的有效内化。此外，教师还要准确把握学生现有的状态，加强对心理健康课程体系的优化，逐步探索教学方法和教学设计，了解思政教学的教学规律，进一步完善课程思政教学模式，总结大学生课程思政学习的特点和经验。

互动体验教学。体验式教学是指由教师创设一定的情境，学生在亲历这一情境的过程中理解知识、发展能力、产生情感、生成意义的教学形式。体验式教学重视在教育过程中学生的情绪情感体验，以情绪促进认知，深化对内容的理解。团体心理活动是常用的一种方式。通过活动激发学生的情感体验，在体验中建构认知。在"同舟共济""众志成塔""盲人拐杖""信任背摔"等团体心理活动中，学生们在共同闯关完成任务时，感受到团队合作的重要意义，感受到团队成员互助的温暖，深刻体会到集体的力量。在团体沙盘活动中，学生们学会在人际互动中倾听他人、理解他人、尊重他人、接纳他人。学生们在增强个人责任感的同时，提升了集体观念和团队意识。心理剧也是体验教学中常用的一种形式。通过情境设置、角色扮演的方式，使学生体验事件对自己的影响，产生觉察与领悟。学生通过言语、动作、表情来展现人物角色的内心世界，而后观察、体验自己或角色的内心冲突和行为方式，以及如何走出人生困境的方式，从而受到教育。比如，在"大学生人际交往"专题中，可以设定以"宿舍关系"为主题的心理剧，让学生们设计内容情节，即兴表演。

除此之外，为加强与学生的交流，实时把握学生的思想动态和心理活动特点，教师可采用学生使用频率较高的社交媒体例如 QQ 群、微信群或微信公众号等进行辅助教学，利用这些平台不受时空限制的特点，推送优质学习资源，进行线上互动，更可彰显人文关怀，解答学生的学习上或生活上遇到的困惑，或为有需要的学生进行个别线上心理辅导，提升学生的学习兴趣，促进学习积极性的提高。

三、德融课堂

（一）德融课堂思政教学的意义

1. 新时代高等教育发展道路

在我国高等教育由大到强的过渡时期，必须坚持走自己的高等教育发展道路。高校作为知识分子的聚集地，青年学子的学习殿堂，必须紧紧抓住办好新时代中国特色社会主义高等教育这面大旗。

习近平总书记强调，我们的高校是党领导下的高校，是中国特色社会主义高校。要牢牢把握社会主义办学方向，坚持以马克思主义为指导，坚持党对高校的领导，增强道路自信、理论自信、制度自信、文化自信，培养中国特色社会主义合格建设者和可靠接班人。

2. 课程思政的必要性

习近平总书记在全国高校思想政治工作会议上的重要讲话思想深邃，高屋建瓴，为全体高校教育工作者提出了更高的要求。要坚持把立德树人作为中心环节，把思想政治工作贯穿教育教学全过程，实现全员育人、全程育人、全方位育人，努力开创我国高等教育事业发展新局面。

课程思政并不是在大学中新开设一门课程，而是将思想政治教育、马克思主义融入日常的专业课程教学，课程思政是社会主义新时代的思想政治工作的理念，强调高校思想政治工作要从传统的思政课程向课程思政转移，本质在于课程思政教育的基本载体，任何课程的教学都应当承担思政责任，在大思政的理念下形成全员育人、全程育人、全方位育人的思政教育氛围。从国家意识形态战略高度出发，以培养社会主义建设者与接班人为核心目标，在专业培养方案与课程体系中，除了打造核心的思想政治理论课程群以外，还需要充分挖掘各个专业 50 至 60 门非思政的课程，利用社会主义理论体系、时事政治、传统文化、中华美德、自然科学等与课程知识的关联性，使各门课程的"知识点"自然蕴含与承载着思政元素，形成德融课堂教学模式，以一种潜移默化的方式，融德于教，实现思政与专业知识有机统一，促进学生成长成才。

（二）"德融课堂"与"课程思政"的内在契合性

1.教学主体：关注教师的育人意识

"德融课堂"和"课程思政"都对教师的个人素养和教学能力提出了较高的要求。习近平总书记早在2014年就勉励广大教师做"四有"好老师，即教育工作者要努力做到有理想信念、有道德情操、有扎实学识、有仁爱之心。这既是国家对新时代教师职业的总体要求，也是在"课程思政"教学工作中衡量教师业务素质和个人能力的具体标准。从"四有"的具体内涵出发，我们认识到，教师在教学过程中，不仅仅是专业知识的传授者，更是崇高信仰的传播者。对于学生来说，老师不仅是师道尊严的象征，还是志同道合的益友。在"大思政"教育体系中，对专业课老师的要求是有一定的导向意识的，即与思政课的教学"同向同行"，虽然课程内容各有不同，但是教学的出发点和落脚点是一致的。相应地，"德融课堂"在制定伊始也提出要着力打造道德高尚、素质全面、健康向上、文明和谐的教师队伍。这与"大思政"教育理念相一致。

2.教学方式："隐性"替代"显性"

"课程思政"不同于"思政课程"，课程思政并不是新开一门思政课，而是在现有专业课程的内容设置中加入思政元素，专业课程思政的理论演绎更侧重"点"，以凸显深化之效；思想政治理论课更侧重"面"，以凸显体系化之功能。专业课程思政所使用的教学方法、依据的原则往往具有学科专业的特殊性，而思想政治理论课的一般性和普遍性更为突出。因此，有些学者也将课程思政称为思想政治的隐性教育方式，而区别于思政课程直接讲解理论的显性教育方式。德融课堂即是在教学设计和课堂讲授中结合知识特点，融入做人做事的道理，通过讲解德育故事或生活案例等有效手段，实现春风化雨、润物无声，把立德树人根本要求落到实处。

3.教学目标：培养社会主义建设者和接班人

现阶段，我国教育工作要解决的一个根本问题就是"培养什么人、怎样培养人、为谁培养人"。可以说，这也是"课程思政"和"德融课堂"所共同的终极目标。具体来说，就是要让年轻学子通过对蕴含丰富思政元素的专业课程的学习，培养对人民的感情、对社会的责任、对国家的忠诚，这才是课程思政的应有之义。同样，在实施"德融课堂"的过程中，始终将高尚的道德情操和扎实的科学文化素质作为学生培养的基本目标，努力使学生成为中国特色社会主义的合格建设者和可靠接班人。

（三）"德融课堂"的具体实施路径

所谓"德融"中的"德"主要包括社会主义核心价值观、中华优秀传统文化和世界优秀文化成果、品德教育，这充分说明"德融课堂"本身就是将思想政治教育与专业课程内容相结合的产物。在此基础上，在评选过程中"德融课堂"分为德融好教案、德融好课堂和德融好教师三个组成部分，所研究的对象既有理论设计，也有实践操作，基本涵盖教学活动的全过程。

在德融课堂的教学改革中，教师有意识地将专业课知识与思政内容相结合，这本身就是对课程思政的实践。但是，我们也应该看到，在目前国家推行"大思政"教育体系下，形成了对课程建设、多课程同向同行、多种课程教师协同育人等方面的教学新理念和新认识，即形成了科学的课程观。当然，在这一科学课程观的引领下，以德融课堂为主的教学模式还有进一步提升和发展的空间。

1.发掘专业课与思政课的"共性"

在"大思政"教育体系之中，协同育人的教育理念是当前研究的一个热点，所谓协同育人是指"承担着育人任务的各方在系统内分享资源、汇聚能量，有效地培育和利用人才的多方互动过程"。这一理念为德融课堂的教学设计和实践注入了新的发展动力。

当前，专业课老师在进行德融课堂的教学设计时，更多考虑的是如何将本门课程按照德融课堂的标准进行修改和完善，所关注的焦点集中在整体上的德融内容布局和具体课时中的德融内容梳理。协同育人理念引入的积极作用就在于，使教师从单门课程的狭小框架中跳出来，立足于专业课和思政课相互贯通的整体视角。尽管专业课和思政课并不属于相同的学科分类，在具体的教学方法上甚至会大相径庭，但是作为社会主义核心价值观的教育载体，二者都担负着相同的历史使命。

在实际教学中，心理健康教师可以通过榜样作用来深入挖掘专业课余思政课的"共性"。

榜样在心理学中的解释是理想人格，以某个人为榜样，其实就是学习领会这个人的立场、观点、方法，使自己成为榜样那样的人物。新时代各行各业涌现出一批具有高风峻节、能起表率作用的榜样。在心理健康课程教学中，教师要充分利用榜样的力量讲述中国故事，使大学生受到鼓舞、蓬勃成长。

在讲述心理健康课程"尽展你人格的风采——人格及其完善"专题时，教师可以和学生一起研读《习近平在正定》，学习习近平总书记勤政为民的政治品格、清廉自守的崇高人格；研读周恩来同志的《我的修养要则》，感知周总理以诚待人、以情感人、以心换心的人格魅力；观看《中国"世界之最"工程"FAST"之父南仁东》，感受南仁东的责任担当、不朽匠心、坚毅人格。

在讲述心理健康课程"压而弥坚——大学生压力管理"专题时，教师可以和学生一起观看中国女排雅典之战，在先失两局的情况下中国队凭借着强大的心理素质，顶住巨大压力，并化之为动力，最终在最后一局扭转乾坤；教师向学生讲述搜狐创始人张朝阳、SOHO 中国董事长潘石屹、易居中国执行总裁丁祖昱、优客工场创始人毛大庆等深度跑者的跑步减压法，以及奔跑的他们带领着团队创造的一个又一个中国奇迹。

在讲述心理健康课程"喜怒哀惧调色盘——情绪及其管理"专题时，教师可以和学生一起聆听钟南山院士的《放飞心情与养生》讲座，了解钟老的健康秘诀，学习如何保持心理平衡；观看李彦宏在百度举办的 AI 开发大会上被员工突泼矿泉水的视频，了解李彦宏的成长经历，学习他的情绪管理。

在讲述心理健康课程"天生我才必有用——调适职业心理"专题时，教师应首先介绍职业素养的概念及内涵，然后引导大学生牢记医生职业"救死扶伤，治病救人"的光荣使命，讲述钟南山、李兰娟等医生的感人事迹，介绍 2020 年度法治人物王利明、马一德、罗翔的生而求法、以法护航的事迹。

这些榜样可以更直接更亲切地感染和启发学生，激发学生的学习兴趣，让学生感同身受、砥砺前行。

2.知识育人与价值育人双管齐下

课程思政的价值体现为课程教学对学生成长发展与精神文化需要的满足，其中课程思政是价值客体，而学生群体和个体是价值主体。知识育人是专业课教学的根本属性，价值育人则是专业课的最终旨归。实际上，在过去的教学过程中，价值育人也是贯穿始终的，所谓"教书育人"就是不同专业的课程都在教授专业知识的同时兼具着价值传输的作用。但因为这种传递往往是老师在不经意间的自然流露出来的，因而其缺少系统性，是零散的、只言片语的。

与传统专业课堂不同的是，在"大思政"教育体系下的德融课堂，改进了原有的教学方式，充分发挥了"教书育人"的实际作用，即从单纯的"满堂灌"改为师生交互学习，从只言片语的零星讲解到系统的育人设计。当前，以翻转课堂、互联网课堂为主的新型教学方式不断丰富着传统教学模式，而作为课程思政的一种有效教学实践，德融课堂的建设和发展更是促进了传统教学方式发生根本改变。相对于"形势与政策"等思政大班课，专业课的班级设置主要以中班或小班教学为主，优点是师生距离更近，思想交流更频繁。以此为前提，德融课堂就要按照课程思政中同向同行的总体要求，用马克思主义的价值观来构建知识体系，根据课程的专业特色，适时、适切、适中地提炼出理想信念、创新精神、责任担当等育人要素，注意培养学生的人文情怀、爱国意识、创新精神、审美情操。从多次进行德融课堂教案整理和设计的经历出发，作者深刻地认识到，按照"大思政"教育体系和课程思政具体设计的要求，原有的教案整理和课堂教学仍然有进一步提高和充实的空间，尽管现有的马克思主义理论研究和建设工程（简称"马工程"）教材已经为课程思政的实施奠定了理论基础，但教师仍然要在课堂的整体设计中进一步提炼思政内容，而且要将马克思主义价值观像"盐"一样，"溶"于专业课教学的"汤"中，寻找更容易打动学生的交汇点，培养学生判断价值与价值选择的能力。

综上所述，在"大思政"教育体系的整体视域下，德融课堂不论是在课程的系统设计，抑或是具体的内容设置上，都具有一定的创新性和实践性。在此基础上，专业课教师应始终将课程思政作为德融课堂建设的终极目标，不断提升课程思政教学能力，实现立德树人、润物无声。

3. 挖掘时代德育教学案例

案例教学是一种开放式、互动式的教学方式。首先，根据课程的教学内容选取教学案例。案例的选取要具有教育性，案例中要能体现出各种理论观点，通过各种知识、经验、观点的碰撞和交流，达到启示理论和启迪思维的目的。案例的选取要具有真实性和典型性，既可以是发生在学生身边的真实事件、媒体的新闻报道、真实的历史事件，也可以是典型的心理案例、经典的心理学实验等等。其次，教师要从思想文化、道德法律、精神价值等角度对案例所蕴含的思政元素进行深入的挖掘和提炼。再次，在课程中教师要进行周密的策划和准备，要指导学生阅读文字资料或观看案例视频，模拟或者重现现实中的一些场景，使学生进入案例场景，让学生带着案例中的问题去思考、分析、研究。之后教师要组织学生开展讨论，形成互动与交流，让学生通过自己的分析或者他人的思考来拓宽视野，丰富知识，提高分析问题和解决问题的能力。最后，教师要对案例的讨论进行归纳、总结和评价，在深化授课内容的同时，凝练升华主题，实现思想价值层面的引领。以 2020 年抗击新冠疫情这一事件为例，学生们都亲身经历了这一事件，切身体会到在这一过程中心理和情绪的变化，可以将案例应用于"大学生情绪管理"专题。通过案例研讨，使大家掌握情绪的基本理论知识和情绪管理、情绪调节的经验方法，使学生认识到国家对危机事件的处理体现了祖国的强大，从而提振学生的民族自信心和自豪感，在心理健康教育的同时对学生进行爱国主义教育。

四、以生为本

（一）"以学生为本"理念的概述

1.人本原则的内涵

坚持人本原则就是坚持贴近主体之一的受教育者群体。大量具有重复性的精准社会调查均证明，现如今我国青年学生的政治素养和思想教育水平总体来说较为良好。他们在日常生活和学习中思想活跃、拥护中国共产党、热爱祖国，并在社会和学校的双重影响下成长为对中国道路、理论、制度、文化等方面充满自信的社会中坚力量，并且坚信社会主义现代化伟大蓝图和中华民族伟大复兴的壮阔目标能够实现。可是，在西方资本主义意识形态的冲击下，我国部分高校大学生思想同样也面临着冲击和挑战，而且逐渐受到一些拜金主义和民族虚无主义的影响，表现出对过往历史和民族英雄甚至是对中国共产党的质疑和否定。作为思想政治教育理论传播载体的高校如果不能够深刻认识到贴近青年学生，彻底了解他们的思想变动历程的重要性，那就只能是被认为进行"灌输式"的填鸭教育。教师应更进一步地与学生沟通交流，运用全新的教育教学方法来去了解青年群体的思想症结、心理诉求，将自己置身于青年学子的群体中去，才能在生活和学习中与他们进行更好的交流和沟通，达到教育双方的相互理解和支持。

2.人本原则中"以学生为本"理念的提出

苏霍姆林斯基所说的个性全面和谐发展就是把丰富的精神生活、纯洁的道德、健美的体格、高尚的审美、丰富多样的兴趣爱好、具有个体差异性等要素和谐融合在一起。苏霍姆林斯基认为只有个性全面和谐发展的人，才是精神富足的人。而落实人本管理教育理念涉及的主体很多，需要各方配合与协同管理，才能共同推进人本教育理念落到实处。对教师来说，作为学校管理的主动者也是被管理者，想要确保教育教学工作的成效，学校全体教师需要团结一致。而学校领导者需要将教育的信仰变成教师集体的共同信仰，开展大量深入细致的工作，领导全体教师进行创造性劳动。对学校来说，创设良好的物质基础和校园文化环境是管理好一所学校的重要方面，学校的责任不仅是传授学生专业知识，还需要培养学生精神层面的爱好和要求。首要因素就是需要确保学生能够积极参加社会活动。在苏霍姆林斯基观点中，认为学校教育管理需要将劳动实践纳入教育体系，培养学生德智体美全面发展。将学生培养成真正独立的个体，挖掘学生身上的创造性劳动价值，让学生收获劳动技能，成为精神富的合格公民。此外，苏霍姆林斯基还认为学校应使教育效果最大化，让学生成为一个人格健全、幸福成长的人。当然这也离不开家庭教育的力量，学校教育管理需要家长的配合，学生也需要在良好的家庭环境中，在具有一定文化和教育素养的家长教育理念下，更好地成长。

（二）"以学生为本"教学模式的作用

1.优化课程思政教学

社会风气、社会思潮及各种言论都会影响到高校思政课，主要是由于它不仅仅是一门大学生理论课程，更是一个融合了实践性、理论性、科学性、思想性为一体的包含内容非常多的开放性的体统。高校教师必须做的一件事情就是让学生在社会主义核心价值观的引导下形成正确的思想和行为，用这样一种面貌去了解这纷杂的社会现实。另外根据学生的需要而进行教学是现在心理健康教育思政课程普遍存在的一个问题，这是由于教学的内容受到教师的教学风格、教学使用的形式、教师自己的教学方法等方面的影响，而没有针对学生的个体差异和学生之间对思政内容的理解的深浅不一，因材施教。高校老师必须从学生的角度出发、了解他们的群体特点，提高课程思政教学质量，一名心理健康教育专业老师要把思想课讲好，让学生叫好，就必须具备思政大视野、善于讲大思政、从时代格局的角度出发，用全新的引进来、走出去的模式，构建全面参与、多元交流、入脑入心的思政课堂。

2.优化思政课实践

为了让学生的思想跟随"大思政课"的趋势，我们首先要有打造"大思政"意识，构建"大思政"的精神世界，不能单单拘泥于课堂之中的思想政治理论教育，应当将实践与课程相结合，学生是社会中的人，应当积极地参与社会建设的实践活动，这是马克思主义改造世界本质中得来的真理。将校内和校外打通，让理论与实践充分融合。在伟大的抗疫实践和脱贫攻坚以及航天工程中，使学生增强民族责任感和民族使命。课程思政不仅应该在课堂上讲，也应该在社会生活中来讲。为了让心理健康教育课程思政课有魅力和活力离不开社会实践。为了让学生更好地理解社会现实背后的根本原因、合理利用马克思主义原理、方法解决实际问题，唯一的途径就是让学生实际参与、立足生活、服务人民，将学校所学与社会实践结合起来，在实践中增强"四个自信"。

（三）"以学生为本"教学模式推进课程思政教学的途径

1.深入调研，分析把握大学生思想变化规律

心理健康教育专业课程思政课之所以吸引力不强、"抬头率"不高、获得感不多的主要原因是思政课教学缺少对大学生思想状况的调研，大学生关切的问题、困难不能通过思政元素予以解决或解答，导致学生对课程思政的学习兴趣不高。所以，搞好心理健康教育课程思政教学就必须坚持开展意识形态、思政教育、安全意识、师德师风及思想动态等方面的调研。通过调研找出问题和症结，发挥理论指导实践的作用，引导学生掌握正确认识问题、分析问题、解决问题的方法，真正让学生切身感受到理论是行动的先导。

2.强化体验，真切感受理论成果的伟大力量

理论不是空的，也不是虚的，而是实实在在与实际相联系的。大学生对理论学习感到枯燥、乏味、无趣，主要原因是缺乏真实体验。心理健康教育课程思政教学长期停留在黑板上、屏幕上、教室里，学生虽然有时听得精彩、看得热闹，但学得苦恼，很难触动内心。而体验式学习是直接认知、欣然接受、灵活运用当下所学知识及能力的过程。学习主体从其亲历和反思中获得认识和情感。这样的思政教育方式方法所产生的效果是深层次的、永久性的。所以，在课堂教学之外，还应当组织开展经典诵读、道德小品、故事讲演、影视展播、合唱比赛、红色实践、志愿活动等，以丰富多样的形式让学生参与体验，感悟思想。

3.自我教育，突出学习主体互动、互学、互鉴的自觉意识

苏霍姆林斯基说过："没有自我教育就没有真正的教育。"教育的一个重要目的就是培养和提高学生的能力，通过加强自我教育，推动自我学习、自我革命、自我提高，真正实现教育自觉化。这是突出"以学生为主体"的最好方式。因此，高校心理教育课程思政要充分发挥学生的主观能动性，调动自发参与和开展丰富多样的自我教育活动，比如思政面对面、征文活动、辩论比赛、微课展演、作品展览、思政小记者及志愿行等活动。在教师指导下，由学生以组织、设计、参与、交流等不同方式进行相互学习，这些方式要比教师的灌输更加容易接受，印象也

更加深刻。

4.开展各项管理工作应坚持以人为本理念

为了适应当前高等教育发展的新形势，高校所开展的各项管理工作需要坚持以人为本的教育理念，把维护教师与学生的根本利益作为管理活动的出发点，以促进教师教学质量和学生综合素质不断提升为目标开展各项教学活动，积极转变工作作风，树立为师生服务的意识。高校只有在教学管理活动中坚持这一原则，才能设身处地为教师和学生提供优质的服务，使以人为本的教育理念得到贯彻执行。当教师和学生感受到高校管理工作所发生的变化之后，他们就会以更加积极的态度来进行教学与学习活动，发挥出各自的作用。这样，不仅能使高校的教学管理水平得到不断提升，而且学生也能积极地配合教师做好日常的教学工作。所以，高校教师要贯彻以人为本的教育理念，改变自己对教学工作的认识，紧紧围绕提升学生综合素质来开展各项教学活动，不断提高教学质量。

5.对原有教学管理制度进行优化

高校教学管理制度对于促进教学活动的开展具有非常强的规范作用与指导意义。但是在一些高校，其教学管理制度的制定忽视学生的主体地位和教师的主导作用，导致各项管理制度无法适应最新的教学活动的需要。为了改变这一现状，高校在制定教学管理制度的过程中，要积极贯彻以学生为本理念，对原有的教学管理制度不断优化。在优化的过程中，高校要将以学生为本理念渗透并融入教学管理制度中来，紧紧围绕学生的全面发展来开展各项教学工作。在教学过程中，既要尊重学生个性发展特点培养学生的创新精神，又要重视学生综合素质的全面提升；在课程设计上，要确保学生的人文素养和专业理论知识以及实践技能得到同步提升。

因此，高校只有紧紧围绕学生的全面发展来制定教学管理制度，才能使本校的课程设置更加合理，为学生的个性化发展创造有利的条件。为了提高学生的就业技能，高校要贯彻以学生为本的教育理念，紧紧围绕学生未来的就业来开展教学实践活动，不断提高学生的实践能力，使学生能够更加适应未来的工作。高校要给予教师充分的教学权限，让他们根据教学大纲灵活确定教学内容，将行业发展的最新内容融入课堂教学中，弥补教材内容的不足。只有做好这些工作，使高校的教学管理制度更加完善，才能更好地促进以人为本理念的融合与渗透。

6.不断加大对高校教辅人员的关注力度

在高校的教学管理活动中，辅导员、教学秘书以及后勤管理人员等教辅人员，对于促进学校教学管理质量的不断提升也有很大的推动作用。但是在传统的教学管理活动中，一些高校对这些人员的关注力度存在不足。为了更好地促进以人为本理念在高校教学管理中的融合与渗透，高校需要在教学管理中不断加大对教辅人员的关注力度，为他们开展工作创造有利的条件。高校管理层要积极深入到教辅管理人员中了解他们的诉求，积极制定各项教学管理激励政策，促进教辅人员以更加饱满的激情开展工作，使本校的各项教育改革措施都能有效落实到日常的教学管理中。高校只有贯彻以人为本的教育理念，不断加大对教辅工作人员的关注力度，积极帮助他们解决教学管理工作中遇到的各种困难，并在职称评定、岗位晋升等方面对他们适当倾斜，才能更好地推动本校教学管理质量的不断提升。

7.改革教学方法，调动学生的参与度

课程思政教学改革需要将知识传授与价值输出结合起来，将课程思政贯穿于每门课程的整个教学过程。要真正落实课程思政，必须从提升认识审视问题、优化机制等维度持续改进，寻求形式与内容上的新突破。2018年7月，教育部党组颁发（〔2018〕41号）文件《高等学校学生心理健康教育指导纲要》切实加强对大学生的人文关怀和心理教育，深入构建教育教学实践活动，咨询服务，预防干预，平台保障"五位一体"的心理健康教育工作格局。要做好高校大学生的心理健康教育工作，光停留在课堂上传授心理知识远远不够。在课程思政教育理念的要求下，教师除了掌握扎实的专业知识外，还需要将课程教学的育人根本目标牢记于心。

结合心理健康教育的教学目标和思政教育的目的分析学生心理特点，将学生兴趣作为思政教育的切入点，通过巧妙的课程设计，才能将抽象的心理健康知识、思政元素转变成学生的情感共识，才不至于让学习仅仅停留在心理健康知识的层面上，也不会使思政的融入显得生硬。教师在采用多种教学手段传授心理知识的过程中要随时关注学生的反应，及时调整适合的教学形式以确保知识的传授和思政的融入具有人性化。比如教师在近年采用基于MOOC开展线上线下的混合式教学实践中，学生反馈通过混合式教学不仅收获了心理学知识，在心理素质提升、表达能力、时间管理能力、学习能力以及人际交往能力方面都到了实际的提高，说明这种混合式教学在未来的教学中值得进一步推广。

人本主义学习理论认为，学习不是从现成的知识中学到的，而是在做的过程中获得的，并形成很多有意义的知识或经验。教学的任务是创设一种有利于学生学习的情境，帮助学生增强对变化的环境和自我的理解。心理健康教师的工作也不能仅局限于课堂，还应向其他工作渗透。因此，要有效促进心理健康教育与思政教育的融合，还需要得到学校领导决策层对教师多元教学设计实施的支持，比如包括课程融合的制度设计、双师型教师队伍建设等方面的建设；心理健康教师通过改善其他专任教师的心理亚健康状态让更多心理健康的教师改善更多心理亚健康的学生；借助学校心理健康活动，比如525心理活动月系列活动，团体辅导、心理素质拓展训练营、心理漫画、心理海报等校园心理健康工作的推进，也有利于心理健康教育多方位地渗透。

高校心理教师要在社会主义核心价值观的引领下，全面关注学生的期待和发展需求，依托新媒体吸引学生，形成与学生之间的有效互动。具体的实践是：一是教师可以设立微信公众号，或使用云班课、学习通等教学平台，与学生交流沟通。例如，教师可利用微信公众号，向学生经常推送有益身心健康的各种文章，并在线设立讨论区，这些文章包括自由、平等、公正、法治、爱国、敬业、诚信、友善等话题，真正将枯燥的理论知识融入学生喜欢的故事、话题中，使学生喜欢阅读、乐于接受、敢于讨论，达成教师与学生的有效互动。二是教师可以根据学生不同的专业、心理健康课程不同的教学专题给学生布置不同的创作任务，可以要求学生进行手工、歌曲、校园剧、视频、漫画等创作，鼓励学生创作出体现正能量的作品。学生创作的作品教师需要先经过学生的同意，再将其发布到抖音、微信视频号等网络媒体平台上，以此增加作品的影响力，增强学生创作的动力。

除此之外，教师也可采取问题启发法、案例分析法、网络教学法等灵活多样的教学方法，充分发挥心理健康课程的思政育人功能。在运用问题启发教学时，教师可结合心理健康课程教材，在教学过程中提出问题，建立情景，鼓励学生独立思考、分析问题，以培养学生自主解决问题的能力。在讲述"君子之交淡如水——人际关系校园专题"时，可以鼓励大学生根据发生在校园中的人际关系真实故事自发创作小剧目，学生即兴表演，在表演时还原情景、寻求解决问题的出口，教师将待人宽厚、助人为乐的"友善"准则融入教学中。这样一方面可以使学生演员和学生观察员的感情得到发泄，有一定的疗愈效果；另一方面会增加学生的学习兴趣和热情，提升学生的自我探索能力和丰富大学生的心理资本，从而实现心理健康知识迁移，并且使课程思政内容融入其中。

在采用案例分析法教学时，教师可将与心理健康主题相关的社会热点案例、现象进行展示、分析，学生可以表达个人的观点，也可以展示小组的意见。例如讲述"为伊消得人憔悴——爱情专题"的时候，教师可以分析周恩来和邓颖超、梁思成和林徽因等公众人物的爱情，学生在讨论的时候会带入自己的道德观点和价值取向，教师需要对每个观点不带批判态度地进行点评，在教师和学生的大讨论后，学生可以从这些伴侣背后的故事感受他们的家国情怀、无私奉献等高尚品质，对这些高尚品质的认同感将会随着实践与时间推移慢慢内化，最终成为学生内在的固有本质。

在应用网络教学法教学时，教师可借助学习通、云班课等学习平台，课前发布相关资料，要求学生自主学习，课中引导学生进行在线讨论，最后教师归纳主题，升华教学内容。例如讲述"天生我才必有用——调适职业心理专题"的时候，因课堂时间有限，教师可采用网络教学法。这个专题的教学目标是帮助学生在不稳定、不确定的生涯规划中找到自己的目标和方向，引领学生有意识地塑造良好的职业素养和积极健康的职业观。在线讲述的时候可积极挖掘思政元素，将三观教育、中国梦教育、社会主义核心价值观教育等与职业价值观、职业道德、敬业精神、集体利益等相关联，在潜移默化中让学生接受主流价值观的熏陶。

8.转变以往的教学模式

在高校以往的教学模式中，教学任务是重中之重，所有的工作重点都与教学有关，其他的工作都属于辅助性的，可有可无。对于教师而言，其目的就是完成教学任务；对于学生而言，其只要考试顺利通过达到标准，就算完成所谓的目标。显然，不转变这种陈旧的教学模式，就无法满足当前社会对于各种高素质人才的需求。因此，高校在教学管理中要融合与渗透以人为本的教育理念，不断提升和激发教师的教学热情。高校教师要创新教学方法，充分融入当前的各种先进技术，及时调整教学模式，在学生面前也不可高高在上。此外，还有一个现实问题，就是高校教师大多身兼数职，一些教师把教学管理工作当作任务，应付了事，缺乏对教学管理工作的热情。因此，要想在教学管理中有效渗透以人为本的教育理念，关键在于教师要积极改变自身的工作态度，提升育人实效。教师应积极改善和革新以往的教学手段，从专注课本教学转向实践教学，有效激发学生的学习热情，这对他们今后的学习和工作能起到极大的促进作用。

9.实行民主化的教育管理方式

高校想要在工作中真正渗透以人为本的教育理念，就应当从民主管理方面入手，实行民主化的教育管理方式，因为这是其获得稳定且可持续发展的动力源泉。实际上，各高校的教师大多都具有较强的民主管理意识，让他们参与教学管理，树立主人翁意识，可以充分发挥他们的能力，增强他们对教学管理工作的热情和积极性。除此之外，高校要制定相应的民主管理制度，强化监督，营造宽松和谐的教学环境，真正让教学管理工作达到预期的效果。

10.营造良好的校园文化环境

高校心理健康课程教学改革不应只是理论上的说教，而是最终要落实到实践中，在实践的过程中要接受考验，不断地完善和修正。这一过程不但要经过教师和学生的共同努力，而且也需要校园文化环境的不断影响和熏陶。

校园文化是一所学校在长期办学中形成的独有的精神文化环境的综合，承载着激励、凝聚、传承等功能，向学生展示学校独有的吸引力和感召力。优秀的、积极向上的校园文化，是开展高校思想政治教育和心理健康教育的精神力量。良好的校园文化不但可以塑造人格、凝聚人心，而且能够培养学生求真务实的态度，同时还可以增强思想政治教育和心理健康教育的实效性。因此高校要重视校园文化建设，营造有助于大学生健康成长的校园文化环境。校园文化环境既包含校园自然环境，又包含校园人文环境。营造良好的校园文化环境不能依靠强制手段，而是要依靠潜移默化地熏陶。可以将学科知识教育和思想政治教育融入校园文化建设中，成为学生的日常生活体验，逐渐内化为学生的自觉意识和自主行为。

一是营造一个整洁、优美、舒适的校园环境。建设大学生活动中心、完善校园后勤设施，优化大学生生活保障，保证大学生的校园活动有序开展。二是将学科知识健康教育和思想政治教育渗透到校园的各种宣传媒体中。高校可以利用学校现有资源，如校刊、公众号、广播站等，运用学生喜闻乐见的语言和形式宣传教育的内容。三是发挥专业优势，通过开展专业竞赛、创业大赛等，将学生的专业与校园文化活动结合起来，培养他们的实践精神和创新精神。四是重视校园社团文化建设。学生更容易接受丰富多彩的社团活动，所以要在学生社团中营造浓厚的学习氛围，让学生受到思想的洗礼。

五、家园共育

（一）创造良好的教学氛围

心理健康教育和思政教育的对象都是学生，高校"育心"和"育德"都是为了学生的成长和成才，因此心理健康教育和思政教育工作的主体是学生。积极促进学生的主动融入，可以显著提高学生学习的积极性、主动性和创造性，从而提高学习效率。教师是教学过程的引导者，是推进课程思政的关键因素，要创设平等对话、有温度的课堂，就要求教师将学生视为心理和思想独立的个体，充分认可学生学习的主体作用，积极鼓励学生质疑、思辨和创新；积极引导学生开放沟通、表达心声和需求、学会合作互助。教师应与学生平等对话，真正关心和关爱学生，积极促进师生以及生生之间形成真实、真诚、真心的情感联系，做学生的服务者和引导者。此外，充分发挥学生的主体作用，应充分利用团队的力量，组建学生学习共同体，可以让学生共同探究、思考和解决一些问题，课堂成果的展示可以检验学生问题探究的深度和质量，检查学习的效果。

（二）积极推进家校合作

高校应特别注重家庭教育的基础地位，加大与家长的合作力度；高校可以适时组织一些活动，促进学生家长与班主任和辅导员的交流和互动，一起探讨和分析孩子的心理发展状况以及思政教育的策略，大家合力为学生的健康成长、和谐发展出谋划策；若部分学生存在心理问题，经二级学院教师教育引导和调解后依旧未能得到有效解决的，学校可引导其家长加入到心理健康教育和思政教育环节中来，对学生进行适当的干预。

六、"自主性"与"权威性"相结合

新环境下的高校心理健康教育课堂，需要正确处理学生和教师之间的角色关系，既给予学生适度的思想自由，也应赋予教师应有的教学权威；既顺应潮流让大学生享有较高的自我教育的权利，也要维护教师的传统导向性地位。

（一）充分发挥大学生自我教育的特性

从本质上来说，心理健康教育的过程是老师和学生一起活动的过程。其不仅涉及施教者的教育过程，还涉及教育对象的自我教育过程。苏霍姆林斯基说过，调动起学生实施自我教育的教育，才算是真正的教育。由于自我教育是促进学生形成人格力量的关键，有助于学生完成道德层面的自律性。自我教育实际上是一种心理健康教育方式，基于高校学生心理教育原则的指引，心理健康教育对象施展自主因素来开展自我认知、调节控制以及发展的教育活动。在高校学生心理教育领域，理论的引导与教育以及高校学生的自我教育属于无法分割的整体，高校学生自我教育还是心理教育的关键构成部分。心理健康教育应当努力围绕人这一根本，促进学生的学习自主性。

第一，开发辩证思维能力。发展此种思维能力能够帮助高校学生对自我有一个更加客观、全面的认识和了解，同时还能够起到自我激励的作用。高校学生在实施自我教育期间，不但要将思想道德的优秀典型作为借鉴，认知自身的不足与问题，同时还要将社会道德水平作为对比，认知自身的水平情况；不但要意识到自身的缺陷，方便纠正，还要了解自身的优势特点，进而扬长补短；不但要正确看待自己现在的状态，拥有明确的认识，还应当合理规划自身以后的道路，坚持不懈的超越自我。

第二，提升自我激励能力。列宁过去说过，榜样拥有无穷的力量。榜样的优秀事迹与示范行为以具体实例展现出来，拥有强大的说服力，容易理解与学习，可以有效发挥积极的指引作用。并且，榜样所反映出来的优秀理念，蕴藏在实例中，方便学生的接纳与学习，拥有极强的影响力，可以形成积极的激励效果。学生往往比年长者拥有更好的可塑性、模仿性以及依附性，他们学习榜样的心理倾向十分强烈。为高校学生塑造正面榜样，还有助于他们合理辨识善恶真假，在评价道德的过程中慢慢增强自身的道德素养，健全自身的人格。

第三，培育道德实践能力。社会践行是高校学生道德自我教育的主要渠道，高校学生只有通过社会践行，才可以让自身取得的道德理念迅速外化成道德行为。社会践行的方式与渠道相当丰富，诸如志愿者、社会调研、不同类型的社团与公益活动、勤工俭学等。在践行过程中，让高校学生通过实践提升自身的道德水平。此外，利用此类践行活动可以让高校学生感知到党的政策路线的科学性，增强他们对一些关键的理论思想的认知深度，加强其对国家、社会的实际情况的了解，深入提升社会责任意识，形成进取向上的精神，对于自身的活动与思想能够有效自律与调节控制，同时依据社会需求来主动完善自身，持续增强自我教育水平。

（二）重视传统课堂权威性

对当今的各大高校来说，要确保心理健康教育起到应有的效果，对应的老师就需要采用学生能够接受和喜欢的教学方法，进而最大程度的提升他们的学习兴趣。如果老师采用学生不能接受或者不喜欢的教学方法，学生在学习的过程中势必会缺少兴趣，只会将其当成一个任务去学习，而不会进行深入的思考，这种教学方式怎么可能会起到心理健康教育的作用呢？为了提升学生的注意力和学习兴趣，老师在教学的过程中应该重视教育的艺术性，可以从如下方面进行开展：第一，挑选学生比较感兴趣的书籍材料；第二，构建生动活泼的教学氛围；第三，采用多种教学方式，如多媒体教学等；第四，善于使用幽默、简练的语言。此外，作为一名教师，应该忠实地信仰马列主义，用自己最真挚的感情达到感人、育人的目的，如此才可以吸引学生的注意力，进而将老师传授的知识渗入到自己的内心深处，以便达到教育的目的。在增强教学吸引力的前提下，心理健康教育工作者对受教育对象的思想价值观念具备一定的统领、引领和整合的功能。高校大学生尚未成熟，对诸多事物缺乏正确的辨别能力，教育工作者在课堂上直接对受教育者的观念和看法起到引导作用，防范各种不良价值观的干扰。大学生要正确认识、鉴别社会现象的本质，就必须重视传统课堂的权威性，将其作为价值判断的一项重要衡量标准。

（三）坚持教师权威主导下的大学生自主性学习

高校在经历由"经验式"和"说教式"的教学模式向"渗透式"的教学模式转变的同时，比以往都更加注重学生的主体性教育，大学生的主体意识和权利意识普遍高涨。然而，单方面强调大学生的主体性教育，无疑削弱了思想政治教育对大学生的外在的引导力，使得大学生在政治、思想、道德等方面的一些片面、错误认识得不到正确的引导和纠正，在行为实践中偏离甚至严重偏离了党和国家对大学生的期望和要求。因此，一方面应倡导学生积极发挥在心理健康教育中的主体性地位，使其更好地将理论内容转化为自身实际需求；另一方面要坚持高校教师在思想政治教育中的主导性和权威性，在对学生进行心理健康教育的同时引导学生培养正确的思想道德观念和价值判断标准。

虽然我们一直努力摒弃灌输式的教育方式，但这并不意味着学生在接受教育的过程中可以随心所欲、完全按照自己的想法来处理新接受的知识。高校旨在培养符合社会主义发展要求的"社会人"，学生对个人利益的把握，对自主性的追求必须是置于社会和集体这样大环境的前提下，学生的自主性应当是在理解党和国家政策、社会主义价值观的前提下自主地过滤出有利于个体发展的信息。那种只关注自身利益，完全以个人想法为出发点的"自主"，显然不是我们所倡导的，这就需要高校教师继续发挥教学工作中的重要的引导和指向性作用。

第四节　变革心理健康教育"课程思政"教学评价

准确的教学评价既能检验课程思政的实施效果，也能促进教学的改进。大学生心理健康课程实施课程思政的目标是在提升学生心理素质的同时，引导学生形成正确的世界观、人生观和价值观，树立科学信仰。叶海采用情景式评价法和问卷调查法开展课程评价，更加全面客观地评价课程效果，以评促教，提高教学质量。[1] 梁瑛楠从教学环境、教材、教师、学生4个维度建立大学生心理健康教育课程思政评价指标体系，包含4个一级指标和9个二级指标，由专家、授课教师、思政政治教师、学生及课程参与者等多主体从多维度出发进行评价，让评价体系更高效、全面、科学地反映教学质量。[2] 教学管理部门也应建立反馈渠道，以更快捷、有效地将信息反馈至不同主体，并进行有针对性的改进，从而提升整体教学质量。

一、教学评价内容

教学评价是检验"课程思政"实施效果的重要手段，除了反映课程的重构对教学效果是否起到提升以外，还反映"课程思政"跟具体课程的融合后对学生的思想道德品质是否得到切实的提高。因此单一的评价方式并不能体现教学效果的变化，必须构建突出体现过程性的、多元化的评价体系，从多角度反映"课程思政"的实际效果。

从心理健康教育课程的特点来看，评价内容包括：学生课堂表现，由任课老师进行评价，包括出勤情况、课堂纪律、积极参与课堂活动等，这些看似平凡的行为实质上是学生思想品德的重要体现，反映了学生的学习态度及遵守规章制度的情况；学生课外表现，由班干部、辅导员进行评价，包括在课堂以外的思想动态和日常行为表现，如受挫时情绪反应、与同学产生矛盾时的处理方式等，都能体现学生的心理健康状况及道德修养；课程教学内容掌握情况，由任课教师进行评价，通过期末考试、作业或项目等方式检验学生对所学内容的理解、掌握及应用情况，可以对比"课程思政"理念下的课程设计是否比原有的设计更能促进学生对所学内容的深入理解；学生主观感受，由学生进行自评，通过问卷和心理测评量表，了解学生通过课程教学以后学习期望达成的程度及其自身道德素养和心理健康状况是否有所提升。根据评价目标对评价内容设置不同的分值比重，着重学生的主观评价和外在行为评价，以此体现"课程思政"的实际成效。

同时，教师也应对教学过程的每一个环节进行评估，反思教学目标是否实现、教学内容是否与思政元素密切结合、学生对课堂教学的效果是否满意，不断调整和改进教学行为，促进"课程思政"与心理健康教育的深度融合。

---

[1] 叶海,张惠,李琛.课程思政框架下的《大学生心理健康》课程设计：基于宜春学院的现状调查与分析[J].教育现代化,2019(87):288-289.
[2] 梁瑛楠.《大学生心理健康教育》课程思政化有效性评价指标体系的构建[J].高教学刊,2020(20):77-79.

二、健全课程思政建设质量评价体系

《指导纲要》指出:"要建立健全多维度的课程思政建设成效考核评价体系和监督检查机制,在各类考核评估评价工作和深化高校教育教学改革中落细落实。"[1]可见,健全的课程思政质量评价体系是推进课程思政实施的重要保障,能够检验教师推进课程思政的教学质量,有利于建设过程中及时发现问题加以改正,起到保障、监督、诊断、反馈、调节等作用。

(一)课程思政评价主体的开放化

以往,在衡量和评价课堂教学实效时多会将重点放置到教师身上,学生的学习状态、学习习惯及学习意识等并未得到应有的关注。教学,可以促进学习,不过无法彻底取代学习。教师教得好并不意味着学生能够学好。在大学课堂中我们能够经常看到以下场景,在讲台上的教师神采飞扬,可是有些学生却认为这门课程缺少实用性,抑或是与自我就业无关,无须全身心投入其中进行学习,会开小差,比如玩手机、看课外书或者做其他课程作业。由此可知,教师所具有的教学能力与学生成绩之间并不存在必然性联系。因此,在评价课堂教学时需要将学生表现作为重点。余文森教授等人将课堂革命做了以下解读,他们把学习没有在课堂教学中真实地发生转变为学习在课堂教学当中真实地发生看作是课堂革命主要内容。[2] 以此为背景,针对大学课堂教学他们提出了"阅读——思考——表达"教学模式,深挖学生主观能动性,鼓励他们主动阅读、积极思考,实现知识、技能、品格提升,最终达到全面成长的目的。

不可否认,以上所讲并不是课堂革命所有内容的具体呈现,传统课堂所具有的封闭培养、分科教学、集体授课等基本属性并未伴随着这些革命实现质的改变。由此可知,课堂革命只是一项针对课堂教学内部的要素革命而已,并非是课堂教学基本组织形式的重塑。从辩证角度来看,课堂教学并非一无是处,我们只是需要提取精华并加以丰富,予以改进,给予更多活力,促进思想政治协同育人模式形成,最终培养出契合时代要求的创新型人才。

高校课程思政建设涉及多个部门、多个主体,因此评价课程思政建设质量的主体应该是多元化,具体可分为高校管理者、课程实施主体、学生、辅导员、家庭以及用人单位等六类主体。高校管理者主要是负责统筹规划,监督调控校级、

---

[1] 教育部.高等学校课程思政建设指导纲要[R].教高[2020]3号,2020.
[2] 余文森,宋原,丁革民."课堂革命"与"金课"建设[J].中国大学教学,2019(09):22-28.

院级管理者们，对当前课程思政建设现状进行检查、监督，同时对不同阶段的建设成果进行评价和指导。课程实施主体是高校各专业教师，是课程思政的一线建设者，其评价具有重要的参考性，主要包括教师的自评和互评、教师对学生情感态度价值观变化的评价。学生思想情感的变化是评价课程思政建设质量的关键主体，学生最直接了解和感受教师课程思政实施情况，能够明显反映出教师课程思政实施的成效如何，同时也能够为提升课程思政建设质量提供改进路径。辅导员虽然不是授课者，但是从事学生的思想政治教育、学生日常管理、就业指导、心理健康以及学生党团建设等方面的工作，因此对于学生所学的思想政治理论知识外化程度有较为准确地判定。家庭是学生除学校外，生活较多地另一个场所，而且家庭成员对学生的道德品质、个人情感等方面的积极变化感受最深，是评价课程思政质量主体中不可忽视的一个。用人单位是评价课程思政质量长效性的重要主体，课程思政建设成果不仅要经受在校期间的评价，也要跟踪其在用人单位中的表现，因此高校是否培养出全面发展的大学生，要经受用人单位的评价才行。

（二）课程思政评价内容的多元化

一是，对管理者课程思政工作的评价。其评价内容应根据不同部门职责而不同：院系领导小组重点考察各院系课程思政的改革课程数目、课程改革质量等；教务处重点考察课程思政示范课遴选建设工作落实情况，教学大纲、学生培养方案等内容是否按照课程思政建设要求改革；其他各部门根据各自职责设置考核内容。二是对教师实施课程思政教学内容评价。主要分为三大部分：课前对教师的教学大纲、教学设计、教学态度等方面进行考察和评判此课程的可行性和效果；课中对教师的教学方法、课程思政切入点、专业知识与思政元素融合程度进行考量；课后将学生评价、督导评课以及领导、思政课教师、同行评课和建议纳入到考核当中。三是对大学生知识、能力和价值等方面的提升考核评价。课程思政的成效最终是通过对大学生的知识、能力和价值的考核进行呈现，因此这是考核中的重要环节、也是最难的环节。对大学生知识提升的考核，主要是通过闭卷考试、答辩等方式进行，在考核过程中加入与课程思政元素相关的内容。毕竟课程思政实施方向、内容正确，对于学生接受专业知识能力的深度也有所帮助，因此对知识提升的考核不容忽视。对大学生能力提升的考核，可以通过校内创新活动、实践评价等方式来测评学生的思考能力、运用能力，其关键在于是否能用马克思主义原理、观点和方法解决问题。对价值观的考核，可以从以下几个方面测评：课程实施前后学生思想和行为的变化；对党的最新理论的政治认同、思想认同；对自身专业的职业规范和职业精神的理解等等。在考核过程中要注意考核的动态性和长期性，毕竟学生的特点不同、其思想变化也不是几节课程发挥出的作用，这就要求在考核过程中要对不同阶段、不同专业的学生进行动态追求和统计类比，保证考察结果的有效性。

（三）课程思政评价方法的多样化

泰勒指出，教学评价的目的是"分辨和判定学生实际上发生了什么样的行为改变，达到了什么教育目标和目的，还需要做哪些调整和改进"[①]。教学评价是对教育培养目标的检验，对教学效果的评价，对学生学习效果的综合评估。课程思政的融入，必须采用"健康"和"德育"双重评价，从知识、能力、素养等方面进行综合、立体、多维度考核，努力提高大学生的获得感、幸福感和满意度，提高大学生的职业认同感、社会担当和责任感。实施途径可以线上与课堂相结合，课前、课中、课后全过程开展，不再简单采用以往的心理健康知识问答和答卷形式评价，而是综合采用课堂问答、活动参与、小组讨论、团队合作等多种方式，同时，注重学生诚实守信、待人友善等优良品格，更全面综合地考核评价。建立多元和综合的评价标准，立足学生德智体美劳全面发展。

课程思政评价主体开放化、内容多元化，这就意味着课程思政评价方法不能单一、要多样化，为此应采用量化评价和质性评价相结合、过程性评价和结果性评价相结合、诊断性评价和发展性评价相结合等综合评价方式进行评价。第一，量化评价和质性评价能够对课程思政建设过程中的成效进行合理评判。量化评价，能更准确地对课程思政建设中涉及的要素进行记录、比较和分析；质性评价能够对学生的行为、教师教学活动等内容进行观察和记录，更加全面地评价课程思政建设效果。第二，课程思政建设不是一蹴而就，而是长期且循序渐进地动态过程。过程性评价是对学生的知识、能力、思想、道德品质等各方面的发展与变化及时了解、评价和反思，从而能够及时调整自己的教学方案，以便达到课程思政教学目标。结果性评价是对课程思政建设某一阶段结束后的总结性评价，能够有效反映出高校当前建设效果如何、存在哪些问题，为后期建设计划的制定提供参考。因此，过程性评价和结果性评价相结合能够有效促进学生道德品质的发展，有利于课程思政工作长期有效地开展。第三，诊断性评价是为了帮助教师了解和预测学生的知识、能力以及价值观等情况，从而制定适合的教学目标、内容和方法。

---

① Tyler R W. Basic Principles of Curriculum and Instruction[M].Chicago： University of Chicago Press，1949：P125.

发展性评价是通过搜集评价信息进行分析，对评价者和评级对象双方的教育活动进行价值判断，其目的是促进被评价者不断发展。课程思政建设目的就是为了培养全面发展的人才，通过诊断性评价与发展性评价相结合的方式，能够全面了解授课对象的学情情况，提升课程思政教学过程的有效性，更重要的是发展性评价是双方共同制定认可的发展目标，对学生的发展进行价值判断，使学生不断认识自我、发展自我、完善自我，不断实现预定发展目标的过程。

参考文献

[1] 杨展，曹璞璘.高校心理健康课思政教育教学策略探析[J].中国报业，2021（04）：94-95.

[2] 王春艳.应用型高校心理健康"课程思政"探索与实践[J].现代交际，2020（24）：10-12.

[3] 张艳梅."课程思政"视角下高校心理学课程教学的透视与反思[J].延边教育学院学报，2020，34（06）：93-96.

[4] 张艳梅，马姗妮.《心理健康教育》课程思政资源的挖掘、凝练和植入——以"情绪管理"专题为例[J].财富时代，2020（11）：201-202.

[5] 李融亲，蒋飞燕，谢晨舒."三全"育人背景下广西高职院校心理健康教育课课程思政思考[J].河南农业，2020（33）：43-45.

[6] 贺莎.高职心理健康教育中的"课程思政"元素分析[J].科技创新与生产力，2020（11）：88-90.

[7] 田甜，冯巧兰，原广华.大学生心理健康课程思政建设路径探究[J].教育观察，2020，9（37）：19-22.

[8] 刘颖，沈伯雄，王敏达，王祖星.基于课程思政理念的高校心理健康通识教育模式改革与探索[J].大学教育，2020（07）：79-81.

[9] 孙莹.高职心理课与"课程思政"融合探析[J].辽宁高职学报，2020，22（06）：52-55+75.

[10] 王明慧.高校课程思政建设的现状及对策研究[D].曲阜：曲阜师范大学，2020.

[11] 路涵旭.课程思政视域下专业教师与思政教师协同育人路径研究[D].石家庄：河北师范大学，2020.

[12] 袁文君.高校"课程思政"与思政课程协同育人研究[D].吉首：吉首大学，2020.

[13] 钱小林.大数据时代高校思想政治工作协同育人研究[D].成都：电子科技大学，2020.

[14] 李会，魏国方."大学生心理健康教育"课程思政的探索与实践 [J]. 教育现代化，2020，7（31）：131-133.

[15] 唐月芬，黄茂. 课程思政下高校心理健康教育教学探讨 [J]. 教育观察，2020，9（13）：42-44+105.

[16] 刘海鹰，刘昕. 社会心理学课程思政教学分析与设计 [J]. 大学教育，2020（04）：25-28.

[17] 康雅利. 高校"课程思政"建设的原则与路径研究 [D]. 石家庄：河北科技大学，2019.

[18] 代俭英. 应用型本科院校大学生心理健康教育课实施课程思政的探索与实践 [J]. 湖北开放职业学院学报，2019，32（22）：103-104.

[19] 王景云. 论"思政课程"与"课程思政"的逻辑互构 [J]. 马克思主义与现实，2019（06）：186-191.

[20] 叶海，张惠，李琛. 课程思政框架下的《大学生心理健康》课程设计——基于宜春学院的现状调查与分析 [J]. 教育现代化，2019，6（87）：288-289+318.

[21] 孙莹. 高职心理健康教育融入"课程思政"的思考 [J]. 辽宁高职学报，2019，21（09）：100-103.

[22] 杨福军."课程思政"视域下高校体育课程与思政教育融合研究 [J]. 北京财贸职业学院学报，2019，35（04）：65-68.

[23] 巩茹敏，林铁松. 课程思政：隐性思想政治教育的新形态 [J]. 教学与研究，2019（06）：45-51.

[24] 蔡毅强. 高校立德树人系统化运行机制研究 [D]. 福州：福建师范大学，2019.

[25] 董明慧. 高校"课程思政"问题研究 [D]. 大连：大连海事大学，2019.

[26] 雷旭曦. 大学生健康教育与思想政治教育协同育人研究 [D]. 重庆：重庆医科大学，2019.

[27] 谢敏芳."大学生心理健康教育"课程思政的探索与实践 [J]. 绍兴文理学院学报（教育版），2019，39（01）：11-15.

[28] 朱梦洁."课程思政"的探索与实践 [D]. 上海：上海外国语大学，2019.

[29] 熊丽娜."课程思政"背景下的《大学生心理健康》课程探索与实践 [J]. 花炮科技与市场，2018（04）：105-106.

[30] 沈丽娜. 内外兼修:《大学生心理健康》的"课程思政"教学改革探索 [J]. 湖北函授大学学报，2018，31（09）：52-53+56.